JN078109

Recipes and Everyday Knowledge

英国レシピと暮らしの文化史

家庭医学、科学、日常生活の知恵

エレイン・レオン
村山美雪 訳

Medicine, Science, and the Household in Early Modern England

by Elaine Leong

原書房

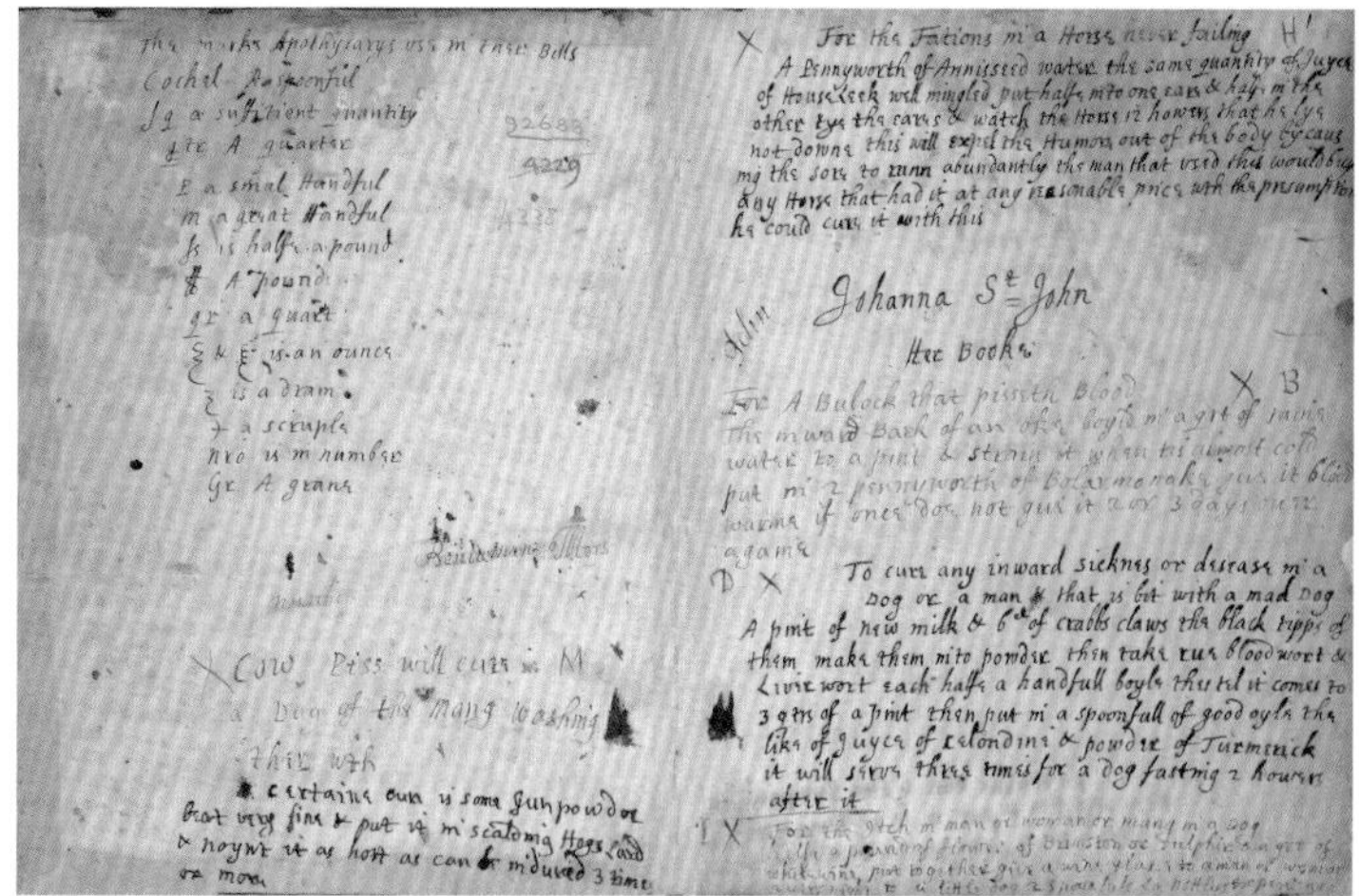

The marks Apothycarys use in their Bills
Cochel A spoonful
Sq a sufficient quantity
a quarter
a smal Handful
m a great Handful
is halfe a pound
A pound
a quart
is an ounce
is a dram
a scruple
nro is in number
Gr A grane

Cow Piss will cure in M
thie with

A certaine cure is some Gunpowder
beat very fine & put it in scaldinig Hogs Lard
& noynt it as hott as can be indured 3 times
or more

For the Fations in a Horse never failing
A Pennyworth of Annisseed water the same quantity of Juyce
of Houseleek well mingled put halfe into one eare & half in the
other tye the eares & watch the Horse 12 howers that he lye
not downe this will expel the Humors out of the body by caus
ing the sore to runn abundantly the man that used this would buy
any Horse that had it at any reasonable price with the presumption
he could cure it with this

Johanna St John
Her Booke

For A Bulock that pisseth Blood

To cure any inward sickness or disease in a
Dog or a man & that is bit with a mad Dog
A pint of new milk & 6d of crabbs claws the black tipps of
them make them into powder then take rue bloodwort &
Liverwort each halfe a handfull boyle these til it comes to
3 qtrs of a pint then put in a spoonfull of good oyle the
like of Juyce of celondine & powder of Turmerick
it will serve three times for a dog fasting 2 howers
after it

レディ・ジョアンナ・シンジョン（1631-1705）のレシピ帳の表紙裏と１葉目。

所有者の署名と様々なレシピ、当時の薬剤師が明細書で使用していた略語が見てとれる。

ウェルカム医学史図書館ロンドン、手稿ウェスタン文書 4338 表紙裏と fol.1r.

『貴婦人の宝典、あるいは才ある婦人と召使の友』

（The Accomplished Ladies Rich Closet of Rarities）

（ロンドン、1691）の標題紙。

近代初期の女性たちが蒸留やバター作りなど
幅広い家事を行なっていたことがわかる。

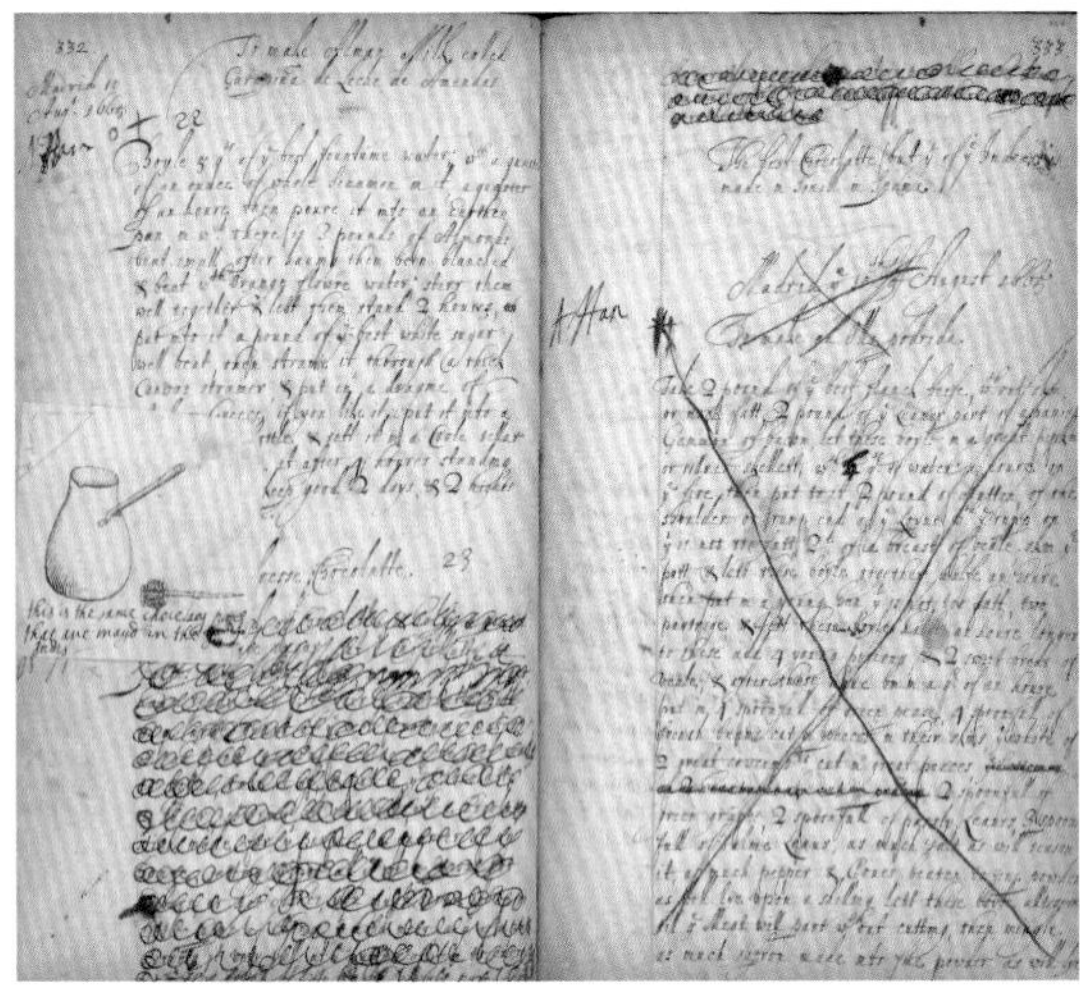

レディ・アン・ファンショー（1625-1680）のレシピ帳から。
たくさんのレシピ（削除線が引かれたものもある）とともに
チョコレートポットが描かれている。
ウェルカム医学史図書館ロンドン、手稿ウェスタン文書 7113,fols.151r-154v

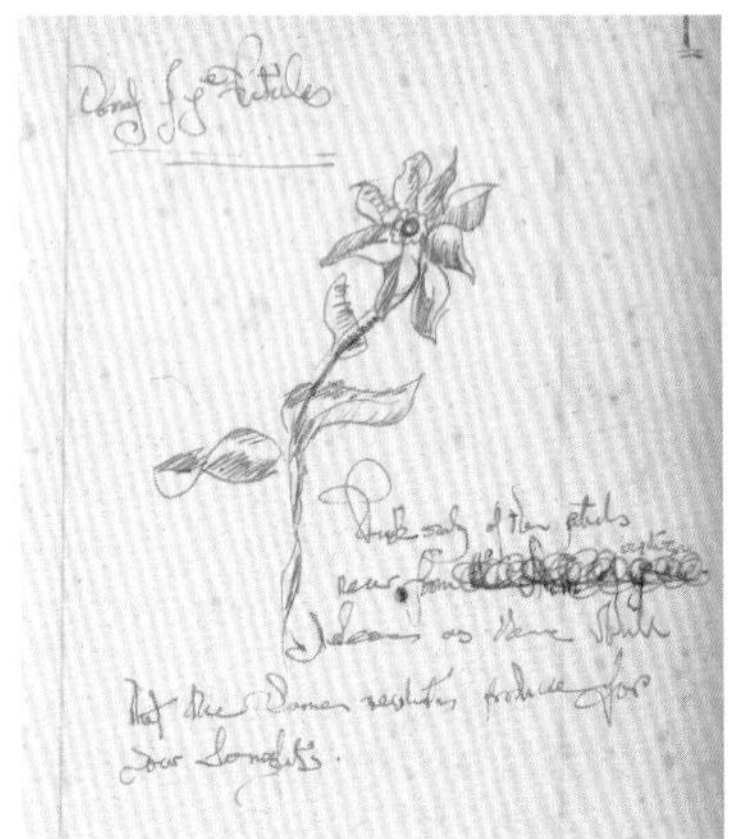

レディ・アン・ファンショー（同上）の
レシピ帳に描かれた花の絵。
ウェルカム医学史図書館ロンドン、
手稿ウェスタン文書 7113, fol.33r

ハナ・ビセイカーのレシピ帳の標題紙。
ウェルカム医学史図書館ロンドン、
手稿ウェスタン文書 1176

英国レシピと暮らしの文化史

家庭医学、科学、日常生活の知恵

RECIPES AND EVERYDAY KNOWLEDGE :

Medicine, Science, and the Household in Early Modern England

by

Elaine Leong

Copyright © 2018 by The University of Chicago. All rights reserved.

Licensed by The University of Chicago Press, Chicago, Illinois, U.S.A.

through Japan UNI Agency, Inc., Tokyo

アレックスとニコラスに

目次

序章

レシピ、家庭、生活の知恵……9

第1章

近代初期のイングランドにおけるレシピ帳作り……30

第2章

第3章

第4章

表記について

日付はすべてユリウス暦によるものだが、年始めは一月一日としている。引用はすべて原典を現代表記に直している。一九〇〇年以前の印刷物について注記のないものはすべてロンドンで発行された。

序章

レシピ、家庭、生活の知恵

一六五八年、紳士階級の政治家で詩人でもあったサー・エドワード・デリング（一六二五―八四）は、ケント州のプラックリーにある住まいで、薬作りとその試験にひと夏を費やした。同年の五月頃から、デリングは〝身体療法〟と題した備忘録に新たな項目を設け、治療薬の作り方とその薬を試用した結果をレシピとして記録しはじめていた。最初の書き込みは、患部に三種類の薬草（ニワトコ、オオバコ、イラクサ）を合わせただけの温湿布をして安静にすべしとした、痛風の治療法だった。「これをわたしの荘園管理人、ジェイムズ・ホームウッドの手に試したところ、調子が良いとのこと」[1]。デリングは注意深く、そう書き留めた。そのレシピ作りは冒険心に富み、当初の試みには蜂蜜の蒸留酒造りも含まれていた。次のように記している。

きわめて強い蜂蜜の古酒一クォートを手に入れ、アランビック蒸留器で蒸留酒を造ろうと試みたのだが、抽出できた液体はわずかで、継続するにつれさらに減り、蒸留器の底には蒸留したものにも増して濃厚な蜂蜜が溜まった。然るに、初めに抽出した液体が蜂蜜と混じり合って、もとの古酒を成していたのだろう。[2]

この記述からもわかるように、計画どおりに事が運んだわけではなかった。デリングは蜂蜜の蒸留酒を造ろうとしたのに、生みだされたのは水と、蒸留器の底に溜まった〝濃厚な〟蜂蜜だったのだから。それまでの試みとは異なり、デリングは今回、蜂蜜酒が構成要素に分解される過程を見られたと考察している。意図したものは生みだせなかったものの、その結果は記録に値するものと評価した。デリングにとってこの試みは間違いなく、蜂蜜の蒸留酒や水や蜂蜜といった物質が加熱と蒸留によってどのように変化するのかについて、さらなる知識を得る好機となった。蜂蜜の蒸留酒を造りたいという欲求、そして原料、製造技術、自然界への好奇心の両方に衝き動かされた試みだ。おそらくはこの実験から得た気づきに励まされ、デリングはそれから何カ月も、あらゆる薬を作り、試すことに挑みつづけた。日焼けや火傷（やけど）に塗るニワトコの軟膏、痛風薬、バラの香油や蒸留酒、キバナノクリンザクラ、バルサム、カントウ、カラクサケマン、ダマスクローズ、ケシ、シダのシロップ剤、胃の疾患の水薬、アンゼリカ水、などなど。[3] 一六五八年の夏、デリングとその家族、そして邸宅の使用人たちはさぞ忙しかったに違いない。

このようにレシピ作りとその試験に熱中したのはデリングに限ったことではなかった。それどころか、近代初期の英国の紳士淑女はレシピ作りに熱狂していた。みな熱心に手紙で、あるいは晩餐の席や旅籠屋（はたご）の食堂で実践法について情報を交換し、形状も大きさも様々な筆記帳に貴重な知識をせっせと書き留めた。そうして書かれたレシピがぎっしり詰まった何百冊もの筆記帳が同時代の数多（あまた）の出版物とともに現代の図書館や文書館に保管され、当時の有り余るほどの生活の知恵をいまに伝えている。[4]

近代初期の英国の文化環境において処方や製法のレシピが中心を成していたことは、当時の文学や演劇のあらゆる言及からも見てとれる。たとえば、ウィリアム・シェイクスピアの『終わりよければすべてよし』ではヘレナが国王を治した瘻の薬が、トマス・ミドルトンの『チェンジリング』でも秘術の本と処女検査が、ともに重要な役割を担っていた。[5]

個人の書き物や文学作品のなかに、絶えずレシピが登場し、文書として豊富な史料群が現存する事実は、近代初期の英国でレシピの収集と伝達が社会や文化に多大な影響をもたらしていたことを裏づけている。大きな屋敷の主人と女主人は、当時の多くの家事、家政の指南書にも述べられているように、医術、料理、砂糖工芸の基礎知識が必須とされていた。[6] 新たなレシピを探し求め、記録するのは、邸宅を取り仕切り、計画的に維持していくために確立された、れっきとした手段の一つだった。デリングと同時代のサー・チェイニー・カルペパー（一六〇一—一六六三）がプロイセン生まれの知識人、サミュエル・ハートリブ（一六〇〇頃—一六六二）に大慌てで送った手紙からもそれは読みとれる。カルペパーは二冊のレシピ帳を紛失し、緊急事態とばかりに自分とミスター・ウースリーが泊まった部屋を両方とも「念入りに捜して」くれるよう手紙で懇願していた。カルペパーの妻エリザベスは〝以前にも何度かそのようなことがあった〟として〝手癖の悪い女中〟に早くも疑いをかけ、そもそもロンドンに二冊を持参した夫チェイニーをも責めた。カルペパーは最後に一縷の望みをかけてこう記している。「せめて願わくは、貴方がすべて書き写されておいでなら、妻がたいそう惜しがっているので、わたしも心慰められるでしょう」。[7] カルペパーの切実な筆致は家庭内の妻との力関係のみならず、レシピ帳とそこに蓄えられた知識に女性と同じように男性も重きを置いていたことを物語っている。レシピのやりとりはあらたまった贈り物として、あるいはハートリブとカルペパーのように〝貸し借り〟するだけの場合でも、交友関係や家族同士の連携を強めるものだった。交友と人脈が何にもましてレシピ交流の機会を広げた。

デリングとカルペパーの事例は、近代初期の邸宅がレシピに関わる多くの活動の拠点であったことを示している。薬作りにおいては殊にそうだった。家政を取り仕切り、家計を管理するなかで、邸宅主の紳士淑女は相当な時間と人手と資金をあらゆる種類の家庭内医療に費やした。家庭は多くの病気の応急処置にあたるだけでなく、最近の研究では、医学を用いて健康を推進させた主要な場でもあったことがあきらかにされている。[8] 邸宅主たちは自己診断と自己療法に市販の医療をすばやく取り入れ、独自に次々と家庭薬を作りだした。[9] 薬とともに状況に見合った食料も調達し、試し、考察するのが、健康と身体についての知識を収集し、蓄積していく一連の活動の手順でもあった。

エドワード・デリングが蜂蜜の蒸留酒造りに挑んだ例からもわかるように、そうしたレシピ作りを通して近代初期の人々は男性も女性も、原料の変化を観察し、器具や技法や製造方法を試し、原料や技術的な工程についての知識を増やしていった。だからこそ、家庭で作られたレシピ帳には、幅広い種類の薬や料理がどのように生みだされたのかだけでなく、自然の原料と製造方法をどのように調べ使ったのか、病気や健康をどのように理解し、身体に役立てたのか、さらには自然環境のなかで自分たちをどのように位置づけていたのかも記録されている。それらの活動の研究は、家庭での人々の探究からそれぞれの知識分野へ踏み入る、またとないきっかけを歴史学者たちに与えてくれる。

本書は現存する豊富な記録文書をもとに、近代初期の人々が男性も女性も各家庭で身体と自然環境について、様々に関わり合う手法で探究していたことを解き明かす。レシピの作成と伝達を〝家庭の科学〟とも呼べるもの――つまり家庭での日常に根差した自然界の探索――の中心に据え、そこでの知識習得の過程をより広く、現在活発に語られている観点からジェンダー史、文化史、書物と記録文書の歴史、科学、医学、科学技術の歴史のなかに見いだしていく。さらに、家庭でのレシピ作りは自然界の知識だけでなく、原料、技術、家政、社交や家族戦略、健康と人体についての知識ももたらしたことをご紹介する。〝生活の知恵〟とはまさにそうした幅広い認識活動すべてを指す広義語で、知識の習得は往々にして〝日々の暮らし〟から生じうることを表している。[10]

レシピと物作りの知識

デリングとカルペパーのレシピにまつわる事例は、はるかに広くヨーロッパじゅうで何か――薬や模造珊瑚(さんご)や、色付きガラスや、あやしげな賢者の石までも――を作り、その作り方をレシピとして記録しようと日々取り組まれていた活動の一つに過ぎない。近代初期のヨーロッパにはレシピがあふれていた。あらゆる種類の医療施術者たちが薬剤の調合法や使い方を記録した。[11] 同様にハナ・ウーリー（一六二二―七五頃）ら主婦や、バルトロメオ・スカッピ（一五〇〇頃―七七）のような料理人たちも、好みのチーズケーキの焼き方やアプリコットの保存法を書き記した。[12] クレメント・ドレイパー（一五四二―一六二〇）やヒュー・プラット（一五五二―一六〇八）らロンドンの商人たちは痩(や)せる飲み物や疫病に効くケーキとともに賢者の石の作り方も熱心に書き留めた。[13] ジョージ・スターキー（一六二八―六五）ら錬金術師は〝実験〟帳にそれぞれの秘術の成果を詳細に綴った。[14] 熟練工や職人たちも、色彩や染料や塗料から金属、ガラスに至るまで、多種多様なものを生みだす指示を伝える手段としてレシピの形式で経験を書き記した。[15] そして、レオナルド・フィオラヴァンティ（一五一七―八八）やジロラモ・ルシェッリ（一五〇〇―六六）といった〝秘術の教授〟たちが――あるいはアレッシオ・ピエモンテーゼのほうがその分野では名が通っているかもしれないが――たいがいはそれらのあらゆる領域の知識を取り混ぜてそれぞれの言語で作品を書き、ヨーロッパじゅうに広めた。[16] そうした幅広い分野の〝知識のレシピ〟のほとんどが、原料と製造工程に重きを置き、じかに観察し実践した成果をもとに、あらゆる物の作り方を簡潔な指示書きでまとめたものだ。

そのような実践知識はもともと科学史のなかで語られていたのだが、近年、実践法や知識のレシピについての研究が盛んになってきた背景には、相互に関わり合う史料研究分野の二つの潮流がある。一つには、科学と技術の知識のより包括的な定義づけと、知識の生成過程の多面性の掘り下げが求められていること。[17] 知識作りの手順への関心が高まり、科学、医学、科学技術の始まりからすでに、日常語による実践知識の伝達が肝要な役割を果たしていたことがわかってきた。[18] もう一つは、この数十年で科学、医学、科学技術の歴史学者たちが、知識作りの空間や場所について従来の枠を大きく広げて詳しく調べはじめたことがある。それに伴い、知識の習得者、あるいは作り手として、様々な立場で歴史を形作った人々が浮かび上がってきた。なかでも科学と医学のあらゆる領域で女性たちが大切な役目を担ったことは顕著に示されている。[19] 調剤学、博物学、錬金術が相互に結びついた分野で近代初期の女性たちが重要な役割を果たした事実は数多くの研究で取り上げられている。[20]科学への女性たちの貢献が見直されたことが、男女の力学や関わり方によって知識生成の仕組みがどのように形作られ、反対にまたそうした知識習得の活動が男女の概念にどのような影響を及ぼしたのかを学者たちが分析しはじめる契機となった。[21]このあと述べるように、本書ではそうした史料研究学の主要な流れのなかで現在論議されている観点からも深く考察する。

十七世紀のイングランドにおける知識習得術

近代初期の科学史について最近の研究では、同じ文化環境においても多様な知識の習得術と自然界の探究法が見られることがあきらかにされている。[22]本書のおもな舞台となる十七世紀のイングランドは、まさしくそうした事例の宝庫だ。ウィリアム・ハーヴィー、ロバート・ボイル、ジョン・レイが輩出した時代であり、王立協会が創設され、実験哲学が生まれた。いっぽうで、発明家で商人のヒュー・プラットの『技芸と自然の宝物館（The Jewell House of Art and Nature）』が書店で飛ぶように売れ、サイモン・フォアマンとリチャード・ネイピアが日々殺到する患者に占星術による診断書をこしらえていたような時代でもあった。[23]本書では、家庭のレシピ帳と個々のレシピを検証し分析しつつ、あきらかになったばかりの近代初期の知識作りの物語に踏み入っていく。

そこで取り上げる邸宅主たちは歴史学者たちにはまだなじみのない人々かもしれないが、これまで近代初期のイングランドについて語られてきた文化史のなかでも、たしかに一役を担っていた。たとえば、そうした登場人物の一人、ジョアンナ・シンジョンにしても、ジョン・ロックのような哲学者と手紙をやりとりし、おそらくはヒュー・プラットの著作『貴婦人たちのお気に入り（Delight for Ladies）』も読んでいただろうし、醸造者や蒸留者に折に触れ助言を求めていた。[24] そのように十七世紀のイングランドでは、美術愛好家からロンドンの商人、熟練工、邸宅主に至るまで、知識を求める異なる層の人々が自然界を探究するなかで深く結びついていた。[25] これからご覧に入れるように、そうした人々は押しなべて科学的な試みを家庭という空間で行なっていただけでなく、同じような製造工程や道具を用い、実践と経験から得られた知識を重視する感性も共通していた。

本書でご紹介する様々な知識習得への試みは、多くの知識の構造論とすんなり符合する。膨大な量のレシピを収集した邸宅主たちの熱意が、近代初期のイングランドにおけるいくつかの知識生成モデルを構築していた。そのような人々の〝実験〟結果の熱心な収集は、のちに『森の森』として出版されたフランシス・ベーコン（一五六一―一六二六）の手書きの記録帳や、ロンドンの商人、クレメント・ドレイパーやヒュー・プラットの出版物など、同時代のより大規模な取り組みの成果にも匹敵するものかもしれない。[26] 同時に、ベーコン哲学の『実験誌』、すなわち実験者が概念的枠組みや目的を体系化するよりも事実の集積を優先した方法論とも共通するところが多い。[27] フランシス・ベーコンからロバート・ボイルに引き継がれた実験誌は、自然物と原料を表示し、変えて、整える実験手法の集積から成る。[28] 研究者のウルスラ・クレインとウォルフガング・ルフェーヴルは、十七世紀から十八世紀の化学史に実験誌が重要な役割を果たしたことを論証している。[29] むろん、家庭もまた当初から化学活動の重要な場だった。

本書に登場する邸宅主たちの実践志向と物質への探求心は、職人や熟練工たちともきわめて類似する。パメラ・スミスら学者たちは、職人たちの実践、物質重視の自然界への探究が〝固有の認識法〟を形成していたと論じている。[30] そこで記されたのは、どのようにして作るかについての指示であり、暗黙のうちに身につけた手技をおそらくは形式化して教えるため、言い換えれば、得難い能力、技能を文字にしてものにする試みであったわけだ。スミスによれば、レシピを読むことと〝そこに記録された手法を試すこととは切り離せない〟という。[31] 本書の各章では、邸宅主たちが、薬、原料、製造工程を試用し試験するために用いた様々な手法と、知識習得を目指す活動により、同時代の職人、熟練工、製造者たち、そしてあらゆる種類の実践知識とも結びついていたことを詳しく解説する。[32]

さらに、邸宅主たち自身の言葉と記録をもとに、この人々がまぎれもなく知識の作り手であったことをあきらかにし、知識が様々に関わり合った方法により習得されていたことを調べ、十七世紀のイングランドにおける科学の物語を幅広く、繋がりを追って繙（ひもと）いていく。近代初期に知識を求めたあらゆる層の人々が、ともに自然界への飽くなき好奇心を持ち、同じように経験と観察を重視した何段ものの手順を踏む知識作りを通して、強く結びついていたことを解説する。人々の認識活動の環境が、知識が生成される仕組みに深く関わっていたこともおのずとおわかりいただけるだろう。日々の社交、邸宅の備蓄計画、家族の暮らしの記録を詳しく探ると、ある場所、つまり家庭が、近代初期の知識作りをいかに担っていたのかが見えてくる。

近代初期の邸宅は科学の場

近年、職人たちの工房やルネサンス時代の宮廷と並んで、近代初期の邸宅が、社会、経済、政治、知的活動の中枢だっただけでなく、幅広い知的事業を推進させた主要な舞台でもあったとして注目されている。[33] 邸宅はレシピに関わる活動において、とりわけ重要な環境だった。住居には、自然科学の知識を得るために、それもレシピを作るのならなおのこと、最適な設備が整っていた。知識を求める人々は図書室で読んで書いて学び、出版物や手稿からメモを取り、新たな文書をこしらえて収納することができた。庭や鹿の狩猟場、鶏小屋など屋外では植物を探究し、動物の生活環を観察する機会を得られた。本書の第2章では、ジョアンナ・シンジョンのような上流婦人たちが田舎にある本邸で、七面鳥の成長と生活環、それぞれの植物に適した土壌や環境条件を学んでいた事例をご紹介する。厨房や食料貯蔵室は物質の加熱、溶解、蒸留について詳しく知るためにじゅうぶんな設備が揃っていた。当時の規範の指南書や帳簿類から、富裕層の邸宅ではアランビックなどの蒸留器具、すり鉢とすりこぎ、かまど、秤(はかり)など、ほかにも多くの物が当たり前に備えられていたことがわかる。[34] いうなれば、薬剤師の調合室や当時の化学実験室にもけっして引けをとらない道具や設備が整っていた。[35] そうした道具の品揃えはもとより、そこで働く多くの人々——醸造者、台所女中、蒸留者——が、それらを使いこなす専門知識と技能を身につけていた。[36] レシピ作りの過程では、原料を醸造したり沸騰させたり蒸留したりといった日常の手慣れた作業を用いて、邸宅主たちが新たな知識の探索を続けていたことを第4章でご覧に入れる。そのような日々の活動は広く伝達され、多岐にわたる知識、技能、技術が取り入れられた。ゆえに邸宅が自然界の探究に理想的な場であったのも当然のことと言えるだろう。

けれども、従来の家庭での科学についての研究といえば、邸宅がいかに科学史に名を残した人々の取り組みを助け、進展させた環境であったかということに重点が置かれがちだった。スティーヴン・シェイピンは画期的な随筆『実験の家（The House of Experiment）』で、紳士たちの私邸は日々、多くの実験による成果が生みだされていた場所だったと述べ、ウォリックシャーにあるコンウェー家の邸宅、ラグリー館での医療化学者で医師のフランシス・マーキュリー・ヴァン・ヘルモント（一六一四―一九八／九九）による取り組みのほか、義父サミュエル・ハートリブのチャリングクロスの厨房を実験室に使った、化学者で医師のフレデリック・クロディウス（一六二九―一七〇二）、コヴェントガーデンのサー・ケネルム・ディグビーの自宅の実験室など、豊富な事例を示している。[37] その後も男女のべつなく近代初期の邸宅主たちが住まいのなかで勤しんだ多彩な活動を取り上げた研究が数多くなされてきた。ただし、そうした研究のほとんどが、ジョン・ディー（一五二七―一六〇八）、ウリッセ・アルドロヴァンディ（一五二二―一六〇五）、ロバート・ボイル（一六二七―九一）、ルネ＝アントワーヌ・フェルショー・ド・レオミュール（一六八三―一七五七）といった著名な科学者に焦点を当て、それぞれの家庭環境が科学の探究に不可欠な要素だったことを示すものだった。[38] 当人たちが住まいのなかで実験を行なっただけでなく、その邸宅の人々（使用人や妻や娘たち）も知識作りに大きく貢献した。シェイピンの言葉を借りればそのような〝姿なき技術者たち〟が空気ポンプを調整し、実験の成果を観察して記録し、昆虫や植物の〝標本〟を描き写し、邸宅の運営を円滑に保って、科学的交流ができるよう数多くの仕事を担っていた。[39]

本書はそうした従来の研究を踏まえ、さらにその先へ進む。学識豊かな男性たちの住居環境という枠を越え、家庭での科学を一から調べ、幅広い邸宅を対象に知識習得の活動を一つ一つ丁寧に紐いて再現する。好奇心から、そして信頼に足る情報の必要に迫られて、男性も女性も近代初期の人々はあらゆる方法で知識のレシピ作りに励んだ。情報を集めて紙に書き留め、書物や専門家や家族や友人から先に得て信頼し慣れ親しんでいた手法と、新たに入手した知識を比べて考察した。さらに、薬類の効能や作用を人体、そのほかの生物で確かめたり、加熱などの外的刺激で個々の物質がどのように変化するのかを観察したり、施術や手順の簡略法を試したりといった様々な理由から、レシピの試験を繰り返した。そうした努力をするなかで、邸宅主たちは人体、自然界、製造工程、日用品の原料についての理解を深めた。邸宅主たちのレシピ帳は自然の事象を観察、探究し、得られた知識を記録し蓄積しようと努めた成果であり、証言録だ。[40] 本書は邸宅で作られた知識のレシピを足掛かりに、まさしく家庭で独自に実践されていた知識生成の仕組みを分析し解明する。

同時に、レシピ帳はおおむね上流層の邸宅で紳士淑女によって作成されていたものの、その陰には広範囲に及ぶ仕事の実践経験と技能を備えた男女の一団の助けがあったことも紹介し、それらの人々が担った役割にも詳しく言及する。知識作りを邸宅の共同作業と捉え、これまで〝姿なき技術者たち〟だった人々を著名な科学者たちの単なる助手ではなく、作り手、書き手、自然科学の知識の伝達者として浮かび上がらせる。夫と妻、主人と従者としてそれぞれが担った役割を探ると、知識作りに挑んだ集団内での性別、階級差による関係性もまた見えてくる。そしてあらためて邸宅主たちの功績に目を戻せば、知識作りに参加、貢献した歴史の立役者たちは多数に及び、近代初期の自然探究の物語において、邸宅が生活の知恵を生みだす活気あふれる場であったことがおわかりいただけるだろう。

レシピ、家族、邸宅

知識を生みだす場であり、知識の生産集団でもあった邸宅は、本書が分析し考察を論じるうえで中軸となる舞台だ。その邸宅のある空間と近代初期の建築様式が、レシピに関わる活動をまさしく形作っていた。なにより英国の上流層の広々とした田舎の領地に建つ邸宅は、自然界の知識を探究する機会を邸宅主たちにもたらした。客間や食堂では、咳止め薬の作り方、洗顔水の蒸留法、果物の保存術が話題にのぼった。厨房、食料貯蔵室、醸造室は新たに入手したレシピや、時間がかかりがちだった薬の試験や料理の試作に使われた。家庭菜園、鶏小屋、厩舎は、クリスマス用の七面鳥を育てたり、貴重なフランス産メロンを栽培したり、古来の博物学的な興味を満たせる場所だった。

本書ではまたこの邸宅を、ともに暮らし、協調して、様々に重なり合う役割から結びついていた歴史の立役者たちの一団を指す言葉としても使用する。[41] その物語には邸宅の主人、女主人、夫、妻、兄弟、姉妹、息子、娘、家令、家政婦、庭師、略農女中が揃って登場し、ほとんどの場合に協力して働いていた。ヘンリー（一六六五没）とメアリー（一六四九没）のフェアファクス夫妻や、ピーター（一六六〇没）とエリノア（一七二九没）のテンプル父娘など、多様な協力関係をご紹介する。しかも、そうした紳士淑女たちは往々にして邸宅の大勢の使用人たちに助けられていた。なかでもジョアンナの家令、トマス・ハーディマン（一七三二没）と妻のエリザベスの活躍はきわだっている。[42] レシピ作成のための知識は概して、そうした複雑に絡み合った人間関係のなかで生みだされていた。

共同作業として捉えれば、家庭での知識作りは、その邸宅が一丸となっての性別、階級を越えた協調へのたゆみない努力から成る取り組みであったことが見えてくる。[43] だからこそ近代初期の英国で作られたレシピ帳についての最近の研究では、女性の医療行為が多く取り上げられ、女性の手稿に関する議論も盛んになっているのだろう。[44] 当然ながら本書でご紹介する事例にも、従来の社会慣習、階級、性別による序列づけが表れている。けれども同時に、そうした権威、義務、責任への考え方が状況に応じて変化していたことも見てとれる。そしていまと同様に、家族関係は性別、出生順位、社会的役割などによる力学に左右されがちだった。多くのレシピ帳はその一族に代々引き継がれて作り上げられたものなので、知識の作り手と使い手の立場や関係性もしだいに変移していた様子が窺える。

近代初期の住まいという環境が、知識作りに特筆すべき影響をもたらしたのは間違いない。本書でお伝えしたいことは大きく分けて三つある。まず、レシピ作成のための知識の習得は、邸宅の管理と、大がかりな備蓄計画のとても重要な一端を担っていたということだ。邸宅主たちは季節の移り変わりに敏感で、家庭薬作りと並行して計画的にバター、完璧に熟成したチーズ、丸々太った家禽、塩加減が絶妙な燻製ベーコンなども生産し、備蓄していた。相当数のレシピ帳で食料と薬が併記されているのは、そうした数々の多彩な試みの只中で絶えず動きまわっていた邸宅の上級使用人たちが、多方面にわたる役割を引き受けていた証しだろう。そうだとすれば、実践知識の収集、蓄積とそれらのレシピ作りのための活動は、近代初期の邸宅の営みという枠組みのなかで考える必要がある。

もう一つは、邸宅を拠点とした知識の収集は、その家族と、周囲の人々との交友関係を基盤に行なわれていたということだ。邸宅主たちはすでにある人脈に知識を求めただけでなく、提供してくれた人物の社会的信用や専門知識によっても、そのレシピを見極めていた。いわば家庭のレシピ帳作りは、レシピ作成のための情報収集であるとともに、その経緯まで書き込むことにより一家の交友関係の記録にもなっていたわけだ。さらに、レシピは薬や食料と同様に授受され贈られて経済活動の大事な一手段にも用いられた。[45] それゆえ邸宅で作られたレシピ帳は家族の交友関係を鮮やかに描きだしているだけでなく、社交上の恩義や信頼関係を記録した帳簿や資産台帳としても見ることができる。[46]

そして三つ目は、いまに残る数々のレシピ帳はさらにまた家族の暮らしの記録であり、家族史文庫と呼べるものだということだ。多くの家庭で、男性も女性も世代をまたいでともに知識を収集し、試し、記録してレシピを書き溜めた。そのレシピ帳には人々が協力して作り上げた成果が残されている。レシピはおおむね、法的文書、帳簿類、家系図など、ほかの家族の記録とともに保管されていた。そうだとすれば、レシピ帳が家宝として代々受け継がれていたのもけっして意外なことではない。現にレシピ帳は継承者を明確に指名して引き継がれ、その多くが何百年ものあいだ、一族の地所に建つ邸宅に保管されていた。レシピは日々の経験を記憶にとどめ、家族史とその一族の流儀を記録する大切な手立てだった。[47] いまだ数多く現存し、そこに記されたレシピのみならず試験や試作のやり方にも、親族や交友関係、そして邸宅の管理の両面が大きく関わっていたという事実が、レシピ帳の社会的・

文化的価値をじゅうぶんに物語っている。

家庭のレシピ文庫——研究史料と方法論

一七〇三年三月七日、八十四歳のレディ・ジョアンナ・シンジョンは亡くなる一年足らず前のこの日、遺言を書き記した。そこにはお決まりの遺贈品目録も含まれていた——聖書を長男へ、種々の家具調度、絵画、銀器は娘や孫娘たちへ、現金、衣類、リネンなどのささやかな贈り物を忠実な古参の使用人たちへ。二冊の手書きのレシピ帳もその目録に含まれていた。料理、保存食のレシピ帳は〝約束どおり〟孫娘のレディ・ジョアンナ・ソウムに。それとはべつに娘のレディ・アン・チャムリー（一七四二没）に引き継がれたのが、多種多様な治療薬の調合法が詰まった〝至上の処方集〟だ。[48]

ジョアンナの遺贈品目録に記された〝至上の処方集〟は革綴じのクォート（四つ折り）判で表紙に金文字で〝I．S．〟と刻印され、アルファベット順に何百もの治療法を収録していた。Aの項には、マラリア熱や痛みへの処方が見てとれる。[49] Bの項には、婦人の乳房の〝癌〟のほか、腰痛、骨の痛み、鼻血、毒性の動物による咬み傷、痣(あざ)などへの処方が並ぶ。[50] Cの項には、強壮水の作り方、肺病、咳、風邪、疝痛(せんつう)、子供の寄生虫病、けいれん発作、さしこみなどへの治療法が列記されている。[51] そのほかの項でも、あらゆる急性、慢性の病気や不調の処方が網羅され、家族や使用人たちが不幸にも健康を害した際の備えを蓄積した宝箱のような一冊だ。[52] 十三人もの子宝に恵まれたシンジョン夫妻ならではなのか、妊娠を促したり、流産を予防したり、安産に導いたりといったレシピも数多く含まれている。それらのレシピは、寄生虫病、けが、鼓腸の手当てや蒸留水の作り方とともにWの項に収められている。シンジョン家では、料理のレシピ帳だけはべつにして、邸宅の人々のための薬のレシピ帳に〝去勢馬の血尿〟や〝人の痒(かゆ)みと犬の疥癬(かいせん)〟などの見出しで動物に関わる治療法も併記していた。[53]

ジョアンナ・シンジョンが遺したのは、近代初期のイングランドの家庭で作られていた典型的なレシピ帳と言える。ほとんどのレシピ帳は擦り切れ、見るからに使い古され、たくさんの人々に読まれ、書き加えられていて、興味深い研究史料だ。雑多な情報も豊富に含まれた大らかな書き物で、頁をめくれば、薬、料理、家事のレシピとともに詩や買い物の覚え書き、手紙、家族の記録も差し挟まれているものが多い。[54] ジョアンナが娘や孫娘へ遺した贈り物と同じように、そうしたレシピ帳の大部分が各家庭で代々受け継がれ、使われ、編纂(へんさん)された。[55]

ジョアンナ・シンジョンがレシピ帳を作成し、家族に遺した時代に至るまでにも、レシピとレシピ集はすでに書き物として何世紀にもわたって使われ、伝達されていた。医療情報が簡潔なレシピにまとめられ集められていた歴史は古代にまで遡(さかのぼ)り、以来、医学の知識や実践法が世界じゅうの文化圏に伝達され広まる手段として重要な役割を担った。[56] 英語文化圏ではレシピは長く文学の中核を成してきたし、『ボールドの医学書（Bald's Leechbook）』や、[57] ギルバータス・アングリカスが調合薬について著した書を十五世紀に中期英語に翻訳した手稿で、歴史学者ピーター・ジョーンズが変化しつづける特性とそこに含まれる医療情報の多様性から〝進化する事典〟と評した『様々な薬についての本（Liber de Diversis Medicinis）』、『薬の筆記板（Tabula Medicine）』など、最古の英語による医学書のなかにはまさにそのままレシピ集となっているものもある。[58]

本書のおもな舞台となる十七世紀のイングランドでは、レシピの手稿と出版物がその百年を通して空前の規模で生みだされた。医療、料理、生活の手書きのレシピ帳はいまなお文書館や図書館に広く収められ、多くの史料が現存している。手稿文化がそれほど隆盛をきわめたのと同じ時代に、レシピ集の出版もまた流行した。当時の印刷業者、出版者、書籍販売者は様々な書名で読者の気を惹いた。『選りすぐり処方集（A Choice Manual）』（一六五三）や『女王の開かれた小部屋（The Queens Closet Opened）』（一六五五）のように貴婦人たちの宝物として売りだしたり、トマス・ブルギスの『医術の心髄、すなわち人体の幾つかの部分についての学術的論説（The Marrow of Physicke, or A Learned Discourse of the Severall Parts of Mans Body）』（一六四〇）のように当時の医師の編纂物としたり、フランシス・ディケンソンの『とっておきの貴重な二十の珠玉の極意（A Pretious Treasury of Twenty Rare Secrets）』（一六四九）[59]と銘打ったり。一六〇〇年から一七〇〇年にかけて、ロンドンでは六十点の新刊、およそ百七十点の再版など、医療知識のレシピ集が二百点以上も出版され、近代初期の英語による医療関連の書物のなかでも格別に高い人気を誇った。[60]

レシピの書物は近代以前のヨーロッパでも広く生みだされたが、そのほとんどはアレッシオ・ピエモンテーゼの『崇敬なる秘義（De'secreti del reverendo donno Alessio Piemontese）』（ヴェネチア一五五五）に収録された数百の極意集や、ヒュー・プラットの『技芸と自然の宝物館（The Jewell House of Art and Nature）』（一五九四）のように、すでにまとめられていた知識をあらためて体裁を整えて印刷したもので、作り上げられるまでの道筋や試験方法についての手掛かりはほとんど得られない。[61] その点、家庭で手書きされたレシピ帳は、訂正したり書き加えたりと柔軟に書き換えられている。随所で注釈が書き込まれ、線を引いて消されていて、邸宅主たちが試し、指示書きを訂正した実例がいくつも記録されている。科学の史学者たちが〝科学の過程[62]〟を示すものとしている実験報告書や研究ノートの先駆けと見ることもできるだろう。現代の実験報告書と同じように、日々の実験が詳細に記録されているのだから、近代初期の物作りと知識習得の世界を探るには絶好の糸口だ。

反面、邸宅で作られたレシピ帳には、あらゆる意味で脈絡をたどるための情報が不足している傾向がある。レシピが羅列されているだけで、加筆や作成者たちの意図や発想や目的が明確に示されていないものも多い。しかも現在まで図書館や文書館に保管されている手書きのレシピ帳は来歴の情報がなかったり、ごく少なかったりするものがほとんどだ。そのため、それらの文書の作成者、読者、使用者たちについての手掛かりが乏しく、どのような人々がどのような環境で書き継いできたのかを特定することがむずかしい。個人の史料や記録もともに保存されているかどうかは、その文書が生みだされた社会的・経済的環境に拠る。本書に登場する歴史の担い手たちの多くは、国会議員、中流上層階級、地方の名士など、自然探究に勤しむ余裕があり、その成果を書き留めて記録できる教養を持っていた豊かな地主たちだ。それでも、家庭で作られた私的な文書の保存には、のちの世代の意識が大きく関わっている。[63] そうした研究史料から投げかけられる難題が、わたしたち歴史学者に新たな考え方や方法論に目を向けるきっかけを与えてくれる。本書の基軸となる研究主題は二つある。〝家庭のレシピ文庫〟を調べ、さらにそれらの文書そのものの重要性をあきらかにすることだ。

現存する数多のレシピが、歴史の証言者の一団として読み解かれるのを待っている。各章で取り上げるのはそれぞれ数例だが、十七世紀のイングランドで手書きされた、あるいは出版されたレシピ集を広範囲にわたって調べ、分析した。家庭で収集、作成されたレシピ全般について論じるとともに、個々の邸宅や家族の特性も読みとれる内容となっている。いずれのレシピ集も各家庭固有のもので、独自の工程により生みだされたのは間違いないが、取りまとめて全体を精査してみると、多くのレシピ集で近代初期の家庭に共通する手法が用いられていた。さらに、出版物と手書きのレシピ帳にも、読まれ方、使われ方にあきらかに重なり合う部分が見てとれた。出版物と手書きのレシピ帳の余白に残る書き込みは、同じような手順でレシピ作成のための試作、試験が行なわれていたことを示している。どちらにも似た記述が見られるのは、同時代に知識をレシピという形式で残した二つの媒体が活発に相互利用されていた証しだ。両者がともに家庭のレシピ史料群とも呼ぶべきものを形成している。

本書の柱となるこの家庭のレシピ史料群は、英語によるおよそ二百六十冊の手書きのレシピ帳と一六〇〇年から一七〇〇年にかけて出版された二百点以上のレシピ集から成り[64]、同地域で同時代に作られたものを研究対象とした。手稿の史料については、ほかのレシピ集研究のようにおもに女性の手になるものや、女性向けに書かれたものに絞るのではなく、作成された地域と年代を調査基準とした。そのため今回の研究では、夫妻、父娘、女主人と使用人といった多様な協力関係があきらかにされている。たしかにヨーロッパじゅうの家庭でレシピは書かれ、収集、やりとりされていたが、英国には研究対象としてとりわけ有意義な手書きの史料が豊富に現存しているとわたしは考える[65]。本書で解説する手書きのレシピはほぼ十七世紀から十八世紀の最初の数十年までのもので、イングランドでそうした指示書きが作られ使用されてきた歴史からすればほんの入り口に過ぎない[66]。先にも述べたように、英語で華々しくレシピを記す慣習は中世にはとうに見られ、私たちの研究史料群にも、現代まで研究されつづけているクレメント・ドレイパーやヒュー・プラットといった人々の書物をはじめ、十六世紀の実例も相当数含まれている。[67] けれども、十七世紀には富裕層の家庭でそうした文書が盛んに生みだされていた。そこにはこの時代ならではの特色も表れている。所有者の署名、原著者の表記、情報検索のための工夫、明瞭なレイアウトなどだ。[68]

加えて、本書では家庭のレシピ帳について文書としてだけでなく、それ自体の重要性にも詳しく言及する。[69] すでにローレン・カッセルとデボラ・ハークネスが最近の著書で同様の観点から、サイモン・フォアマンの事例集とクレメント・ドレイパーの獄中記を精査して日常の医療と科学を鮮やかに描きだしているので[70]それらに続く形となる。多くの家庭のレシピ帳は使い古され、擦り切れていて、余白や行間には作業の軌跡を探らずにはいられなくなるような印づけが見てとれる。わたしは読み書きの歴史学者たちが確立した分析手法を用いたが、レシピはつねに活用されつづける性質のものであるため、手稿であれ出版物であれ、家庭で使われたレシピ集の書き込みには、読み手と作り手両方の軌跡が反映されている。[71] レシピの使用者が記した符号については、第3章「レシピ収集の手順」でおもに詳しく取り上げ、第4章「近代初期の邸宅のレシピ試験」では、記述を綿密に考察し、知識を文字で簡潔にまとめた工程と、そのレシピをどのように評価し、試験していたのかを解説する。

第1章 近代初期のイングランドにおけるレシピ帳作り

情報収集と社会生活から生みだされた知識

紳士階級の地主で、レスターシャーの州長官、統監も務めた、アーチデール・パルマー（一六一〇―七三）にはレシピを収集する習慣があった。[1] 一六五八年十一月二十七日、四十代後半に差しかかっていたパルマーは、六ペンスのまっさらな筆記帳を購入し、レシピ集作りの第一歩を踏みだした。その記念にパルマーは見返しの白紙頁に二度筆を走らせている。〝アーチデール・パルマーの書〟の署名と、その筆記帳を購入した日付だ。それから一カ月余りのち、一六五八／五九年一月三日付で、パルマーはそこに初めて耳寄りの医療情報のレシピ、〝いとこ〟メアリー・ウィリアムから入手した〝慢性の痛風〟の治療法を記した。以来十四年にわたり、パルマーは旺盛な興味に駆り立てられて活発にレシピの収集を続けた。数カ月毎に新たなレシピを入手してはこつこつ書き加えた。最後の書き込みをしたのは、六十三歳で死去する一六七三年八月六日から一年少し遡る一六七二年六月八日だった。それまでにパルマーは家族や友人、縁あって出会った人々から入手した医療、料理、家事、獣医学についての百五十以上もの情報を蓄積していた。

パルマーが最後のレシピを書き入れてからおよそ二十年後、またべつの州のべつの家族が同じような取り組みに着手した。現在ホイットニー美術館に所蔵されている料理文書コレクションの手稿九は、もともと備忘録だったものに書かれていたベネット家のレシピ集だ。その筆記帳には哲学や信仰といった各項目のなかに三百近くものレシピが織り交ぜられている。[2] 原著者や紹介者が明記されているアーチデール・パルマーの筆記帳とは対照的に、この一家の筆記帳の編纂者はその成果の立役者として名乗ることには控えめだったらしい。一七〇七年か一七〇八年に書かれたと思われるあるレシピは〝ブルーハムのウィリアム・コールマンが十三歳の頃に膝痛に使ったもの。わが息子サミュエル・ベネット用に〟と題されているので、父と同名でサマセットに住んでいたフィリップ・ベネット（一七二五没）とアン・ストロード・ベネット（一七三五没）が携わったレシピ帳であることがわかる。[3] 一六九四年に書きはじめてから四十年近く、ベネット家は協力して家族や友人、近隣の人々からレシピを集め、筆記帳に記録していた。

当時の家庭で書かれ、いまも残る多くのレシピ帳と同様に、パルマー家とベネット家の筆記帳にも様々なレシピが詰め込まれていた。日焼けや火傷、くる病、めまい、痛風、マラリア熱、脱腸、鼻血、歯痛といった多岐にわたる一般的な症状を緩和する治療法が綴られている。アーチデール・パルマーとベネット家は幅広くレシピを探し求め、伝え聞いたり、出版物から得たりした情報を筆記帳に取り揃え、〝パーキンズの年鑑〟や〝ミクルスウェイト医師〟や〝息子ウィリアム・パルマーの妻マーサ〟というように出典を記した。[4]

どちらもレシピを入手した日付、場所、情報源がことさら丁寧に記されていて、編纂者たちの収集の仕方について多くのことが学べる。二冊とも記入日順に整理され、日記仕立てとなっているので、パルマー家とベネット家の日々の暮らしのなかでどのような実践知識が求められ、レシピの収集が行なわれていたのかが読みとれる。[5] その行間から、記入はけっして毎日のことではなかったにしろ、両家が何年にもわたってつねに情報を求め、新たなレシピを集めていたことがあきらかにわかる。詳細な記述が満載のレシピ集はまた、パルマー家とベネット家それぞれの交友関係、情報網、社交の機会、レシピをやりとりしていた場所や、そこに関わっていた人々など、好奇心をそそる手掛かりを与えてくれる。さらに、当時の実践知識を取捨選択した評価基準や、家庭の知恵の貯蔵庫を作り上げるまでのあらゆる手順も描きだしている。どちらの筆記帳もレシピ集作りの工程と近代初期のイングランド社会を覗き見る絶好の入り口だ。

本章では、この二冊のレシピ帳に導かれ、邸宅主たちが様々な経路で新たな知識を入手し、それをまたあらゆる手法で記録していた様子を見ていく。まずは〝原本〟にレシピを一つ一つ書き加えていったレシピの収集法を概観してみよう。

事始め

一六九四年、フィリップとアンのベネット夫妻はレシピ帳作りを始めるにあたり、近隣に住む未亡人、フローレンス・モンペッソンに情報を求めた。トマス（一六九三年以前に没）とフローレンス（一六九八没）のモンペッソン夫妻、母と同名の長女フローレンス（一七〇九頃没）はブルー川を挟んだノース・コート、あるいはバッツと呼ばれる近くの農場に住んでいた。ベネット家の筆記帳の書き込みから両家が親しく付きあっていたことが窺える。[6] 母親のほうのフローレンス・モンペッソンは生前、ベネット家のレシピ帳作りにいくつかの点で貢献していた。まず、フィリップとアンは一六九四年にレシピ帳作りを始める際に、モンペッソン家のレシピ集から一連の料理のレシピを相当数書き写し、自分たちのレシピ集の〝原本〟とした。フィリップとアンはこのレシピ集の〝原本〟を土台に新たなレシピを集めながら、またモンペッソン家に頼った。フローレンスは二度にわたりその要望に応え、日焼けとくる病の症状をやわらげる軟膏、オイル、薬の作り方の指示書きを提供している。[7] その多くはモンペッソン家もほかの人々から得たものだった。たとえば、ある軟膏のレシピにはエクセターに住むフローレンスのドリューおばが〝初期の悪性腫瘍を治した〟との推奨文が付いていたし、救済のオイルの作り方には〝ムーア夫人が功績をあげた〟と何度も付記されていた。[8] フローレンスはベネット家に医療と料理の知識を提供することにより、モンペッソン家の人脈、交友関係を開示したわけだ。ベネット家のレシピ帳に見られる〝モンペッソン家由来〟のレシピ群は、レシピの一般的な収集法とレシピ帳作りにおける社交の重要性を映しだしている。

ベネット夫妻はモンペッソン家のレシピ集の一部を土台として、じゅうぶんに確立されたレシピ帳作りの手順を選んだ。入手先は親族、友人、知人と様々ではあるものの、多くのレシピ集の編纂者がまず〝原本〟を選択し採用することから着手した。そうした手書きのレシピ帳は同じ筆跡で書き写された大部のレシピ群から始まり、そのあとからべつの人々の手で数多くのレシピが書き加えられている。このようにあきらかにほかのレシピ集から書き写されたレシピ群とその後に一つ一つ書き加えられていったレシピ群の組み合わせが、最もよく見られる家庭のレシピ帳の構成例だ。原本の部分はおおむね、のちに書き加えられたレシピ群の一律ではない筆跡と異なり同人物の手できちんと記されていて、たいがい索引や目次でうまく整理されている。そのため多くのレシピ帳で、レシピが加えられはじめたところからすぐにその整理方式が破綻している。原本に採用されたレシピ群はほとんどがさらに加えられるように白紙頁を空けて書き写されていて、表側のみに書かれ、裏側は筆記帳の継承者のために空けてあるものも見られる。書き写した原本の部分にあらかじめ索引と目次を付けている場合には、のちの書き込みに備えて、そこにも余白が取られている。

ベネット家のほかにも〝原本〟を採用した好例に、アン・ブロムウィッチ、ローダ・ハッシー・フェアファクス、アースラ・フェアファクス、ドロシー・カートライトが関わった筆記帳が挙げられる。[9]この手稿の最初の一葉には次のように明記されている。〝アン・ブロムウィッチ夫人による、痛み、その他の疾患の薬あるいは処方の書〟。さらに同じ筆跡で病名のアルファベット順に一連の治療法が書き加えられている。つまり、ブロムウィッチ家は頭文字がAのマラリア熱を手始めに、Cの肺病、咳というように治療法を書き継いでいた。各項目の末尾には新たに書き加えられるよう余白が残されている。索引は巻末に設けられ、ここにもまた追加用の余白が取られている。最初のブロムウィッチ家の筆跡によるレシピにはどれも原著者名は記されていない。同じ筆致で秩序正しく記されたレシピ群はアン・ブロムウィッチの書からそっくり書き写されたことを示している——すべてのレシピがアン・ブロムウィッチによるものなのだから、原著者をわざわざ記す必要はなかったわけだ。その原本のレシピ帳がほどなくローダ・フェアファクスとなるローダ・ハッシーに引き継がれると、同じ症状についてもまた独自の治療法が書き加えられ、索引も改訂された。のちの継承者たち、ローダの娘アースラ、さらには孫娘のドロシー・カートライトもそれぞれにレシピを書き加えた。現存するそのレシピ帳では、アンや娘と孫娘により記された部分はほぼ書き換えられている。あとから加えられたレシピには編纂の印が残され、ほとんどに著者や出典も記されている。ローダ・フェアファクスは特別なレシピを入手した日付を記録することもあった。たとえば〝一六五三年、とても具合が悪かったときに、わたし、R・Fのためにカトリン医師が勧めてくださった錠剤〟もしくは〝一六八四年九月二十九日、レディ・ハッシーのための黄色い軟膏〟というように。ほかにも、綴じられていない紙に〝ロンドンから送られてきた、わたしの肩の痛み止め、一六八二年七月二十九日、R・F〟と題して記されたレシピもある。[10] そこから、ローダ・フェアファクスがアン・ブロムウィッチのレシピ帳の医療知識や情報をもとに、その生涯で自分なりに改稿し、また娘に引き継いだことがわかる。

近代初期のレシピ帳には同様に原本として書き写された部分が広く見られる。多くの邸宅主たちが自分たちのレシピ集作りの土台としてすでにまとめられたレシピ群を選んで書き写し、または取り入れた。[11] ある程度集められた家庭の知識はレシピ帳の編纂者にとってまずは有利な材料だったということかもしれない。

原本を用いたレシピ帳作りの事例は、レシピの作り手や提供者と、受領者やその後の編纂者が、既存のレシピ群の必要性を認めていたことを示唆している。とはいえ、そうした一般的な情報を求めたのは、それをもとにそれぞれの必要に応じて独自のレシピ集を作りたいという気持ちからでもあった。

だからこそ、どのレシピ帳にも必ず余白が取られ、記された情報の見極めが続けられた。邸宅のレシピ集はその時々の所有者の必要に応じて変化し、知識が増やされつづける性質のものだった。

原本をもとに始めたにしろ、まっさらな筆記帳に一から書きだしたのだとしても、アーチデール・パルマーやベネット家のような人々は様々な経路から積極的に一つ一つ、もしくはある程度のレシピ群を集めた。家族や友人や隣人たちが邸宅主たちにレシピとなる大量の知識をもたらした。しかも家族や友人や知人たちが果たした役割は新たな情報を提供したことだけにとどまらない。その人々が知識のレシピ作りを文字どおり形作ってもいたことを詳しくこのあとご覧に入れよう。

家族の共同作業

レシピ帳作りのための情報収集、個々のレシピのやりとり、記録においては家族が中心的な役割を担った。夫と妻、父と息子、母と娘というように、家族が共同でレシピ帳作りに取り組んだ。レシピの収集はおもに家族や邸宅の従者たちの病気とその時々の必要に応じて行なわれた。さらにレシピ帳の編纂者たちはたいがい別居の家族や親族にも新たな知識を求めた。ここでは、そうした共同での編纂作業、治療法の収集、家族や親類との連携の順に掘り下げて、邸宅でのレシピ帳作りが家族単位の事業だったことをあきらかにする。

共同での編纂作業

ベネット夫妻が古い雑記帳にレシピを書き留めようと思い立ったとき、ふたりはすでに熟年の夫婦で、安定した大家族を築いていた。レシピ集作りは二人の共同事業だった。一七一九年五月三日に書き加えられた〝疝痛（せんつう）〟のレシピには〝妻が入手〟と付記されていて、フィリップ・ベネットがこの事業の主導者だったことがわかる。[12] 一七二五年にフィリップが死去したあとの書き込みからは家族の書へのアンの貢献もまた見てとれる。当時は家庭において男性と女性がともに邸宅の健康に責任を持つのはめずらしいことではなかった。同時代の手紙のやりとりにも、父親たち、夫たちが、妻や子供や従者たちの健康、不調、その対処について記したものが多く見られ、時にはみずから、あるいは上流家庭ならたいがいは使用人に指示して、薬作りにも携わっていたことが読みとれる。[13] ベネット夫妻の取り組みは、男性たちの家族の健康への関心が邸宅のほかの医療行為、つまりはレシピの収集や記録にまで及んでいた様子を示している。

もちろん、夫妻でレシピ帳作りに取り組んだのはフィリップとアンばかりではない。レシピ史料群にはそうした事例が多く含まれている。なかでも顕著なのが、ヘンリー・フェアファクス師と妻メアリー・チャムリー・フェアファクスの共同努力で作られ、いまでは『フェアファクス奥義集（Arcana Fairfaxiana）』として知られるレシピ集の事例だ。先に挙げたほかのレシピ集と同じように、こちらもおそらくはメアリーが一六二七年にヘンリーと結婚する以前に作られた原本のレシピ集から書き写した部分から始まっている。[14] その部分は明瞭な筆跡で、病気ごとに医療のレシピがまとめられ、続いて薬剤師の薬方書や医師の指示書きから転記したと思われる略式のラテン語が付されたレシピもいくつか見受けられる。[15] 一つのレシピが一頁以上に及ぶ場合には、欄外見出しが付けられていて、書き写してから綴じられたものであることがわかる。さらに同じ筆跡で巻末の白紙頁には〝ミス・バーバラの〟ヴァージナル（十六世紀から十七世紀に英国で広まった鍵盤楽器）のレッスンについてのメモや、十六世紀後半の音楽家の一覧が記されている。

ヘンリーとメアリーは結婚してからともにレシピ帳に書き入れるようになったが、主導者はヘンリーのほうだったようだ。その一冊を通して、ヘンリーの几帳面な筆跡がきわだって多く見られる。最初の一葉に署名し、ラテン語の短い風刺詩を翻訳して書き入れ、索引を巻初（のちに削除）と巻末に設け、度量衡についての情報も加えている。[16] ヘンリーは筆記帳の空白頁に相当数のレシピを書き加えているほか、類似の症状についての対処法も随所に差し挟んでいる。たとえば〝女性の胸や男性の陰部のほてりを鎮める〟レシピのあとに〝乳房の痛み〟のレシピを書き入れるといった具合だ。[17]

メアリー・チャムリー・フェアファクスもまたヘンリーが書き写したもののなかに多くのレシピを書き入れて同じレシピ帳作りに貢献していた。**図1－1**に見られる記述はとりわけ興味深い。〝エリザベス女王の鼓腸の悩み〟と題されたレシピで、メアリーにより書かれたものだが、ヘンリーの筆跡で訂正や付け足しが記されている。メアリーがもともと〝材料をすべて砕く〟と記しているのに対して、ヘンリーがその上部に〝そして、ふるいにかける〟と付け加えている。しかも標題ですでに〝鼓腸の〟とされているのに、ヘンリーはメアリーのさらなる効能の一覧に〝腸の溜まりを排出〟とわざわざ書き入れずにはいられなかったらしい。[18]つまり、メアリーが書いただけにとどまらず、夫が注釈を施したわけだ。〝緑の軟膏〟をこしらえるレシピでは、メアリーが〝ランタナとヘンルーダを各一クォート〟と書き、ヘンリーがその上に〝一ポンドまたは一クォート〟と付け加えている。このレシピに使われるほかの二種の薬草、ベイリーフ（ローリエ）とヨモギはポンドの単位で分量が記されているので、ヘンリーが表記を統一させるため書き加えたのかもしれない。[19]反対にメアリーがヘンリーの書き込みに付記した形跡はほとんど見られないが、まだあきらかにされていない家族の誰かが大胆にも修正を加えていた。この筆記帳の最後に書かれているのは、ヘンリーによる肺病の膏薬の作り方のレシピだ。ヘンリーのもとの記述では材料の必要量が歯がゆいほどあいまいな

Quene Elisabeth her powder for winde /
take ginger, Cinamon, Gallingall, of each one ownes
Aniseeds, Carowayseeds, fenellseeds of each one half an
ownes; mace, notmegs of each tow drames, of
setwall one drame, ponde all together & searce them, & putt
therin one pound of white suger use this powder
after or before meate anie time. it expells winde, it comfor
teth ye stomack, & helpeth digestion. /

図1-1　『フェアファクス奥義集』手稿63

のだが、またべつの筆跡によって正確な分量と具体的な手当ての仕方――膏薬は手のひら大の布片に広げ、腹の上に貼る――が書き加えられ、より明確なレシピとなっている。[20] そうした同時代の注釈とはべつに、のちにも折々に家族のほかの誰かがこの共同作業に加わっていた。

後年にはヘンリーとメアリーの次男ブライアン・フェアファクスもまた家族のレシピ帳作りに関心を寄せ、疫病の飲み薬など様々なレシピを書き入れたり、〝チェンバー医師の水薬〟の作り方を書き写したりしていた。[21] このように『フェアファクス奥義集』は、フェアファクス家の人々が世代を越えて長きにわたり同じレシピ帳に新たに情報を書き入れ、または活発に付記することにより、共同で作業してきた経緯をあきらかに示している。邸宅のレシピ帳は家族とともに進化しつづける、まさしく終わりのない事業だった。

そうした家族単位での共同作業ではあっても、知識作りの男女の役割分担という点から見ると状況は複雑だ。その一例として、ニコラス・ブランデル（一六九九―一七三七）がレシピのやりとりの記録や家族のレシピ帳における自分の作業の様子を綴った〝ずばらしき日々〟と題した日誌が挙げられる。ブランデルは家族のレシピ帳を〝妻の料理帳〟と称しながらも、みずから索引作りに丸一日を費やし、筆記者としてエドワード・ハワードを雇ってレシピを記述させ、レシピの入手日をしっかりと記録してもいた。歴史学者のサラ・ペネルが論じているように、研究史料群の手書きのレシピ集にその一家の男性が関わっていたからといって、知識作りに女性が果たした役割が否定されるわけではない。[22] とはいえ、共同編纂のなかでも、レシピ帳作りでの役割にはやはり男女によって違いが認められる。夫妻でともにレシピを集め筆記帳に記録していた家族が存在したことは事実だ。ただし、家族の実践知識の貯蔵庫に加えるかどうかの決定権がどちらにあるかは状況により異なっていた。そのような作業における家族間での力関係が、各自の関心事、年齢ごとの一族での立場、資金の調達事情により移り変わっていたのは間違いない。家族のそれぞれが担った役割を知ることで、共同で協力して取り組んだその邸宅独自のレシピ帳作りの全体像がより明確に見えてくる。

治療法の収集

一六九九年、サミュエル・ベネットは風邪をひいた。すると家族の一人、おそらくはサミュエルの母アンが近隣のブルートンに住むマーシャル夫人に治療法を問い合わせた。ほんの数カ月後、サミュエルは鼻血を出してしまう。心配した母親は親類の女性、キャサリン・ペラムに息子の症状を相談したのだろう。なぜなら、のちにアンが〝もしまたサミュエルが鼻血を出したときのためにいとこキャサリン・ペラムの鼻血止め。一七〇〇年十二月十七日〟と題した書き込みをしているからだ。[23] こうした収集活動――目下の健康問題の解決を目的とした情報収集――は、ベネット家とパルマー家のレシピ帳の全体を通じてあきらかに見てとれる。

レシピを読んでいけば、家族の何人かの健康状態がなんとなくわかってくる。当然ながら、ベネット夫妻は自分たちの不調についての助言も得ていた。一七〇二年九月五日に〝コリングのおかみさん〟から得たのは、ヘンルーダをブランデーで煎じる三日熱マラリアの治療法だ。高熱のときには患者が耐えられる限度まで熱したブランデーを手首に塗布するよう勧められた。悪寒のときには、ブランデーを水で薄めたものを飲む。この簡単な治療法を快復するまで繰り返す。フィリップかアンがその記述を〝このおかげで治った〟と熱烈な賛辞で締めくくっている。[24]また一七一五年六月には家族でキルマーズドンの〝姉シュート〟を訪ねた際、フィリップかアンがひどい風邪に見舞われ、滞在先の家主から供された薬に助けられている。このときの〝激しい寒気と尋常ではない咳〟の治療法はのちに家族の筆記帳にすばらしく効いたとの特記とともに書き込まれた。[25]この事例では、寒気と咳の治療法の書き込みが、また起こるかもしれない病気への備えと病から快復した記録の両方の役割を果たしている。

夫妻の娘たちのなかでもキャサリンは病気がちだったようだ。一六九七年四月、キャサリンが〝とても元気がなく顔色が悪い[26]〟からと、フローレンス・モンペッソンから、あるレシピを入手している。一七〇九年一月にもまた元気がなくなり、一七一三年八月にはただ〝病気〟とだけ記して、家族がその病状への対処法を二つ入手した。[27]一つは〝いとこ〟マーガレット・トローブリッジから八月二十五日に得て、四日後にはローランド・コットン医師からまたべつの治療法のレシピを入手した。[28]この記録から、キャサリンが病気になり、家族はまず親族に治療法を求めたが、期待した成果が見られず、医師に頼ったことが読みとれる。[29]キャサリンについて最後に記されている不調は、一七一八年九月に患った目の病気だ。一家はそのひと月のあいだに、九月二十三日付の〝わが娘キャサリンのため、ハナ・ドレイパーによる目の疼、刺すような痛みに〟など五つのレシピを記している。その同日に〝同じ用途〟のレシピとして二つ書き加えた。〝マダム・マドックス〟と〝ブルーハムのミスター・ジョン・アルビン〟から得たものだ。[30]さらにレシピを入手している事実から、その日集めたレシピではキャサリンの目の病状は改善しなかったことがわかる。[31]最後のレシピが書かれたのは四カ月近くあとなので、キャサリンはそれまで長く苦しめられていたのだろう。

ベネット家のレシピ帳と同様に、アーチデール・パルマーの筆記帳にも特定の病状に用いられたレシピが含まれている。妻マーサが一六六二年の春、憂鬱に悩まされ、アーチデールはその症状を改善するため〝パジェット〟なる人物から治療法を得た。[32]また、一六六八年六月四日には、強壮用シロップ、強壮剤、浮腫の水薬など多くのレシピを書き留めている。それらにはM（マーサのことだろう）のためフィリップ・ローンダーより入手と明記されていた。浮腫の水薬にはさらにアーチデールがバビントン少佐よりと付け加えている。[33]マーサ・パルマーの長年にわたる体調の変化が窺えるだけでなく、パルマー家の筆記帳からは疫病への地域社会の興味深い反応も読みとれる。一六六五年の初夏にロンドンでまたも疫病が流行りだしたときには、八種類もの疫病療法が書き加えられた。[34]当時の疫病療法の多くは二種の指示書きを組み合わせたものだった――予防法と感染後の対処法だ。といっても、より切迫して求められるのは必然的に予防法よりも感染した患者にとっての治療法なので、いくつかの症例にはさらなる材料も加えられていた。パルマー家が収集したのは当時のきわめて一般的な疫病療法だ。抗毒剤、糖蜜（ロンドンにしろベニスにしろ）、ヘンルーダ（神の恵みの薬草としても知られる）、ビネガーなど、どれも疫病によく使われる名高い材料が列記されている。[35]結局、一六六五年の疫病はその夏、レスターシャーまで広がることはなかったが、パルマー家のレシピの収集は疫病の流行の噂が盛んに取りざたされ、レシピがやりとりされたことを物語っている。[36]集められた四種のレシピは、一家が〝いとこのアダリー〟や〝ワットン夫人〟など親類や友人だけでなく、〝ミクレウェイト医師〟のように学識豊かな医師にも頼ったことを示している。[37]

もちろん、邸宅で特定の病気について医療情報を収集したのはパルマー家やベネット家だけではない。この類いのレシピはそれぞれのレシピ集のなかではほんの一部に過ぎず、一家の収集範囲も限られてはいたものの、その機に応じた編纂活動は広く見られる。第5章で取り上げるグライド家とブロックマン家の文書に含まれる、綴じられていないレシピ集には〝分娩前のおよそ一カ月間に飲むと非常に効果的な飲み物〟が登場する。そのレシピは、あらゆる植物の原料（六種の根、二種の種子、ひと握りの様々な果実）を水とワインで煎じつめてから甘扁桃油（スイートアーモンドオイル）を少々加えると説明している。一六八六年にストリーツ夫人なる人物によって書かれ、アン・グライド・ブロックマンの姉マーサが娘を出産する直前にグライド家とブロックマン家のレシピ集に加えられた。[38] 同じレシピ集に含まれるアン・グライド・ブロックマンの娘アン・ボイズによって書かれた手紙には〝肛門痛にとてもよく効く水〟のレシピも記されている。そこには〝この水をこしらえて飲めば、お母様もすばらしくよくなれると信じております〟とのボイズの願いも付記されていた。[39] こうした事例では、健康に関わる情報の提供が家族への気遣いと愛情を表現する手段でもあったことがわかる。それらのレシピ集の編纂者たちは家族とともにというだけでなく、家族のために情報を収集していた。いまなお残る、邸宅で作られたレシピ帳に収められたレシピの量や幅広さからして、編纂者たちがすべてのレシピを実践していたとは考えづらい。そうだとすれば、レシピ帳はその家庭の経験した病気がそのまま反映されたものではないわけだ。それでも、それぞれの家庭の健康問題がレシピ集作りにあらゆる形で深く関わっていたのは疑いようがない。

家族、親類との連携

離れて住む家族、親類など、様々な呼び名で表現される人々もまたべつの形でレシピ集作りに貢献していた。パルマー家とベネット家のレシピ帳では、姉妹、おば、いとこ、息子、娘、姻戚というように、提供者として親族の名が記されたレシピがかなりの量を占めている。一六六六年五月二十五日に〝姉ゴア〟からアーチデールに贈られた糖蜜水の作り方や、〝姉メアリー・パルマー〟から授けられた胸やけの治療法、乳房痛をやわらげるレシピなどもそうした例に挙げられる。[40]

家族や親類の実践知識はあらゆる経路で近代初期の邸宅のレシピ帳に加えられた。前述のグライド家とブロックマン家の親族間で交わされた手紙のように、レシピは大家族間と邸宅の文通網により伝達された。たとえば、エリザベス・フレーク（一六四二—一七一四）のレシピ集に差し挟まれた姉レディ・オースティンからの手紙にはレディ・パウエルによるアヘンチンキのレシピが同封されていた。[41] レディ・オースティンはみずから試して得た良好な成果、使用量の詳細をそのレシピに書き添えて、妹にぜひ試すべき薬だと勧めている。

手紙以外にも、実際に顔を合わせる訪問もまたレシピのやりとりの好機となった。パルマー家の筆記帳からは、ワンリップ荘園（マナー）を訪れた客人たちが求められてはレシピを提供し、一家の医療情報便覧の拡充に一役買っていた様子が窺える。アーチデール・パルマーの息子の妻エリザベスは一六六二年六月後半から七月初めにワンリップを訪れ、マスタード作り、カワカマスの炙り焼き、肺病に効くカタツムリの蒸留水、リボンの洗い方といった家事を成し遂げるための六つのレシピをアーチデールに提供した[42]。それから一年あまりのち、エリザベスの父ウィリアム・ダンヴェールズがワンリップを訪れた際にも〝牛飼い座の水薬〟のレシピがパルマー家の筆記帳に加えられている[43]。

『フェアファクス奥義集』でも、メアリーとヘンリーのフェアファクス夫妻の親類たちからもたらされたレシピが散見される。なかでもメアリーの兄ヘンリー・チャムリーから提供されたものが数多い[44]。そのほとんどがヘンリー・フェアファクスの几帳面な筆跡で書き写されているが、チャムリー自身が書き込んだレシピもある。〝熱いもので歯が痛みだすときの対処法〟もチャムリーみずから書き、署名している[45]。ヘンリー・フェアファクスの弟フェルディナンドもまた〝風邪〟の治療法を書き込んでいる[46]。チャムリーのように署名してはおらず、生真面目なヘンリー・フェアファクスにより、あとから記入者名が書き加えられていた。おそらくはその返礼として、フェアファクスもフェルディナンドとロータのレシピ帳にその独特の筆跡で〝クルミ水〟や強壮水の作り方を記している[47]。兄弟が互いのレシピ帳に記したレシピはそれぞれの邸宅のレシピ帳には見られず、どのような経緯でそこに書き込まれたのかを遡るのはむずかしい。けれども、レシピ帳の編纂には家族の協力が欠かせないこと、そして邸宅のレシピ帳は同居の家族以外の親族にも開示されてさらに情報を得ていたことが明瞭に表れている。子孫たちにとって二家族のレシピ帳は兄弟とそれぞれの家族が親しく交流していた記録でもあった。

近代初期のイングランドにおける親族とは幅広い人々を指し、その呼称はじつに柔軟に使われていた。[48]わが子の伴侶を息子や娘と称したり、きょうだいの伴侶を姉妹、兄弟と呼んだりしていたようだ。そのため、たとえば〝妹〟と書かれていても、実の妹から弟の妻、異母妹、義父の娘まで様々な関係の人々が想定される。〝いとこ〟はとりわけ幅広い意味で使われ、おばやおじの子供たちだけでなく、さらに遠縁の親類を指すこともあった。そしてまた、親類と呼ぶほどに近しい関係を明確に示すためにも広く使われた。[49]つまり系図を入手できたものについてしか、レシピの提供者と編纂者の正確な関係はたどれない。エリザベス・フレークの場合にも、きょうだい、おば、いとこたちからレシピを入手していた。〝トレゴネルおば〟から二つのレシピを、そして姉妹レディ・オースティンとレディ・ノートンから、さらに〝わがいとこペンラドック〟からもレシピを提供されていた。[50]

系図の情報不足で関係や繋がりがはっきりしない事例も多く、短い説明書きから引用元との関係の深さを推定するよりほかにない。家族史に詳しい研究者ナオミ・タッドモアによる、近代初期のイングランドで使われた親族用語の分析が、レシピを標題と提供者から読み解く指標となる。〝いとこ〟〝姉妹〟〝兄弟〟などの呼び名が幅広く様々な関係に使われていたのは、一族の仲間意識、さらには対等な立場を確立する一手法だった。タッドモアによれば、親族用語は〝承認を求め、社会的絆を結び、道徳的・宗教的義務を明確にして、多くの期待を提示するために、幅広い対人関係に慣例的に用いられていた〟という。[51]そうだとすれば、レシピの提供者についてのさらに詳しい情報はあるに越したことはないが、親族の引用元については幅広く考えるほうが良いだろう。親族の絆を強めることが、レシピ提供者としての信頼と信用に繋がっていたに違いない。また、親族の絆によって編纂者と提供者はきわめて限られた人間関係のなかでレシピをやりとりしていたとも言える。つまり、レシピは貴重な知識として〝一族内〟だけで安全に伝達され蓄えられていた。多くの邸宅の暮らしのなかで親族関係が担った役割の大きさを考えれば、そのような規模で共同作業が行なわれていたのは当然なのかもしれない。[52]

友人、隣人、レシピ

アーチデール・パルマーやベネット家のようなレシピ収集者たちは家族や親類に新たなレシピを求めただけでなく、友人や隣人たちも頼りにしていた。ここでは家族の外へも目を転じ、私たちの研究史料に登場する人々が幅広い意味での親類、友人、知人たちからあらゆる形で実践知識を得ていたことを探る。多くの人々が地域で交友関係を築くとともに、そのなかでレシピとなる知識を増やしていったことがおわかりいただけるだろう。社会構造、人脈、連携がレシピ交流に欠かせない仕組みを形作っていた。

レシピ、読書、社交

社交の機会はレシピ収集のための肥沃な土壌であり、編纂者の交友関係、地域社会との繋がりが知識を得るために必要な経路をもたらした。アーチデール・パルマーは新たなレシピを入手しようとつねに注意を払い、晩餐の席での会話からも生活の知恵を引きだす術（すべ）を心得ていたことがあらゆる記録から読みとれる。[53] 一六六三年五月十三日には、一家で夕食をともにしたノーサンプトンシャーの牧師、ミスター・ホリッドが返礼にレシピを二つ残していった。一つは〝喉に小骨が刺さったとき〟、もう一つは〝くる病〟の治療法だ。[54] パルマーは友人や親類を訪ねるとたいてい食事をともにして、レシピを求めた。一六六二／六三年三月十二日付の記述では〝父スミス〟の家で夕食をともにし〝いとこピーコック〟から熱病の治療法の指示書きを手にしている。[55] 一六五九年四月十六日にアウンドルのボウルズ医師夫妻を訪ねた折には、強壮剤の作り方、子供たちの歯痛と口内炎の治療法を入手して帰宅した。[56] 母校の町ケンブリッジを訪れれば、ペムブルック・ホール（現在のカレッジ）の学長ウィリアム・モーゼズからアスパラガスの育て方を聞きだしてきた。[57]

社交の場での出会いもレシピ保有者たちへの人脈を広げ、それぞれがすでに収集していた実践知識がさらに伝達された。たとえば、パルマー家のレシピ集には〝火傷と日焼けの第二のレシピ。一六六九／七〇年一月八日、ジェーンズ家のエリズから得る。エリズが親類ウッドコック・ワンレップから得たもの〟と題されたレシピがある。[58] 誰かを介して、あるいはもう一人介してレシピを得るのはめずらしいことではなかった。一六六三／六四年三月九日にパルマーが〝いとこ〟ピーコックから受けとった壊血病の治療法には次のように記されている。〝サー・ジョージ、ペンラドックのレシピをルーゼン卿からいとこピーコックが得て、一六六三／六四年三月九日、そのいとこより得る。[59]〟複数の著者名が連なるレシピは、多くの手を経たことへの編纂者の関心と、共同で作り上げられた知識への評価が表れている。そうしたレシピについては、作り手や所有者以上に著者の定義づけが複雑だ。レシピは個人によりもたらされるだけでなく家族が催した集まりでもその情報がやりとりされた。パルマー家のレシピ帳には次のような記述がある。〃マラリア熱、ただし四日熱に。レスターシャーにある姉スタンリーの家にて七十二歳の六月八日にいとこガブリエル・テイラーから得る〃[60]。

日々の交流と情報交換の場も未知の文書に接する機会をもたらした。了承を得られれば既存の手稿から大部を書き写すこともよく行なわれた。ジェイムズ・ティレル（一六四二―一七一八）のレシピ集は興味深い事例だ[61]。政治理論学者、歴史家であり、自然哲学者のジョン・ロック（一六三二―一七〇四）とも友情を結んでいたティレルはいくつかの書物から抜粋した小さなレシピ帳を作成していた。ティレルの筆記帳は次のような題辞から始まる。〃以下に続くレシピは、一六八五年、ブレレトン館の図書室にて、わがブレレトン卿所蔵のミスター・ハートリブの収集文書から得たものである〃。さらに〃一六九一年、ミスター・ロックの収集文書からのレシピ〃と題された項目が続く[62]。その但し書きはティレルが長くレシピの収集に関心を持ちつづけていたことだけでなく、プロイセン出身の英国の知識人であり改革論者のサミュエル・ハートリブの文書をみずから調べていたという貴重な事実を垣間見せてくれる。当のハートリブの文書には日記（Ephemerides）のほか、ロバート・ボイル、ウィリアム・ペティ、ジョン・オーブリー、ジョン・ビールなど名だたる才人たちと交わした多数の手紙が含まれている[63]。この文書とその行く末には複雑な歴史がある――一六六七年まではチェシャーのリーフリン第三代ブレレトン男爵、ウィリアム・ブレレトン（一六三一―八〇）のブレレトン館の図書室にあり、そこで一六八〇年代にティレルが目にしたわけだ。[64] ティレルがハートリブの文書から抜粋した小さな選集には、まずサー・ケネルム・ディグビーからロバート・ボイルへ贈られ、さらに製造のためサミュエル・ハートリブと娘婿のフレデリック・クロディウス（一六二九－一七〇二）に伝えられた〝石灰の蒸留酒〟など様々な手紙から抜きだされた数多くのレシピが含まれている。あるいは、ボイルの妹レディ・ラネラ、キャサリン・ジョーンズ（一六一五－九一）からハートリブに贈られた、〝大いに推奨する〟サー・ケネルム・ディグビーの〝化膿と炎症〟の〝秘薬〟といったレシピ群も見られる。[65] 多くのほかの編纂者たちと同じように、ティレルにもまた特別に関心を寄せる医療があった――ティレルの場合にはそれは腎臓結石の治療法だった。マッケロウ医師や、おそらくは古物商のアントニー・ウッドと思われる〝ミスター・ウッド〟、ロンドンの一商人に至るまで、あらゆる情報源から得た腎臓結石の苦しみをやわらげるレシピが書き連ねられている。[66] 九年後、ティレルはジョン・ロックの収集文書からも多くを引用してレシピ集を拡充させた。新たに増やされた部分もまた、クラーク夫人、ブリストルのヒギンズ夫人、ジェップ夫人といった無名の女性たちから、トマス・シデナムやロバート・ボイルら著名人に至るまで、幅広い人々から得たレシピで構成されている。[67] ティレルはまず二つの収集文書から一つの読書録をこしらえ、そこから両方の引用部分を網羅する別立ての目次を設けたことが見てとれる。[68] ティレルがハートリブ文書から抜きだした部分は十二葉のみに収められ、書き写しながら厳選していったことがよくわかる。名高い情報源からでさえ、編纂者たちは自身の必要に応じて最も有益な情報を選別していた。

レシピの収集者たちは手書きの指示書きの入手に熱心だっただけでなく、たいがいは友人や親類を訪ねた際に、高価であったり手に入りづらかったりする出版物をたまたま目にできる機会をじゅうぶんに活用した。エリザベス・フレークが妹レディ・フランシス・ノートンと姪のレディ・グレース・ゲシンのもとに滞在したときには、[69]当時の二冊の医療書から大量に書き写した――ジョージ・ベイト（一六〇八―一六六八）の『ベイトの調剤術（Pharmacopoeia Bateana）』のウィリアム・サーモンによる翻訳書[70]とモーズ・シャラスの『すばらしき本草学と生物学の薬物術（Pharmacopee royale galenique et chimique）』の英訳書で、後者は一六七八年に初めて『至極の薬類術、本草学と生物学（The Royal Pharmacopoea, Galenical and Chymical）』としてジョン・スターキーとモージズ・ピットにより印刷発行されたものだ。[71]フレークがこの二冊をもとにこしらえた筆記帳には、書物から書き写したレシピに妹レディ・ノートンと姪レディ・ゲシンから得た同じ病気についての情報も織り交ぜられている。そのように一緒くたに書かれたレシピは、フレークが二冊の書物を読みつつ、その内容について家族と会話に花を咲かせていたことを示している。書物からの抜粋と耳にした情報が混在したレシピは、読書と三人の女性たちの打ち解けた語らいの成果とも言えるだろう。つまり、フレークが医療書をそこで読んだのは親族の女性たちとの社交のなかでのことだった。書物は新たな情報をもたらしただけでなく、妹や姪との会話を活気づかせてもいたわけだ。

地域社会のレシピ収集網

パルマーのレシピ帳の記述には広範な交友関係が窺えるのに対して、ベネット家の筆記帳に並ぶレシピの提供者名は一家の地域社会との密接な結びつきを表している。一六六八年に父親のほうのフィリップ・ベネットがフランシス・スワントンからサウス・ブルーハム荘園(マナー)を購入し、次世代にわたり一家が地域社会と活発に関わり合っていたことが示されている。フィリップ・ベネットも息子もサマセットの治安書記官を務めた。息子のフィリップのほうは一七〇七年に創設されたウィンカントン火災援助基金の会計局長でもあった。[72] 筆記帳に付された地名を見渡すと、大部分のレシピがブルーハムのベネット邸の近隣にある町や村の人々から集められていることがわかる。地元ブルーハム、近隣の町ブルートンとベイトカム、さらにキルマーズドンの村に住む友人や親類から集められたレシピは十を超える。ベネット家のレシピ集にはおよそ三十の町や村の地名が記されていて、そのほとんどが現代のサマセットと隣接するウィルトシャーにまたがる地域内にある。ブルートン、ラマイヤット、アップトン・ノーブル、キャッスル・キャリー、ストートン、ウィンカントンなど、記された地名の大部分はベネット邸の十マイル以内にあり、同じ地域社会に属する人々からレシピ情報を得る機会が多かったことが読みとれる。

そうしたレシピの収集活動は、地理と親族のいずれも〝近接〟した環境条件のもとに成り立っていた。ベネット家の場合には、ブルートンとベイトカムはどちらもブルーハムから五マイルと離れておらず、筆記帳にたびたび出てくるのもその近さゆえと考えられる。ただし、キルマーズドンはベネット家の住まいからおよそ十五マイル離れていて、最も遠い村の一つだ。こちらについては、レシピの提供者が〝いとこマーガレット・トローブリッジ〟あるいは〝姉シュート〟とあることからしても、親類が住んでいた場所なので何度も筆記帳に登場したのだろうと推定できる。キルマーズドンへの訪問はベネット家にとって親類から医療知識を得られるだけでなく、地元の専門家やさらなる知識情報網と繋がる機会でもあった。先に述べたように、一七一三年にキルマーズドンを訪れた際のキャサリン・ベネットの病がベネット家にローランド・コットン医師との出会いをもたらした。この一家のレシピ帳にはほかにもトマス・マグス、ジーン・クラークといったキルマーズドンの人々からの情報が含まれていて、ベネット家がこの村をレシピの有益な収集場所と考えていた様子が窺える。[73] 少し離れた親類以外では、ベネット家の筆記帳に記された〝地元産〟のレシピの大半が友人、知人、さらには通りかかりの人から得たものだ。時には〝フロムの男〟や〝メルズのメージャー・ホーナー邸にいた女〟から得たレシピのように、提供者名をはっきり覚えてすらいない記述もある。そうしたあいまいな表記はベネット家にはなじみの薄い、社会的地位が格下の提供者からのものだったことによるものと推測される。

とはいえ、邸宅主たちの医療知識の情報収集は必ずしも近隣地域内にかぎられていたわけではない。パルマーにしても、州内を広く旅してまわり、より田舎に足を延ばしてレシピを集め、友人のもとを訪ねては〝新たな〟知識情報網を手に入れていた。一六五九年七月二十八日にダービーシャーのアストン・アポン・トレントの親類パルマー夫人を訪ねた際には、夫人がロンドンのライト医師から授けられた歯痛の治療法を入手した。[74] 多くのレシピ帳の作成者たちが属した富裕な地主層には折に触れ旅をする習慣があったので、おのずと複数の〝地元〟の情報網を得ることができた。序章ですでに触れたジョアンナ・シンジョンがその好例だ。

第2章でさらに詳しくご紹介するが、ジョアンナは一六五〇年代から六〇年代に家令のトマス・ハーディマンと絶えず手紙をやりとりしていた。ほぼロンドンを拠点としていたシンジョン家は薬の原料となるバターなどをはじめ、リディアード・トレゴズの田舎の本邸から食料を調達していた。二人の手紙を調べると、ジョアンナがハーディマンに、彼の妻と地元の薬剤師ミスター・ゴラムに蒸留水を作らせること、ウルフォードのおかみさんから薬草を手に入れること、酪農女中のベスに香膏を作れるだけのバターを生産させることなどを指示していたのがわかる。ジョアンナがロンドンに滞在しながら、地元リディアードの日常の知識情報網にしっかり加わっていたのはあきらかだ。それでも薬や食料の生産をリディアードの医療に通じた地元の人々に頼っていたわりには、ジョアンナの現存するレシピ帳ではその存在があまり目立たない。むしろ、ロンドンの宮廷の人々や名を馳せていた医師たちとの結びつきが色濃く表れている。ロバート・ボイル（一六二七—九一）、その妹レディ・ラネラ、キャサリン・ジョーンズ、医師のトマス・ウィリス（一六二一—七五）、ジョージ・ベイト、リチャード・ロウアー（一六三一—九一）が情報提供者として筆記帳に頻繁に登場する面々だ。[75]

さらに、ジョアンナは一家の礼拝堂付き牧師の妻パトリック夫人など、ロンドンの邸宅があるバタシー地区の隣人たちからもレシピを集めていた。[76] つまり、ジョアンナは二つの地域社会の知識情報網に属していたわけだ。ロンドンに住みながら著名な医師や知人たちと活発にレシピをやりとりしつつ、家令を介して本邸のある田舎の地元民たちとも強い繋がりを保持していた。ジョアンナのレシピ帳でリディアードのより倹（つま）しい貢献者たちに言及されていないのは、おそらくロンドンの上流層の人脈を目立たせようとする見栄からなのだろう。いずれにしても明白なのは、レシピ帳の編纂者に医療情報をもたらしていた知識情報網には、交友関係、旅行習慣、編纂者それぞれの生活様式が大きく関わっていたということだ。地域社会の交友関係が担った役割の大きさは、ほかの学者たちがすでに論じている近代初期における地域社会と隣人たちの重要性を裏づけている。[77]

すなわち、地域社会で得た知識が近代初期のレシピ帳作りでも肝要な役割を担っていたに違いない。ただし、そこで得られたものを必ずしもそのまま〝地域特有〟の医療行為や知識と定義することはできない。イングランド南西部の家庭医療を研究するアン・ストバートは、研究対象地域に限るとしながら、医療の地域特性は描出できなかったと結論づけている。[78] ストバートは十七世紀後半にイングランド南西部に暮らした四家族の私文書、帳簿類、医療のレシピ集を綿密に調べ、資産と人脈のある多くの家庭が折に触れ医療を求め、ロンドンやそのほかの主要な都市へ出かけていたことを示している。一般読者向けの出版物、手紙、旅行により、知識の伝達経路が多様化し、レシピ情報は広く流通した。地元の知識情報網を〝飛び越えて〟見渡せば、レシピ帳の編纂者ごとに情報が変化しているのは疑いようがない。まさしくアーチデール・パルマーのような多くの編纂者たちが近隣や身近な人々ではないところからも知識や新たな発想を取り入れ、住まいから離れたところでもレシピの収集を続けた。だからといって地域や移住区ごとの医療の光景に違いがないとは言えないが、家庭のレシピ帳にこれほどまでに地域特性が見いだしづらいのはむしろ興味深い。[79]

交友、親族、さらにはとりわけ地域社会の人脈が重要な役割を果たしていたとすれば、ほかの物のやりとりと同じようにレシピの伝達も、より大きな恩義と授与の経済活動に組み込まれていたことを読み解いておかなければいけない。[80] 近年は多くの研究で医療の贈与が果たした役割の重要性が取り上げられている。なかでも、十六世紀のドイツ宮廷の薬剤術を研究するアリーシャ・ランキンは、レシピ、医薬品、蒸留器などのやりとりについては、より大きな〝科学交流の経済〟の枠組みのなかで捉える必要があると説いている。[81] 同様にメレディス・レイも、ルネサンス時代の宮廷の女性たち、特にイザベラ・デステを取り巻く人々のあいだではレシピや香水などが盛んにやりとりされていたことについて叙述している。[82] 近代初期の英国においても、レシピの贈与は経済史学者たちが〝義務の経済〟と呼ぶ仕組みのなかで活用されていたようだ。そこでは社会的・道徳的信用や評判とともに、金銭、物品、知識のやりとりで示される経済的信用が重んじられた。[83] 当然ながら邸宅の人々も相互利益と義務が複雑に関わり合う交流に加わっていた。エドワード・コンウェー（一五九四―一六五五）とエドワード・ハーリーの往復書簡にもそうしたやりとりが鮮明に映しだされている。一六五一年、コンウェーは甥ハーリーへの手紙にこう記している。

わがレディ・ウェストモーランドが二つのレシピを保有しており、一つは雄牛の胆汁を調合するもの、もう一つは没薬水(ミルラ)で、どちらも洗顔に用いる。貴君が信頼を得られるのなら、ぜひ授かり、こちらにも伝えてほしい。どちらもすばらしいものとのことで、貴君にも満足してもらえるだろう。[84]

この事例では、ハーリーが第二代ウェストモーランド伯爵(一六〇二―六六)、マイルドメイ・フェインの妻メアリー・フェイン(一六二一―六九)からじゅうぶんな信頼を得られたらしく、数カ月後に求められたレシピを伯父に書き送っている。[85] このように信頼について明示しているのは、社会的評判と実用知識の両方に高い価値を見いだしていたからにほかならない。家庭のレシピは誰にでも見せられるものでないのはもちろん、与えるにふさわしい相手でなければ伝えられなかった。それどころか実用知識を与えられるのは、返礼を忘れないよう記録しておかなければならない贈り物を得たのと同じことだった。その証拠に、コンウェーとハーリーの往復書簡でも、返礼を期待する言葉とともにレシピが提供されている。一六五〇/五一年一月十四日付の手紙でも、コンウェーはハーリーから贈られたレシピにこう感謝を記している。〝大変感謝しているが、さらに感謝する機会を得られるのなら、こちらからもいくつかお送りしよう〟。のちの手紙でコンウェーは甥からの手紙とレシピの両方に対してハーリーに〝借りができた〟とわざわざ綴っている。[86]

もしくは恩恵や何かべつのものを得られるよう見込んでレシピが提供されることもあった。フォルジャー・シェイクスピア図書館所蔵のバゴット文書には、メリクリウス・パッテンが雇い主サー・ウォルター・バゴットに宛てて、夫人からひと切れのベーコンを分け与えられることを期待して難聴の治療法を二つ提示した手紙が含まれている。[87] このように知識のレシピは日用品と交換されるほど評価されていた。だからこそ、当時の贈り物交換の習慣と方式、信頼と義務の経済活動はレシピの伝達に欠かせない役割を果たしていた。[88]

個々のレシピを贈るだけでなく、レシピ集ごと贈られることもめずらしくなかった。レシピ集の出版者たちは、支持や後援を求めて献辞という近代初期には一般的となった手段を取り入れた。[89]たとえば、人気を誇った『医術と手術の貴重な至上の奥義の選りすぐり処方集（A Choice Manual of Rare and Select Secrets in Physick and Chyrurgery）』はアレクサンダー・ポパム大佐の妻、〝最も高潔なる貴婦人〟レティシア・ポパムに捧げられている。その書物の出版者、W・Jは手紙のなかでこの〝小さな解説書はかつて知識の宝庫と高く評価された〟ものでポパム夫人の後援を得るに値する贈り物だと綴っている。献呈者によれば、ポパム大佐の過去の厚意に感謝を示すため贈ったものなのだという。[90]

書物の出版者たちは献辞によってレシピ集を贈り物に仕立てたのかもしれないが、近代初期の邸宅主たちは筆記帳そのものを贈り物として提供した。レシピ史料群には多くの事例が見てとれる。一例として、哀れなコリーなる女性はヘスター・ガリフォードというべつの女性の手になるレシピの宝庫の贈呈本を雇い主に捧げている。コリーはこのような献辞を記している。〝本書はエリザベス・バトラー奥様へ忠実なる従者より謹んで進呈いたします、一六七九年三月末日。哀れなコリー〟[91]。また、セシリア・ヘインズ・マイルドメイのレシピ集には、一葉目に〝Ｃｉ マイルドメイ、一六六三〟、二葉目の表側に〝レディ・アン・ラヴレースより、わたしセシリア・ヘインズが本書を賜る、一六五九〟と記されている。[92]セシリアはレディ・アンからの贈り物をたいそう大切にしていたらしく、わざわざみずからもそのように記して、嫁ぎ先にも持参した。どちらの事例からもレシピ集が英国の貴族や上流層の女性たちによってほかの品々と同じように当たり前に贈られていたことがわかる。型押し模様の入った美しい革綴じのレシピ帳はきっと貴重な知識のレシピの贈り物というだけでなく、そのようなものをこしらえることに時間と費用をかけられる証しでもあったのだろう。だからこそ、そうした筆記帳は女性同士の連携を強めるため多く用いられた。マーマレードや刺繡や自家製薬など、そのほかのすてきなお手製の贈り物と同じように贈与経済の仕組みのなかで重宝されたに違いない。[93]

多くのレシピ帳が近しい親族の枠をはるかに越えて伝達され、近隣の人々や知人たちに熟読されていたのも特筆すべき点だ。フローレンス・モンペッソンがベネット家にレシピ帳を書き写させたように、貸し出されれば、借り手はべつの家のレシピ帳をじっくりと読む機会を与えられた。フェアファクス家の事例でもわかるように、隣人、友人、親族は往々にして一家のレシピ便覧から抜粋して書き写し、訪問すれば、その家の筆記帳にレシピを書き込むよう求められもした。そうした記述者や読者にとって、そこで目にした筆記帳は医療の知識と重要な社会情報をもたらしてくれるものだったのに違いない。個々のレシピに付された多数の名前はそのレシピ集の所有者の人脈と広範囲に轟く（と願っていた）社会的信用を示すものでもあったのだろう。〝外の人々〟にもレシピ帳を開示することで、一家が努力して築いた社会的な協力関係や人脈を誇示し、感嘆と敬意を得ようとした。

そうだとすれば、レシピ集は近代初期の邸宅で同時に二つの役割を担っていた。家庭の知識の宝庫であるとともに、一家の社会的人脈の関係図でもあったのだ。[94] いったん友人や親族のあいだで伝達されれば、レシピ帳はその一家の健康の知識の宝庫として、さらに社会的連携のおおやけの記録としても役立てられた。提供者の名が付された様々なレシピを一読すればすぐさま、その筆記帳から編纂者たちの信頼に足る豊かな人脈と、社会での位置づけを明瞭に読みとれた。また、レシピの提供者の立場からすれば、輝かしい貴族や誉れ高い地元の村の名士と並んで自分のレシピも同じ筆記帳に収録されるのは特別な社交の輪に加わることを意味した。その仕組みのなかでは、社会的信用と道徳的名声といった従来の概念によってレシピの交流が形作られていた。ゆえに料理と医療のレシピの筆記帳はそうした交流の記録であり、信用と恩義、一家の重なり合う交友関係を目に見える形で明示した台帳だったのだ。

邸宅の外へ、専門家の知識を求めて

新たなレシピを求めて、邸宅主たちは親族や友人たち以外へもたびたび働きかけていた。ベネット家の筆記帳にも男性の〝～さん(グッドマン)〟や女性の〝～さん(グッドワイフ)〟〝～のおかみさん(グッディ)〟と呼ぶ人々から提供されたレシピが十数個は含まれている。一七一六年六月十一日に〝ジャーヘッド・ウェドモアさん〟から得たマラリア熱のレシピ、一七〇七年五月五日にスタートンの〝キングのおかみさん〟から伝えられた子供のひきつけのレシピもその一例だ。[95] 地域社会のそうした社会階層の人々から得たレシピを記録していたのはベネット家だけではない。地主階級のレシピ帳の編纂者ケアリー家もまた地元の男女の知識に、書き留めるべき価値を見いだしていた。[96] 前述の呼称は当時の社会階層において地域行政に重要な貢献をした地主階級より下位の人々に限定して使われていた。歴史学者のデイヴィッド・ポスルスによれば、ほとんど敬称に近しい意味合いがあり、社会階層の上流層とは区別して仕事や住まいの近さに基づくものだった。[97] つまり薬剤師の医療知識はその職業からして書き留めるに値するものだったが、キングのおかみさんの知識もまた地元社会での役割や近隣での評判からして有用なものと考えられていたわけだ。アーチデール・パルマーがアイルランドの司祭ミスター・ジェンナー、ノーサンプトンシャーの牧師ミスター・ホリッド、〝ワンリップの亡き牧師〟ミスター・スミス、シュロップシャーの牧師ミスター・キャンピオン、さらにはミスター・セドンというように聖職者たちからレシピを得ていたのも同じような考えからだったのだろう。[98] いうなればレシピ帳の編纂者たちの〝実用知識を有する人々〟への評価は、社会的評判と道徳的立場をもとにしていた。[99]

レシピ帳の医療のレシピを見ていくと、〝医師〟とされる提供者が目につく。近代初期においての〝医師〟の表記が意味するところはいささかあいまいだ。当時の多くの人々は神学を学んだかどうかといったことと同じように、大学で学んだかどうかにかかわらず医療を仕事にしている人々を誰でも医師と呼んでいた。[100] それでもレシピ史料群では記述されている医師の身元を特定できる場合が多く、医療の豊富な事例と、なにより邸宅主たちが代価を払って受けた医療を家庭での健康管理にいかに取り入れていたのかが読みとれる。[101]

医師やそのほかの医療施術者の処方はいくつかの経路で家庭のレシピ帳に収められた。もちろん、診察により直接得られたものもある。すでに触れたように、ジョアンナ・シンジョンのレシピ帳にも、著名な医師で自然哲学者のトマス・ウィリスとリチャード・ロウアーから得た知識が記されている。それらの多くはあきらかに診察を受けて授けられたものだ。[102] たとえば、あるレシピの標題にはこうある。〝わたしが身ごもっていて血圧が急上昇したときにウィリス医師が処方してくださったカタツムリ水〟。その後も妊娠と出産に関わる一連の治療法が書かれ、その多くにウィリスの名が付されているので、同じように診察により直接得たものと推測できる。[103] 同時にジョアンナは、ロウアー医師の患者でもあったらしい。〝サー・エドワード・グリーヴズの壊血病に〟と題されたレシピの余白には〝ロウアー医師は真珠と珊瑚とザリガニの胃石の粉末をそれぞれ半オンスずつ加えるようにとおっしゃった〟と書かれている。[104] さらに〝ロウアー医師がご自身も使っている鉄のシロップをくださった〟と記されたレシピもある。[105]

また、第二代モンマス伯爵ヘンリー・ケアリー（一五九六—一六六一）と妻マーサの一家に関連したレシピ帳でも、ジョージ・ベイト医師からヘンリーとマーサへ、そして一六五〇年代半ばにテオドール・マイエルヌ（一五七三—一六五五）医師が夫妻の娘たち、セオフィラとメアリーへ与えた詳しい処方がそれぞれ記されている。[106] ベイトとマイエルヌは当時の内科学会の中心人物で、もてはやされた医師たちだ。マイエルヌはスチュアート王家と親交があり（ジェイムズ一世とチャールズ一世のお抱え医師だった）、ベイトもチャールズ一世とチャールズ二世、さらにはオリヴァー・クロムウェルも診察していた。[107] 当のレシピの標題は〝一六五四年五月、レディ・セオフィラ・ケアリーの風邪にマイエルヌ医師が処方〟と〝一六五三年五月十七日、レディ・メアリー・ケアリーの風邪にマイエルヌ医師が処方〟となっている。[108] どちらも、いくつかの薬と治療水を勧めるとともに瀉血(しゃけつ)療法の詳しい指示を記している。[109] たとえば、レディ・メアリー・ケアリーの風邪には、〝胸部の煎じ薬〟、下剤、キナ皮の煮出し汁の作り方、咳止めのトローチ剤の作り方が書かれ、これを舌の下で溶かすよう付記されている。[110]

患者たちはたいがい医師たちと手紙をやりとりしていたので、当初の症状について交わした手紙がレシピとともに保管されている例がよく見られる。[111] たとえば、アン・メイリックという女性もジョン・パウエル医師からの処方を書き写していた。その指示書きのなかでパウエルはアンに〝抗壊血病の舐剤〟を薬剤師から手に入れ、毎朝たっぷりのナツメグと一緒に摂るよう助言している。加えて、白ワインとトモシリソウ、クワガタソウ、セイヨウワサビの根を合わせたミルク酒を飲むよう伝えた。そして最後に〝バース〟水を勧め、薬類は薬剤師に調合してもらうとよいと書き添えていた。[112] 同じような例には、外科医ウィリアム・ピアースが一六六二年三月二十四日にサー・ジョージ・オクセンデンへ痛風の治療薬について書き送った手紙がある。数週間後、ピアースは贔屓(ひいき)を賜る患者の健康状態を尋ねる手紙を出し、さらなる指示のほか、〝弟ベールがそうした熱性疾患に精通しているゆえ、ご所望とあればまた良いレシピをご用意いたします〟と追記した。[113] ここで引用した事例では邸宅主がレシピを受領していた点に目が向きがちだが、医師やそのほかの医療施術者たちがより広く、おそらくは社交の折に触れ、知識のレシピをやりとりしていたはずであることも忘れてはならない。その証拠に、医史学者のマイケル・シュトルベルクは近年、学識豊かなボヘミア人の医師ゲオルク・ハントシュ（一五二九—七八?）が親族や患者たちから健康に関わる情報をどれほど集めていたかをあきらかにしている。[114]

個人が医師への相談により得たレシピの多くが友人や家族にも伝達された。一七一〇年四月二十二日にベネット家がベイトカムのミスター・サム・ボードから得た壊血病の治療法のレシピも、ミスター・ボード自身が〝ウォーミスター医師の助言により用いた〟ものだった。[115] ウォーミスター医師がサム・ボードに当の処方を提供したときには、その時点でのボードの状態を考慮した個別の治療法になっていたのはまず間違いない。それでも、ボードとベネット家にとってその治療法はもはや一個人の特定の症状にかぎらず、ほかの誰にでも同様の症状が出た場合には試し、用いられるものだった。いうなれば、一個人の体調に合わせたものから人々全体のある種の症状や病気に用いられるものに変換されたわけだ。そのため、医師やそのほかの医療施術者が患者のその時の症状に充てた処方が、日常のレシピ交流の領域に加えられた。個人の治療のために作られたはずのレシピが一般知識として、同様の不調に用いられるようになったのだ。

近代初期のレシピ帳の編纂者たちが医師から知識を得て記録しようとした努力は、ほかの専門家たちからも実践知識を集めていたことと併せて読み解く必要がある。[116] それぞれの専門分野について役立つ実践経験を伝えてくれる人々に情報を求めるのはごく当たり前のことだった。パルマー家の筆記帳にも、スウィッチランドに住む妹ダンヴェールのもとに滞在中に〝ラグボロウの薬剤師ミスター・クラーク〟から入手した煙草のレシピ、[117]〝テンプルホール〟で馬医者から手に入れた〝骨肥大飛節肉腫〟のレシピ、[118]〝チープサイドの旅籠屋ミトレのフラン・ポシン〟から教わった、石瓶を芳しくするレシピ二つ[119]が書かれている。ベネット家の筆記帳には〝医師の古参従者〟と称したハナ・ドレイパーのレシピ群も見られる。[120]

そうした個々の知識の交流のなかにも、レシピ帳の編纂者たちが親族やそれぞれの交友関係の外へも有益な情報を探し求めていたことが見てとれる。各家庭にとって最上の処方を揃えようとする意欲が、人々をできるだけ広い知識提供者たちの泉へと向かわせた。パルマー家とベネット家の筆記帳に記録されたレシピの提供者たちを見ると、どちらの編纂者もその職業を専門知識と信頼性を見定める基準としていたことが窺える。パルマーにとって薬剤師、馬医者、旅籠屋の主人は間違いなく、薬作り、馬と家畜の世話、瓶を芳しい匂いに保つ専門家だった。ベネット家からしても、ハナ・ドレイパーの〝医師の古参従者〟という職業は専門的な医療知識を得るにじゅうぶんなものだった。そのような提供者たちの知識が含まれていたことからも、レシピの収集者たちが実践に基づく知識に価値を見いだしていたのがよくわかる。[121] この実践経験の重要性については、本書でこのあとも、とりわけ知識をレシピにまとめるまでの何段階もの手順や、試用と試験に焦点を当てる後半の章で幾度となく行き当たる主題だ。個々の薬や治療法をその実践経験によって高く評価する志向がレシピの収集者たちに社会階層や男女の境界を越えさせたのだとわたしは結論づけている。社会史学者のフィル・ウィッティントンも、ある社会集団の外への越境について、旅籠屋のように異なる社会階層の男女が交わる場があったことを論証している。[122] そうだとすれば、アーチデール・パルマーが旅籠屋ミトレから新たなレシピを携えて帰ってきたのも驚くには値しない。

結び

本章ではパルマー家とベネット家のレシピ帳を詳しく読み解き、近代初期の二家族のレシピの収集と社交生活を持続的な視点で考察した。

この二家族のレシピ帳作りは、近代初期の人々がレシピのような実用的な情報に魅了され必要としていたこと、そしてその知識は日常の暮らしに根差したあらゆる方式で得られていたことを浮き彫りにしている。本章の中心を担った両家の筆記帳は日付順に整理されており、当時の処方集や薬物書よりむしろ個人の日誌に近い。レシピのやりとりの記録を注意深くたどると、編纂者たちがどのようにその筆記帳をレシピで埋め尽くし、また知識を記録していたのかが見えてきた。パルマー家とベネット家にとって、レシピの収集は日常生活の一部で、地域社会での交流がその活動を形作り成り立たせる中心的な場となっていた。

アーチデール・パルマーの筆記帳では、邸宅の食堂、厩舎、旅籠屋がどれもレシピを収集する場として大事な役割を担っていた。医師に相談する以外にも、親族同士の訪問、友人や近隣の人々との交流の場が、医療知識や助言が話し合われ、やりとりされる機会となった。そうした社交の訪問はまた、新たな図書室を探索して、手稿や書物から自分のレシピ帳へ抜き書きできる機会ももたらした。それにより熱心なレシピの収集者にはさらに新たな社会や知識の人脈を広げる扉が開かれた。文書からであれ、名声ある専門家からであれ、信頼できる専門知識の入手は、レシピを伝達するうえで大切な要素だった。その入手経路を切り開くには社交活動が欠かせなかった。

そのように社会と親族の複雑に絡み合った人間関係のなかで知識が求められ、伝達されていたのなら、レシピのやりとりが要求者と提供者の絆を築いていたとも考えられる。というのも、レシピの要求者は助言を求めることにより、みずからの病気や不調を明かさねばならないからだ。レシピの提供者も個人の健康問題を明かし、みずからの知識の人脈に要求者を受け入れ、要求者もまた提供者を自分の知識保有者たちの輪に受け入れた。その実際の編纂作業――レシピを求め、書き留め、また伝達する――が、まさしくレシピの探求者と提供者がともに新たな社会で行なう社会的・文化的活動であり、従来の人脈や人間関係を強めもした。つまり、近代初期の邸宅主たちにとって、レシピ作りは病気を治し、健康を促進し、完璧なチーズケーキを焼くために役立つ助言を得るのみならず、多様な社会的・文化的役割を担っていた。そうだとすれば、レシピ帳は当時の医療、社会、文化の産物として読むべきものなのに違いない。

　そしてまた本章を通じて、レシピ帳作りが協力して、さらにはほとんどの場合に積み重ねにより成し遂げられた仕事であることがおわかりいただけただろう。それによりもたらされた成果は数多い。まず、先にご覧に入れた事例からわかるように、一家の共同でのレシピ帳作りはたいがい数世代に及んだ。そのため複数の手で重ね書きされていて、日付を正確に特定することはむずかしい。[123] 次に、邸宅のレシピ帳の編纂は、慣習化された生活様式、交友関係、知識保有者の人脈に加えて、親族と婚姻での連携によっても支えられ形作られていた。そうした親族の結びつきがレシピの提供者や、レシピ交流の情報網という形で情報源を広げていただけでなく、第4章でご覧に入れるように、殊にレシピを試作、試験、評価する際の個々の判断にも影響を与えていた。そして最後に、アーチデール・パルマー、ヘンリー・フェアファクスら近代初期の男性たちの積極的な関わりから、レシピ帳作りには男性も女性も等しく魅了されていたことがよくわかる。歴史学者たちは生活の知恵の収集と活用を家庭、家事、女性の領域と結びつけがちだが、そうした知恵や実践はそれほどきっちりと分類できるものでないのはあきらかだ。新たな知識が絶えず性別にかかわらずやりとりされていた事実は、そのような知識についての性別による違いはわかりづらく複雑であることを示している。レシピの収集も当然のごとく含まれる家事の男女の役割は、それぞれの夫婦関係に影響されやすく、人生の節目や経済状況による変化にも左右された。第2章では、近代初期の邸宅を円滑に取り仕切るための煩雑な仕事において、幅広い技能や専門知識を備えた男女の一団が必要であったことをご紹介しよう。

第2章 離れた地から健康と邸宅を守る

国王チャールズ二世がノバリケン（中南米産のカモ科の鳥）を所望した。それは一六六二年春のことで、王はフランスでの滞在時に触発され、セント・ジェームズ・パークを再築している最中だった。新たな運河を整えるにあたり、水辺を引き立たせるため、なるべくなら白いノバリケンを探していた。その願いがひそやかに宮廷じゅうに広まり、時の廷臣や地主階級の紳士たちがこぞって当の水鳥の調達に乗りだしたのも想像に難くない。序章ですでに触れたレディ・ジョアンナ・シンジョンとその夫サー・ウォルター・シンジョンも、その調達競争に加わった夫妻のひと組だった。ともに一六六二年三月十三日付の二通の手紙で、ジョアンナはシンジョン家の田舎の本邸リディアード・パークで家令を務めるトマス・ハーディマンに少なくともくだんの水鳥を一対、〝手に入らなければ買い入れてでも〟調達するよう切々と指示している。ハーディマンが水鳥の提供主について二件の当てがあることを報告すると、ジョアンナはわざわざ〝直接献上しうる身分の人々ならば、われらが入手を望む事情は明かさぬよう〟口止めしている。[1] 幸運なことに、ハーディマンは目当ての一対の水鳥を入手できたのだが、うち一羽はウィルトシャーからロンドンへ移送中に死んでしまった。この一件についての最後の手紙でジョアンナはハーディマンにこう頼んでいる。〝提供してくれた者にサー・ウォルターとわたしからの礼を伝え、王がご所望の白い鳥がさらに見つからなければもう調達の必要はない〟[2]。

ノバリケン〝騒動〟が勃発した一六六二年当時、シンジョン家は多くの地主階級と同様に一年のうち議会の会期中はロンドンで過ごし、残りは田舎の本邸へ戻る暮らしをしていた。そこはスウィンドンに程近いリディアード・トレゴズの広大な領地だった。ほんの数年前の一六五六年に、サー・ウォルター・シンジョンは三十四歳で父の称号とともにバタシーとリディアードの地所を含む資産を受け継いだ。同年、第二回護国卿議会のウィルトシャー代表の議員となった。この二つの出来事を契機に夫妻の暮らしは変化した。以来数十年にわたり、サー・ウォルターはロンドンで政治家の道を歩み、一家はおもにバタシーで暮らした。リディアード・パークの広大な地所は田舎の静養地であるとともに、ロンドンの邸宅に提供する食料の生産地としても活用された。リディアード・パークからロンドンのシンジョン邸へ運ばれたのはノバリケンだけではない。手紙、食料、薬、家財道具が両地の屋敷を頻繁に行き交い、シンジョン家の子供たちも一年を通じて行き来していた。

国王の信頼を得ようと珍種の水鳥探しに奔走したシンジョン家の二通の手紙は、邸宅の日々の運営についてジョアンナとハーディマンのあいだで交わされた八十通にも及ぶ手紙のごく一部に過ぎない。日常の関心ごとや心配ごとがことさら詳しく記された手紙の数々は、十七世紀中期のイングランドで上流層の邸宅の管理がいかに煩雑だったのかを物語っている。本章では、シンジョン家の手紙のやりとりをもとに、邸宅の取り仕切りと運営計画、家庭の科学、さらに一家の社交と経済と政策を〝健康に〟保つための方法がどのように相互に関わっていたのかを見ていく。それとともに近代初期の家庭でレシピが生みだされ使われていた多彩な背景を再現する。

リディアード・パークと邸宅の管理

同時代の絵画にもよく見られるように、シンジョン家の田舎の所領には大きな邸宅が建ち、広々とした幾何学式の庭園や家庭菜園、白鳥で埋め尽くされた池を備えていた（図２－１）。同じような多くの所領のご多分に漏れず、リディアード・パークも十八世紀中頃に数々の〝改良〟が施されている。[3]ジョアンナからハーディマンに宛てられた手紙の詳しい記述から、一六六〇年代の母屋とその荘園のなかに付随する建物にはワインなどの貯蔵室、厨房、流し場、食料庫、蒸留室、酪農場、砂糖や香辛料の保存部屋があったことがわかる。さらに手紙には鹿の狩猟場、兎の飼育小屋、果樹園、ローンボウリング用の芝地、観賞用の植物庭園についての記述も見られる。[4]あらゆる史料から見て、リディアードのような近代初期の田舎の邸宅は活気あふれる場所だった。[5]邸宅のなかでは使用人たちが掃除、食事の用意、チーズ、バター、その他の乳製品作り、さらには季節に応じてあらゆる食料の貯蔵や保存に忙しく働いていた。邸宅の屋外でも、雇われた人々がチームを組んで、様々なビールや飲み物を醸造し、薬類を蒸留したり、調合したり、七面鳥、鶏、そのほかの家畜を育て、羊、雄牛、豚を飼い、家庭菜園と果樹園で野菜、薬草、果物を栽培していた。[6]多くの研究で解説されているように、そうした仕事は邸宅の女主人と女性の使用人たちの務めだともっぱら見なされていた。[7]

図2-1　1700年頃のリディアード・パーク。ウォリックシャー郡記録局　CR162/714

従来の文学、手紙、帳簿類の分析では、邸宅の管理もまた男女の両方にとって、おもに妻のほうが担うものとの考えが強かったことがあきらかにされている。[8] ジョアンナ・シンジョンのような上流婦人たちは家政婦や家令などの上級使用人の一団に支えられ、邸宅の運営を統率し管理する責任をおおむね担っていた。その責務は多岐にわたった。シンジョン家の食卓に申しぶんのないエールがいつでもふんだんに並べられるよう確保したり、フランス産、ポルトガル産のメロンを栽培したり、多様な薬効のある飲み物を蒸留したり、国王の希望どおりセント・ジェームズ・パークを彩るための白いノバリケンを探したり。こうした例では夫たちが日常の邸宅の采配に関わっていなかったのは言うまでもない。たしかに夫妻が責務を分担していた家庭もあった。邸宅の円滑な運営にどちらのほうが貢献していたのかは、それぞれの気質や夫婦関係に拠るところが大きい。

サー・ウォルターとジョアンナからハーディマンに宛てられた数々の手紙は、ほとんどの場合に夫妻が邸宅の責務を慣例どおりに分担していたことを示している。当時三十代だったジョアンナが備蓄、食料の調達、医療について取り仕切り、サー・ウォルターは財務、男性の上級使用人の統率を担っていた。このようにシンジョン家では当時の規範書の類いで推奨されていた、ごく一般的な分業がなされていたものと推測できる。[9] シンジョン家の手紙では、邸宅の事柄についてはジョアンナの発言力が圧倒的にきわだっている。夫妻からハーディマンへ宛てられた百通ほどの手紙のうち、サー・ウォルターからのものはわずか十六通に過ぎない。たまたまそれしか残らなかったのか、ごくありきたりの内容なので保管されなかったのか。サー・ウォルターの手紙には、ジョアンナのように備蓄計画についての確認といった具体的な記述は見られない。妻の手紙に比べて概して短く、ハーディマンに親しげにトム、もしくはトマスと呼びかけてもいる。繰り返し言及されている話題が多いのも特徴だ。所領の財務状況、小作人の暮らしぶり、ほかの地所の問題、馬の購入、働き手の管理、さらに小作人と従者たちの金銭の借り入れと返済については最も詳しく書かれていた。[10] ほかの多くの領主たちと同様に、サー・ウォルターも気遣いと厳しさの両面を持ち合わせた主人であったことが窺える手紙もある。なかでも二通の手紙では、ハーディマンとリディアードのほかの従者たちが指示に従っていないことをかなり強い調子で咎(とが)めている。[11]

ほとんどの手紙がジョアンナによって書かれていることが、シンジョン家も邸宅と所領の管理に女性の声が多く求められていた時代の一例であるのを表しているのと同時に、上流婦人の管理能力の高さと、邸宅が一団となってそれらの仕事を行なうため必要とされた幅広い知識、技能、専門知識を浮き彫りにしている。[12] ジョアンナが手紙の随所で働き手について長々と綴っている内容から、当時の義務と責任の概念が手に取るように深く読みとれ、仕えていた男女混合の専門家集団への細かな指図は家事労働の男女による複雑な役割分担を示している。

本章では三つの事例――〝ベスの七面鳥〟〝ルドラーのメロン〟〝シトロン水〟――を紹介する。それらの事例の様々な出来事を通して多くの主題が絡み合い、結びついている。第一に、日々の家事労働は邸宅主たちに自然と物質の作用を探究する機会をもたらした。家畜を飼い、植物を育て、薬類を抽出するといった生活の営みには自然界についての深い知識が求められ、そうした作業を通じて、男性も女性もそれぞれの家のなかで博物学の知識の習得に熱心に取り組んだ。シンジョン家の手紙の数々は、植物、動物、そのほかの食料が日ごと味わわれ、探究され、試され、実験されていた近代初期当時の暮らしを映しだしている。

第二に、レシピを書き留めるのと同じぶんだけ、邸宅の人々はあらゆる専門知識を生かして共同で食料や薬類を生みだし備蓄していた。その共同作業者にはまず、史料に歴然と記録されているジョアンナとサー・ウォルターのシンジョン夫妻のように教養豊かな上流層の紳士淑女が含まれる。さらにはその存在はあまり目立たないものの酪農女中のベスや庭師のルドラーといった人々もいた。本章ではそうした〝姿なき技術者〟とも呼ばれる歴史の立役者たちにも目を向けて、この人々が自然界についての知識の習得につねに取り組み、その多様な技能の集結によって食料や薬類を必要なだけ、そしてもっと重要なのは求められる品質で作りだしていたことをあきらかにする。

最後に、邸宅の共同作業者たちは従来の社会階級と道徳的義務の概念のなかでそれぞれの役割を果たしていたことを事例から繙く。ただしレシピと同様に、そうした関係性もつねに試されていた。チャールズ二世が望んだノバリケンの調達騒動からもわかるように、邸宅の運営と食料の調達は当時の社会政治の仕組みにおいて大事な役割を担っていた。食料、薬類、実践法は当時の利益供与と贈与経済の仕組みには欠かせないものだったのだ。ジョアンナの手紙から日常のささいな記述をつぶさに追っていくと、一家に必要とされるものの調達はシンジョン家の政治的・社会的野心から生じていることは一目瞭然だ。七面鳥、チーズ、薬類はシンジョン家で消費されるだけでなく、親族、友人、支援者、小作人たちにも提供された。このように、ジョアンナのシンジョン家の〝健康〟への関心は文字どおりの体調管理だけでなく、邸宅の財務状況、地域社会やさらに広い国家規模での社会的立場にも及ぶものだった。

それらの事例を取りまとめ、大邸宅の食料調達の必要性と重要性を例証して、田舎の地所で地主階級の社会的立場、体調、財務状況を健全に保つため取り組まれていた多種多様な仕事と、それらの仕事を成し遂げるのに必要とされた専門知識を浮き彫りにする。そのように食料の自家生産に焦点を当てると、日々の家事労働や邸宅の財政にまつわる物語から、都市部ではおもに店舗や市場で日用品が入手され消費されていたことのほうに偏りがちだった、従来の家庭消費の研究における論議にも繋がる。[13]ジョアンナが手紙でハーディマンへ繰り返し求めていたことからわかるように、品質管理はきわめて重要で、邸宅を〝健康〟に保つには、邸宅内生産と、酪農を行なう隣人から特別にチーズを贈られたり、地元で薬草を育てる女性や近隣の町の薬剤師から薬類の材料を得たりといった外部からの供給のバランスを上手に取ることが必要だった。

ベスの七面鳥

サー・ウォルターとジョアンナのシンジョン夫妻は七面鳥が好物だった。一六六二年十二月十五日から翌年一月十一日にかけての献立で、リディアード・パークの食卓に七面鳥料理が並ばなかったのはわずか一日だ。ある食事で〝七面鳥〟を味わったのちもたいがいは次の食事や翌日にまた冷製にして、煮込みにして、あるいはパイ包みにして楽しんだ。[14] 七面鳥は一五二〇年代にまず船乗りや探検家によってアメリカ大陸から持ち込まれた。一五五五年にはすでにその取引価格がロンドンの市場で法的に定められ、七〇年代には飼育されていた。十七世紀中頃には大量の七面鳥が田舎からロンドンに運ばれて売られ、シンジョン家のような家庭では鶏肉や鵞鳥、鴨、雉（きじ）、鷓鴣（しゃこ）などほかの家禽や猟鳥とともに食されていた。[15] この頃にはもうクリスマスの食卓にも当たり前に並んでいたのだ。[16]

シンジョン家の七面鳥への思い入れぶりからすれば、二十通以上もの手紙で七面鳥に言及されているのも驚くことではないのだろうし、豚、その塩漬けのベーコン、兎とともに七面鳥もリディアードからロンドンへ頻繁に運ばれていたのはあきらかだ。[17] ジョアンナはとりわけしきりに七面鳥を食卓に載せる準備、つまりは太らせる作業についてリディアードの使用人に指示していた。この〝七面鳥通信〟とも呼べるものは、働き手の技能、家畜の飼育、自然界の観察、そして主従関係の力学が結びついた当時の暮らしを探索する糸口になる。

ジョアンナとハーディマンの手紙では七面鳥を太らせることについて繰り返し綴られている。ジョアンナは七面鳥を太らせるのに必要な期間と技能を絶えず気にかけていたのが窺える。ある手紙には、少なくとも週に一羽の七面鳥をリディアードからロンドンへ届けてほしいとの希望が明記されている。[18]つまるところ、それはかなり困難な要求だった。ハーディマンはおそらくは危惧して、全力を尽くすもののリディアードの七面鳥はまだ若く、クリスマスには準備が整わないかもしれないことを報告した。[19]けれども、ジョアンナは即座に、七面鳥を安定供給するための技能と努力が酪農女中のベスに欠けているのを察した。ハナ・ウーリーの『下僕と女中大全（The Compleat Servant-Maid）』（一六七七）によれば、近代初期の酪農女中はその呼称のとおり乳牛を育て、バターやチーズをこしらえるだけでなく、家禽や豚などそのほかの家畜の世話まで求められていた。ウーリーの指南書ではまた、数種類のクリーム（クロテッド、スノークリーム、ラズベリー）やチーズの作り方を解説しつつ、〝家禽を太らせるなら、食卓に並べられたときに、辱めではなく評価を得られるよう注意すべし〟とだけ忠告している。[20]残念ながら、ベスが育てた七面鳥はあきらかにジョアンナのお眼鏡には適わなかった。

ジョアンナは〝家畜小屋の扉口で何羽も死んでいる〟のを実際に見たかのように〝ベスが七面鳥を飢えさせている〟と非難し、不満を長々と並べ立てた。ジョアンナからすれば、ベスの不注意により七面鳥を外部から調達せざるをえなくなる事態だった。[21]一六六一年から六二年の冬に交わされた手紙も備蓄計画について切りだしながら、すぐに使用人の管理についての話題に移っている。一六六一年十一月には、いつもながらハーディマンにさらなる七面鳥を要求した。この時点でジョアンナは家令に〝これまでより太らせて届けられるよう〟ベスに五シリング銀貨を渡すことを指示している。[22]だがその〝ニンジン〟では期待した成果は得られなかったらしい。ベスの技能への不満はその後の手紙にもしばらく書き連ねられた。ある手紙では〝これまで彼女の家事能力については指摘しなかったけれど、七面鳥と鵞鳥をじゅうぶんに太らせることを期待しているとベスに伝えて〟と記している。[23]〝家事能力〟との表現が当時の家事に含まれる仕事の幅広さを示しているとともに、優れた主婦には多様な能力と専門知識が求められていたこともそこから読みとれる。

酪農女中としてのベスの能力不足があきらかになるにつれ、ジョアンナの指示はより詳細で強い調子に変化していく。ある手紙ではみずからがリディアードにいないからというだけで七面鳥を育てるのにそれほど長くはかからないはずだといらだたしげに綴っている。そして七面鳥を家畜小屋に入れ、清潔に保ち、〝肉づきを改善するよう〟ベスに指示した。[24]けれども、ベスが七面鳥を太らせるにはその程度の指示では足りなかったらしい。その後の手紙でジョアンナはハーディマンを通して〝われらの地所で育てたものにかぎって、これほどにひどいものが食卓に上がったことはなかった〟とベスを叱責している。ジョアンナによれば、ベスは〝臆病なせいで家禽をじゅうぶん太らせられず、太っているどころか食べるところすらないような萎(しな)びた七面鳥を三羽も運ばせた〟。[25]さらにはベスの家事能力にはとことん失望したようで、もはやベスがわたしの〝萎びた七面鳥〟を殺しかねないとまで案じている。そしてなおも望みどおりの七面鳥を調達できないのは、ベスが必要な餌やり、小屋の掃除、もしくは餌に〝消化を助ける砕いたガラスや煉瓦の破片や小石を入れるのを怠って〟いるせいだと疑いつづけた。[26]

一連の手紙から、たかが七面鳥のことと片づけられない問題であるのが読みとれる。まず、この

〝七面鳥通信〟は女主人が細かな家事や家畜の飼育にも明確な考えを持っていることを物語っている。リディアード・パークから数百マイルも離れて暮らしながら、ジョアンナには邸宅の日々の運営をしっかりと指揮しようとする意志があった。求める水準を維持するには、あらゆる注意喚起と正確な指示を出すにかぎると信じていた。とはいえ、そのような指示を出すには、邸宅の多岐にわたる務めについて詳しい知識が必要だ。手紙ではほかにも、ビールの醸造、鶏の飼育、薬類の作り方、植物の育て方について同じように詳しい知識を披露している。[27] そうした知識の大半は当時の家政と畜産の指南書から得たものであれ、ジョアンナ自身もまたいくらかの実践経験はあったのではないだろうか。萎びた〝わたしの七面鳥〟という呼び方からも、飼育計画や家畜にある程度の思い入れが感じられる。みずから七面鳥小屋を掃除してはいなかっただろうが、リディアードに滞在中はそうした場所もこまめに見てまわっていたに違いない。

二つ目には、これほどまで七面鳥の飼育に注意を払うのは、近代初期の邸宅にとって家畜、猟鳥、そのほかの食料が多面的な役割を果たしていたからだと気づかせてくれる。七面鳥、鶏、雉、鹿などは食べ物であると同時に、華やかで複雑な贈与経済活動に欠かせないものだった。数多くの研究で、政治的、社会的連携における贈与と厚遇の重要性について言及され、贈り物は廷臣と上流層の紳士たちが野心を叶えるための大事な戦略だったと論じられている。[28] なかでも、食べ物は最も一般的な贈り物だった。[29] 食べ物は感謝、敬意、好意のしるしで、社会的結びつきの小さな楔（くさび）となる〝ささやかな贈り物〟として多く用いられた。消耗品であるがゆえに、食べ物は贈り物交換による継続的な対話の糧となり、贈り主と受領者の絆を築いた。たとえばバーリー卿も、支援者には感謝のしるしに食べ物を贈って親交を保つよう、息子に助言している。[30] 特定の食べ物がより頻繁に贈られ〝ありふれていない品々〟、すなわち希少な旬のものがとりわけ好まれた。当然ながらシンジョン家もそうした贈答文化に進んで加わり、長らく上流層の象徴として手厚く保護された貴族と大地主階級の狩猟特権を生かし、鹿肉を多く用いた。リディアード・パークの鹿の狩猟場から得られる鹿肉を贈り物にして、富と土地、そして狩猟の腕前を誇示した。[31] ほかの食料と同じように、鹿肉にも生産計画が必要だった。ある手紙でジョアンナはハーディマンに、サー・ウォルターが国王に献上できるよう〝最上の牡鹿〟を確保するよう求めている。べつの手紙でも〝いつなんどき要り用になるかわからないので〟一対の牡鹿を送りだす準備が整いしだいサー・ウォルターに知らせておくようにと書いている。当時の人々はまた、こうした貴重な肉を臆せず食卓に求めた。ジョアンナはある手紙でサー・ロバート・パイがサー・ウォルターに牡鹿をいかに〝ねだった〟のかを詳述し、二頭を譲り渡す意向を伝えている。[32] シンジョン家では、ジョアンナとサー・ウォルターが贈る食べ物の種類ごとに管理を分担していて、友人、親族、支援者への鹿肉の割り当てはサー・ウォルターが掌握していたようだ。[33] いっぽうジョアンナはより小さな食べ物の贈り物を最適な頃合いに目当ての食卓へ届けることを担当していた。どうやら七面鳥がお気に入りの贈り物の一つだったらしい。〝七面鳥通信〟の最後の手紙でもいくぶん残念そうに〝もう少し七面鳥を太らせてくれていたら贈れたのに〟と記している。[34] この文脈からすれば、ジョアンナの憤りはぱさついて嚙み切れない七面鳥よりも、社会的・政治的人脈を築く機会を逸したことへのほうがおそらくは大きかったのだろう。

ルドラーのメロン

当時、田舎にあった大半の所領と同じように、リディアード・パークも食物を得てさらに景観も楽しめる広大な庭園や土地を有していた。そこには鹿の狩猟場、兎小屋、家禽、豚や牛の飼育場、家庭菜園、果樹園、池、観賞用の花園もあった。そしてここでもまた一家のほかの管理領域と同様に、ジョアンナがリディアードで生じる事柄に逐次、目を配っていた。種蒔き、植えつけの詳細な指示、作物の生産要請がジョアンナとハーディマンのあいだで交わされた手紙のなかに頻繁に見てとれる。庭仕事についてのやりとりでは、七面鳥の調達の場面でも提示されていた多くの論題が繰り返されている。メロンの栽培、花や低木や高木の世話の論議には、やはり共通して調達の予定や使用人の管理の問題が連なっていた。酪農女中のベスが七面鳥の飼育について多くの指示を受けていたように、庭師のルドラーも庭でジョアンナの希望を叶えるよう求められていた。手紙に記された詳細な指示には、その多くに先回りして考えるジョアンナの気質が表れている。アーティチョーク、パースニップ、〝そのほかのとにかく生育に時間がかかるもの〟の収穫に気を揉んだ。ハーディマンを通してルドラーに時期を確認し、一家がリディアードに滞在中に収穫して食べられるよう念を押していた。[35]

ジョアンナはあきらかに植物学に多大な関心を寄せていた。ルドラー宛てのある手紙には、前週にパリから届いたばかりの〝最上品種〟なるフランス産メロンの種子を同封し、植えつけとその配置についても念入りに記している。出産からほとんど時をおかずにそうした手紙を書いていることからも、家政への熱心さが窺える。[36] またべつの折には、ジョアンナがルドラーに〝インギルス医師〟から学んだ特別な実験を試みてほしいと求めている。それはメギやスグリの低木を〝逆さ〟に植えて〝石を使わなくても〟実を結ばせるというものだったらしい。[37] ルドラーと雇い主の女主人はさながら自然研究仲間のようだった。

ある時は、ポルトガル産メロンの種子、エシャロットの球根、キバナの根、二種類のヒエンソウの種子を丁寧な説明書きとともにルドラーに送っている。メロンの種子はすでに送られていたフランス産のものと同じ方式で蒔き、エシャロットは家庭菜園に植え、豚に踏み荒らさせない手立てを取るよう書き添えられていた。景観にも気を遣い、ジョアンナは見栄えのするものを庭に、〝醜悪〟ならば果樹園に植えさせた。加えて、ヒマワリとタチアオイは庭の〝手すりや欄干下の盛り土に〟、ローンボウリング用の芝地の壁際にはアブラナを配置させた。最後にはハーディマンを通じてルドラーにこう請い求めている。

ジョアンとウルフォードのおかみさんに森からスミレの根を採ってきてもらい、果樹園のデュエル医師の庭から頂いたクルミの木の下に植え替えてもらえば、大きな池の水車脇できっとずっと青くなり、使い勝手もよくなるでしょう。[38]

スミレはジャム、ペースト、トローチをはじめ、家庭の数多くの治療薬に使われた人気の原料だった。なかでも最も好まれたのが、スミレのシロップで――細かくしたスミレと水と砂糖を混ぜ合わせた——発熱、マラリア熱、咳などあらゆる症状に常備薬として使われた。[39] このシロップについては数種の作り方が十七世紀中期のイングランドで広まった。複数のレシピを収集していた家庭もある。ジェイコブ家のレシピ帳に記されたものの一つが〝いとこパーシヴァルのスミレシロップの最上の作り方〟で〝スミレは色を損なってしまうので火にかけても水で煎じてもいけない〟と注記されている。[40] 同時代のほかのレシピでは、銀のマグか蓋付きのカップにスミレの花と冷水を入れ、それごと水を沸騰させたやかんに入れて温めるよう指示している。〝花が温まり、液体が鮮やかな青色になる〟まで注意深く見守り、それから漉すとされていた。[41] つまり、スミレのシロップをできるだけ青くしたかったのはジョアンナだけではなかったらしい。そのようなレシピの調査研究では作り手たちが望みどおりの成果を得られるよう手法や道具に工夫を凝らしていたことが示されているが、シンジョン夫妻とハーディマンの手紙のやりとりから、そうした努力が実際に蒸留室で作られる前にも、スミレを育てるときにはすでに始まっていたことがわかる。[42]

ジョアンナのルドラーへの指示には植物についての豊富な知識が表れている。当時の書籍販売者たちは植物に興味を持つ読者に草本書から薬用植物の本、園芸の指南書まで幅広い書物を提供していた。[43] 草本書や薬用植物の本は近代初期の読者に薬効のある植物や草本の〝効能〟と用途を学ばせ、ジョン・パーキンソンの『日のあたる楽園、地上の楽園（Paradisi in Sole Paradisus Terrestris）』（一六二九）、ウィリアム・ローソンの『新しい果樹園と庭……田舎の主婦の庭（A New Orchard and Garden... with The Country Houswifes Garden）』（一六一八）、サミュエル・ギルバートの『草花栽培をご一緒に（Florist's Vade Mecum）』（一六八三）といった園芸の指南書は、装飾用の花々や低木の栽培方法、観賞用の庭園群に作り替える手引き、月ごとに種蒔きの計画が立てられるカレンダーなども提供した。[44] 当時発行された数多くの園芸の指南書は上流層と中流層のいずれも女性読者に向けたものだった。女性たちはそうした書物を熱心に読んで、家庭での病気の手当てや家事に生かした。[45] ただし、ジョアンナの〝最上〟の植物を栽培するためのきめ細かな指示からは、装飾用の植物園と家庭菜園のどちらにも実践経験があることが窺える。リディアードの庭ごとに異なる生育環境を詳しく把握していなければ、あのようにスミレを植え替える場所を的確に指定できなかったはずだ。土壌、湿度、日当たりのどれでスミレをより青くしようとしたのかは定かでないが、庭の環境条件にこれほど精通していたのは、みずから観察し、実際に経験しているからこそ得られたものとしか思えない。

同時代の多くの貴婦人たちは、自然の環境作りや、働き手を介しての地所の耕作にも関心を抱いていた。十七世紀後半にコーンウォールに住んでいた上流婦人マーガレット・ボスコーエンは小さな筆記帳にどの月にどの根を確保し植えるのかといったことを書き留めていた。[46] おそらくは住まいの地理的環境や本人の志向から、ボスコーエンの記録はおもにごく一般的な薬用植物に割かれている。いっぽうで〝希少なマスクメロンの種子〟といった目新しいものに情熱を注いだジョアンナと同じく、幅広い人々との手紙のやりとりから外来植物を探し、収集していたメアリー・サマセットのような女性たちもいた。実際にサマセットは植民地の外来植物の取引においては中心的存在で、標本の収集から、栽培、目録作りまで植物採集のあらゆる分野に関わっていた。[47] ボスコーエンにはトレゴスナン、サマセットにはバドミントンといった上級使用人たちをはじめ、田舎の大邸宅の上流婦人たちがジョアンナと同様に庭師やそのほかの人々の助けを得て取り組んでいたのは間違いない。三人の女性たちは園芸学に関心がある点では共通しているものの、取り組みやその動機は様々に見受けられる。サマセットの場合には強い知的好奇心が感じられるのに対して、ジョアンナは邸宅の経済、交友関係、人々の健康を維持し、より良くしようとする熱望に駆り立てられていたのではないだろうか。[48]

ジョアンナの植物の知識や空間記憶力も然るべきことながら、ルドラーへの指示はリディアード両方の邸宅が共同で目指したものだった。ジョアンナの指示のなかに登場する植物にはみな明確な用途があり、その多くに複数の役割が求められていた。エシャロットのようにソースの材料としてなど、あきらかに食卓用の植物もある。そのほかにも、フランス産やポルトガル産のメロンなどは食べ物の贈り物が一般的だった贈与経済において目新しい贅沢な果物として栽培され、一家の食通ぶりを披露し、社会的信用を築くためにも用いられたのだろう。同じように、邸宅の正面玄関への道なりに趣向を凝らして植えられた花々はシンジョン家の社会的評判を格上げしたに違いない。いうなれば地元での〝誉れ〟を築き高めた庭の役割は、ジョアンナがルドラーにまたほかの種子と〝ケシ類〟の根を同封したべつの手紙にも見てとれる。フランス産メロンの種子のときと同じように、やはり指示が記されていた。ただし今回は忠告も添えられている。ルドラーに〝触れまわって紛失しないよう〟諭していた。[49]

リディアードの庭について言及された手紙には、働き手の割りふりや使用人の管理についての戦略が映しだされている。リディアードの庭造りは性別を越えた共同作業によって担われていて、その典型的な例がスミレの植えつけの指示から読みとれる。というのも、ジョアンナはハーディマンを通してルドラーに地元の二人の女性に花の植え替えを手伝ってもらうよう指示しているからだ。このように具体的に役割をあてがえるのは、信頼、男女別の働き方、専門知識、利便性といったいくつもの要素を考慮してのことだと推測できる。当時はたしかに庭造りにおける男女の仕事はその時々で割り当てられていて、園芸が専門知識を要する高度な仕事だと評価されるにつれ、女性たちの役割が軽視されはじめていた。[50]そうだとすれば、地元の女性の二人組はスミレの植え替えをたまたま手伝わされただけだったのかもしれない。けれども、その一人、〝ウルフォードのおかみさん〟はほかの手紙でも薬効のある植物探しの達人として登場しているし、べつの折には卵を渡して報酬を得てもいる。[51]そのような田舎で暮らす多くの人々の例に漏れず、ウルフォードのおかみさんもあらゆる分野の専門知識を備えていたのだろう。男性の使用人たちが指導役で、女性たちはその下で土いじりをしていたというように、庭造りの仕事も男女で分けられていたものと読みとれなくもないが、スミレのように繊細な花の掘り起こしと植え替えには特別な技術が求められ、その専門知識を備えたウルフォードのおかみさんとジョアンが請け負ったとも考えられるのではないだろうか。

庭造りの細かな情報のみならず、一連の手紙はジョアンナの管理方式についてもさらに深く解き明かす手掛かりを与えてくれる。殊に緊急事態とも言うべきある事件には、ルドラーがおそらくはその技能と専門知識ゆえにシンジョン家で格別な厚遇を受けていたことが表れている。一六六〇年代に起こったと思われるこの〝危機〟は、ジョアンナとハーディマンの日付のない一連の手紙のやりとりに綴られている。ルドラーは妻子を残し、仕事も地元での責任もいっさい放りだしてロンドンへ遁走し、すべての人々、とりわけ自身の家族を仰天させた。その行動にシンジョン家、誰よりもサー・ウォルターは激怒し、ルドラーを連れ戻すことを承知しなかった。あきらかにルドラーの運命を決定づけた手紙のやりとりには、ジョアンナの当の庭師の技量への高い評価と、使用人たちへの義務感が如実に示されている。

当初の手紙では、サー・ウォルターがルドラーの雇用の継続に断固反対していることへのジョアンナの懸念が綴られていた。夫と意見の異なるジョアンナは、ルドラーが〝妻と子供たちと秩序正しく〟リディアードに住みつづけられるようサー・ウォルターに掛け合った。さらに、新しい庭師が〝適任〟ではないとわかった場合には、シンジョン家でルドラーを再雇用する許しも取りつけた。ジョアンナをそうした行動に駆り立てたのは、ルドラーの家族への強い義務感と責任感であるのはあきらかだ。ジョアンナはハーディマンに〝近隣の人々に、わたしたちに温情を抱いてもらえるのなら、ルドラーにも彼の妻子のために同じ温情をかけて受け入れてほしいと伝えて〟と頼み、〝もう信用は揺らいでいるのだから彼の不面目が口の端にのぼらないよう配慮してほしい〟とまで念を押した。[52]

ジョアンナが逃亡した庭師を雇いつづけたかった理由はキリスト教徒の慈悲の心ばかりではなく、ルドラーの技能を買っていたからでもある。それはリディアードの庭造りや植物に関することに割かれた手紙から一目瞭然だ。ルドラーの解雇は、貴重で高価な植物の所有権をめぐる論議を引き起こした。ジョアンナは、ルドラーがロンドンの使用人たちにリディアードの〝奥様の〟チューリップはすべて枯れたと話していたことにいらだった。当の庭師の言いぶんでは、現在あの庭に植えられている貴重な花々はすべて自分のもので、シンジョン家にはそうした花や植物について総額七ポンドぶんもの貸しがあるというのだ。ジョアンナはルドラーが〝いささか変わったものをたくさん〟庭に持ち込んでいたのは知りつつ、たいした価値はないものだと反論した。それでも、監視のもとで行うのを条件に、ルドラーが種蒔きと挿し木により償うことを認めた。そのときの指示にはジョアンナの心情が豊かに表現されている。

彼がわたしにいっさいの損害も与えずにわたしの庭の植えつけと埋め合わせをすることによりその償いを受け入れましょう。ただし勝手な栽培を認めるものではありません。叶うことならみずから出向いて、わたしのものと彼のものと見なせるものをあきらかにしたいところです。ですからあなたの承諾なしにはいかなる持ち出しもわたしの庭への持ち込みもさせてはなりません。[53]

このくだりは近代初期の邸宅主たちが観賞用と薬用の植物の両方にいかに重きを置いていたかを表しているし、種子や挿し木が活発に取引されていた様子も窺える。さらに言えば、ルドラーの技能と庭の種子や植物への貢献は女主人にこれほどに高く評価されていた。ルドラーが家族をないがしろにし、リディアードの植物資産についても問題発言をしたというのに、ジョアンナはなお雇用することを望んだ。気の毒なベスとはだいぶ待遇が違うと感じずにはいられない。結局のところ、すべてはジョアンナの計画どおり、もしくは意図したとおりに進んだかに見える。その後の数通の手紙で、後任の庭師がリディアードとその庭園群にはまったくそぐわない人物だったため、ルドラーが正式に返り咲いたことがわかる。一連のやりとりの最後には、ジョアンナが子供たちの体調を案じて医療的な指示を書いた手紙の表書きに次のように記している。

ハーディマンへ。不在の場合には、ルドラーがこれを開封して読み、ハーディマンが戻りしだい渡すこと。[54]

このように一度は不祥事を起こした庭師がリディアードで家令の代理を務めるまでに女主人の信頼を取り戻していた。友人や支援者たちを感嘆させる贅沢なフランス産メロン、シロップやジャムとなる鮮やかな青いスミレ、食卓に並ぶエシャロットやアーティチョーク、いつでも訪問者たちの目を惹きつけるすばらしい景観を提供することにより、リディアードの庭師はシンジョン家にとって健康、社交、経済を維持するために欠かせない存在だった。園芸の才に秀でたルドラーがほかの使用人たちより優遇されていたのもやむをえないことなのだろう。

シトロン水作り

近代初期の英国でやりとりされた書簡にはつねに健康と病気についての話題が欠かせなかった。[55]シンジョン家の手紙も多くがリディアードの使用人たちの健康を気遣うことから始まっているし、あるいはロンドンの邸宅の人々やあらゆる知人の体調について触れられているものも見受けられる。リディアードに送られた数多くの手紙には、シンジョン夫妻から、もしくはロンドンで知り合ったり診察を受けたりした医師たちからの助言や健康情報が記されている。ある手紙では、ジョアンナがウィークス夫人なる女性の快復ぶりを喜びながら、〝あの鎮静用ドロップが溜まりすぎないように浄化剤も少しずつ摂らなければいけないでしょう……あれはどこの薬屋でも手に入るドロップですし〟[56]と気にかけている。ハーディマンが体調を崩した折には〝不調が長引いているのを案じています。コクス先生によればマラリア熱にはアザミで作る飲み物が何より効くそうです。ただし発汗と吐き気のみならばラッパズイセンの根を煎じたミルク酒を予防に朝飲むとよいとのこと〟とジョアンナが書き送っている。[57] サー・ウォルターも数少ない手紙で時折、同じような医療の助言を記している。[58] たとえば、地元の接骨医を勧め、ハーディマンに骨を整える効果を伝えている。ところが同じ手紙で〝妻から下剤を送らせよう〟と書き添えていて、健康管理についても男女の役割分担があることがほのめかされている。[59] 夫妻はともに健康問題について進んで助言するものの、ジョアンナのほうが邸宅の薬類の提供や分配を担っていたのだろう。そうした習慣はほかの家庭でも広く見られた。サー・ロバート・ハーリー（一五七九―一六五六）が一六五三年に体調を崩したときには、息子エドワードがテレピン油の錠剤がよいとのバサースト医師から得た助言を書き送った。そうしながらもエドワードは父サー・ロバートに、お望みなら娘たちの一人にその薬を作らせるようにと締めくくっている。[60] エドワードの姉妹の誰が――ブリリアーナ、ドロシー、マーガレット――その指示を受けたのかは定かでないが、ハーリー家でもシンジョン家のように薬作りは女性たちの仕事だったことがわかる。つまり、男性たちはレシピ帳作りのための情報収集、試験、実験には関心を持ちながら、実際に日常使用する薬を作る仕事は妻、娘、家政婦、女中といった女性たちの一団が任されていたわけだ。

その理由はおもに、医療の情報収集、薬作り、基本的な体調管理が、邸宅の切り盛りや、さらに一般的な家事の領域と決めつけられていたからにほかならない。[61] ジョアンナのように大勢の従者のいる大邸宅を取り仕切る女性たちは、男女の使用人たちの一団に支えられながら、そうした仕事に取り組んでいた。[62] ジョアンナとハーディマンの手紙にはジョアンナが香膏をこしらえるため薬効のある蒸留水やバターをロンドンに送るようにとのやりとりが繰り返し記録されていて、近代初期の貴婦人たちが邸宅の健康をいかに遠くからも管理していたのかが察せられる。さらに、ハナ・ウーリーの『下僕と女中大全』のように上流家庭で働くことを希望する使用人向けの指南書には、家政婦が知っておくべき医療のレシピが数多く書かれ、上級使用人にとっては必須の知識だったことを裏づけている。まさしく邸宅内での薬作りとその分配を担っていたジョアンナのような上流婦人の姿が、使用人たちの労働のなかでも薬作りがどれほど肝要な部分を占めていたのかを読み解く手掛かりになるだろう。シトロン水作りの事例はそうした様子を覗き見る絶好の入口だ。

その一件についてのハーディマンとの手紙のやりとりではまず、ジョアンナがひと籠ぶんのシトラスを送った。レシピとともに次のように書き添えている。

> シトロン水を作るためにシトロン八個とレモン十二個を送ります。蒸留方法のレシピも同封しますので、ミスター・ゴラムに蒸留してもらい、必ずあなたも立ち会ってください。すでに送ってあるガラスの容器に入れ、ワインは屋敷にあるものを使い、そちらにある棒砂糖で事足りなければ、マールボロで白氷砂糖を調達してもらわなくてはいけません。ぜひアランビック器での蒸留をお願いします。[63]

ジョアンナのレシピ帳には、シトロン、レモン、オレンジで作る薬類のレシピが複数含まれている。[64] 大きなレモンのようなシトロンは、レモンやオレンジと同じように南ヨーロッパで収穫されていた。そうした柑橘類にはむろん多くの薬効があるが、ジョアンナはとりわけシトロンに惹かれていたらしいことがその記述から窺える。〝レモンを皮ごとガラスの蒸留器に入れて抽出した水は湿疹や吹き出物を消し去り、肌を美しくなめらかにする[65]〟。〝至上の処方集〟にはシトロン水の作り方が次のように記されている。

とてもきれいなシトロン八個、オレンジ二個とレモン二個の薄皮、シトロンの皮もすべてをカナリーワイン三ガロンに十日間浸し、アランビックか、お好みの蒸留器に入れ、抽出する。[66]

第1章でご紹介したように、ジョアンナはロンドンの邸宅の人々や医師らから得た情報が多く含まれた医療のレシピ帳をロンドンでも傍らに置いていたのだろう。そうだとすれば、果実とその使い方とともにレシピをリディアードに送っていたのも自然なことだ。とはいえ、当のレシピにはロンドンの筆記帳に記されたものとはわずかな違いが見られ、レシピの作り手たちがつねに改良と改善を重ねていたことがわかる。

ベスとルドラーへ書いたのと同じように、ジョアンナはシトロン水作りについても詳細な指示を送り、果実を〝一枚一枚、紙ほどにきわめて薄く剝く〟よう念を押し、アランビック蒸留器を使うよう指定している。さらに琥珀を加えるつもりでいるものの、この手順については使用人に任せていない。それどころか、琥珀は私的な物のなかに保管し、次にリディアードへ行くときにみずからその高価な材料を加えていた。締めくくりにジョアンナはハーディマンに、使用後のシトロンの皮はミスター・ゴラムとエリザベス・ハーディマンで分けるよう伝えていて、〝残り物〟の再利用も特権であることを示している。

ジョアンナの念入りな指示には、邸宅主たちが薬作りに意欲的だった一番の理由が表れている。つまり、裁量だ。独自に作れば、最良の薬草を使い、体質に合わない材料は避けられるし、ちょうどよい好みの甘さやアルコール度の醸造酒に仕上げられもする。具体的な作り方、すなわち、どの蒸留器を使い、薬草や果実をどれくらい細かくすりつぶし、蒸留する前にどれくらい沸騰させるかといったことをみずからの裁量で決められる。琥珀のように高価な材料を誰かにくすねられる心配もない。つまるところ、ジョアンナのように特定の手順だけ采配することができる。いうなれば、ほかの人々の手を借りてでも独自に薬を作るのであれば、好きなように基準を定めて守らせればいい。ミスター・ゴラムへの（ハーディマンを通しての）指示からわかるように、ジョアンナは〝できるかぎり上質の蒸留水〟を好んだ。[67]

ジョアンナのような自家製の薬作りへの考え方は同時代の医療分野の文献にもたびたび見られる。『家族の医療と家庭の薬方（The Family-Physician, and the House-Apothecary）』（一六七六）でギデオン・ハーヴィーは、田舎の薬剤師たちが新鮮ではない材料を使って得意客たちを騙しているかもしれないと読者に警告している。

それどころかハーヴィーはその書物の序文に、『ロンドンの薬局方（The London Dispensatory）』など出版物から選び抜いたレシピを収載しているので、わざわざ大部を読破して妥当なレシピを選ぶ労を省けるとすら記している。さらには、薬剤師、薬屋、薬草売りの女性たちから賢く買い入れられるよう、一般的な薬や薬効のある植物の適正相場を記している点でも異例の書物だ。[68]

消費者と生産者の駆け引きという点では、薬類の購入の際にも、ごまかされるのを恐れる風潮が広まっていた。ハーヴィーが指摘した信用ならない薬剤師だけでなく、近代初期の主婦たちは粗悪な原料や腐ったものを売る輩にも用心しなければならなかった。作者不明の短い指南書『家庭の主人と奥様、使用人その他すべての人々のための誰でも市場通になれる有益な心得（The Experienced Market Man and Woman, or Profitable Instructions to All Masters and Mistresses of Families, Servants and Others）』（一六九九）では、まさにその題名に示されているように〝あらゆる食料の品質を見分けて、騙されて押し売りされるのを避ける〟方法を説いている。主婦の務めの基本は、調達屋にごまかされない知識を持つことだった。匂いを嗅ぎ、触れて、目で見て、あらゆる食料の新鮮さや品質を判断する能力は、〝家庭の主人と奥様、使用人その他すべての人々にとって賞賛すべき誉れ高い〟ものと考えられていた。[69] その表現豊かな詳しい解説から読者は、なめらかな黒っぽい腿で瞳に生気が感じられ、しなやかな足の若い七面鳥を選ぶべきだと学んだ。雌の七面鳥は〝卵ありの場合には肛門が開きやすく、そうではない場合は固く閉じている〟。[70] ハーヴィーの『家族の医療と家庭の薬方』や『誰でも市場通になれる有益な心得』などの指南書を通して、邸宅主たちは邸宅を円滑かつお得に運営するための簡潔な文章でまとめられた実践知識を手に入れた。自身の経験と読書により、その邸宅にとって最良の食料調達に必要な複数の市場で渡り合える〝賢い消費者〟となったのだ。[71]

シンジョン家の手紙のやりとりではまた、薬作りの時期が肝心であることも目を引く。薬草、花、バターでさえも、一般的なレシピに使われる多くの材料は入手の時期が限られていた。ジョアンナのレシピ帳を見渡すと、〝マダム・ル・コックの香膏または鎮痛剤は五月にこしらえる〟というように、生産時期が定められているレシピがいくつもある。[72] 薬草や花を使う薬作りの指示書きにはたいがい生産に適した時期が詳しく付記されている。その好例が〝ボールズ医師の浮腫の治療法〟で、ヨモギの種子を〝八月か九月〟に採っておくよう指示している。さらに、アリン医師の難聴のレシピでも、八月か九月に青みがかったベリーを集めておくこととされている。[73] 計画を怠るとあとで余計な手間がかかった。たとえば、一六六一年五月三十日にジョアンナはハーディマンに慌てて手紙を書いている。蒸留している薬剤師はおらず、売られてもいないうえ、ロンドンの庭園のバラはあまりに少なく〝湿って〟いた。そのためジョアンナはリディアードの薬剤師ミスター・ゴラムに手紙を書いたところ、〝モーデン農場のロッドバーン教区のバーグ夫人〟が持っているかもしれないと教えられた。ジョアンナの要望に応えて〝そこにあるものをすべて確保する〟ためハーディマンはかの地へ馬を駆けさせた。[74]

このような季節ごとの調達は植物のみならず動物性の原料でも行なわれていた。〝ディキンソン医師の至極の強壮剤〟でも〝五月に蟹の黒い爪先部分を取っておく〟ことが必要だった。[75] バトルフ博士の咳止め薬も〝殻付きではない小さな白いカタツムリ〟を使うため、五月に作らなくてはならなかった。そうした生産計画にはおそらくカタツムリやナメクジの孵化や冬眠時期が考慮されていたのだろう。[76]ほかにも原料の入手時期により理想的な生産月から名づけられた調合薬がある。〝五月バター〟は五月に作られ、保存された。[77]つまり、お気に入りの薬をいつも手もとに置いておくためには、原料を集めたり、様々な香膏や水薬やシロップを作ったり、忙しい春と初夏を過ごさなければならなかった。材料の入手も然ることながら、多くの一般的な生産手法は時間がかかった。水薬やシロップのように液体の薬のレシピには薬草や香辛料を何時間も、何日も希釈液に入れたり浸したりしておくようにと記されている。[78]必要なときに備えて作られたのは薬ばかりではない。食料と薬のいずれについても長期的な計画と生産時期を定めることで、邸宅の上級使用人たちは同じような生産周期と手順の流れのなかで並行して仕事を進められた。

手紙の内容からしてジョアンナが万一に備えようと努めていたのはあきらかだ。ところが綿密に計画していても、シンジョン家でつねに必要な薬が足りていたわけではなかった。あるときにはハーディマンが〝ブラック家の息子〟のために薬を求め、ジョアンナが〝その水薬はすべて使ってしまって五月まで作れない〟と答えている。代わりにジョアンナは当時一般的だった治療法を勧めている――シャクヤクの根の首飾りを自然に壊れるまで子供に掛けさせるというものだ。[79]同時に毎朝、黒実サクランボ水で溶かしたアカサンゴとシャクヤクの根の粉末を混ぜて飲ませる。ジョアンナはハーディマンにアカサンゴとシャクヤクの根は薬剤師から購入できると丁寧に付記しているが、黒実サクランボ水の入手方法は書かれていないので、手に入りやすいものだったのか、すでにあるものだったのだろう。[80]

そうした手紙では、ジョアンナは薬の調達や薬作りに関わる仕事をあらゆる人々に指示している。なかでもハーディマンの妻エリザベスへの指示は短く明快だ。たとえば、ある日付のない手紙にはこう書いている。〝あなたの奥様がオークの芽と赤いバラの蒸留水をこしらえてくれていたはずなので、ウルフォードさんから送ってもらえないでしょうか。こちらの家でも街中でもなくて困っています[81]〟。ほかの手紙ではエリザベスに〝ミント、オオバコ、その他のハーブを一クォートずつ、二クォートのルリジサを花付きで入れてルリジザ水をこしらえ、そこに砕いたシナモン半ポンドを加えてさらに蒸留し、シナモン水を作る〟よう頼んでいる[82]。ジョアンナの依頼は食料と薬を作る家事使用人の重要性を物語っている。エリザベスはジョアンナがロンドンに滞在中、高価な原料と複雑な器具を使っていくつもの蒸留水を作りだすことを任されていた。赤いバラやミントのような簡単な水薬のレシピが書かれていないのは、エリザベスは蒸留水作りに慣れていて、なにより女主人の好みの製造方法を心得ているとジョアンナが信頼していることを示している。そうした日頃から飲む蒸留水の作り方はジョアンナの〝至上の処方集〟には含まれておらず、現存するレシピ帳が必ずしも一家の生活の知恵をすべて網羅しているわけではない事実に気づかされる。記録されていないレシピもまた受け継がれ使われていた。あまりに簡単で当たり前すぎて書き留める必要性はないと判断されたものもあったのだろう。

蒸留水作りだけでなく、エリザベス・ハーディマンは保存食についても任されていた。ある手紙では、ジョアンナがエリザベスに砂糖漬けにしてもらいたいので、自分たちがそちらへ行くまでリディアードのキバナノクリンザクラは〝ちゃんともつか〟どうかを案じている。ジョアンナはエリザベスに水薬（蒸留水でも、そうではないものでも）の作り方を指示していないが、砂糖漬けについては花びらと砂糖の割合などを書き記し、エリザベスに〝砂糖を加える前に花びらを細かく砕く〟よう念を押している。[83]どちらも家政婦の責務と考えられていたものの（ウーリーも『下僕と女中大全』で食料の保存と砂糖漬けについて伝授している）、エリザベスは厨房での仕事より蒸留室での技能に秀でていたということなのかもしれない。[84]

　エリザベスがシンジョン家で薬作りをおもに任されていたのはあきらかだが、地元の薬剤師ミスター・ゴラムも二度にわたり請け負っていた。そのどちらについても手紙のやりとりのなかで触れられていて、薬作りを邸宅の外へ依頼すれば、主導権を失い、信頼性の問題が生じることを示している。ジョアンナはそれをよく承知していた。シトロン水を頼む際にはわざわざハーディマンに〝蒸留のときには立ち会いなさい〟と付記し、家令の監視下でなければミスター・ゴラムを信用できない心情を露わにしている。すでに詳しく述べたように、ギデオン・ハーヴィーのような著者たちは薬剤師の良心に疑いを抱いていることを明記しており、そうしたいくらかの疑心暗鬼は薬屋やそこで売られる物に対しても同様だった。ハーディマンですら女主人から完全な信頼を得ていたわけではない。ジョアンナが当のレシピに必要な琥珀を自分の持ち物から家令に探らせるのを渋っていたのを思いだしてほしい。本章でこれまで見てきたように、ともに働くうえでの主従関係は複雑で往々にして緊張感を伴うものだった。邸宅の使用人たちに雇い主の物をくすねる機会がじゅうぶんにあったのは想像に難くないし、実行に移してしまう者もたしかにいた。都会と田舎に邸宅を保持していた地主階級は留守にしている邸宅の使用人たちが好き勝手をしまいかと一抹（いちまつ）の不安を抱いていた。[85]ジョアンナがハーディマンに自分の持ち物に触れさせるのを渋ったのも当然なのかもしれない。要するにハーディマンもミスター・ゴラムもジョアンナからすれば信用しきれなかったとも言えるが、遠くから手間のかかる邸宅の運営を指揮するには、ある程度割り切った決断が必要だった。

鹿肉、七面鳥、植物と同様に、リディアードで作られる薬類も、入り組んだ贈与経済の一端を担っていた。ジャムや蒸留水はこしらえるのに労力が集中してかかるものが多く、果実や砂糖や遠方から手に入れた香辛料など高価で時には外来の材料も使われるため、価値と意義のあるものなのは間違いなかった。近代初期のヨーロッパじゅうで、作り手の社会的地位と富、さらに友情を示すものとしてやりとりされ、贈られた。[86]当時のほかの上流婦人たちと同じように、ジョアンナ・シンジョンもまた友人や親族に薬類を贈っていた。甥の第二代ロチェスター伯爵、ジョン・ウィルモットが患（わずら）った折には、幾度となく医療の助言と蒸留水を届けている。[87]このことからも自家製の薬類が数多くの方面で邸宅を健全に維持するために役立てられていたことがわかる。家族や邸宅で働く人々が体調を崩したときに用いられたのはもちろん、好意を得るため、友情を深めるため、家族や親類への心遣いを伝えるための贈り物としても重宝された。

ジョアンナも使用人や所領の住人たちと地元のより良い人間関係を築こうと貴重な薬類を活用した。人々の健康に強い責任感を抱いていたのは間違いない。体調を気遣うだけでなく、自家製の薬類を分け与えていたのはすでにご紹介したとおりだ。邸宅内で女主人が体調を崩した人々に気前よく貴重な薬類を授けることが、使用人たちや所領民の気持ちを動かさないわけがなかった。ジョアンナの薬類の分配は病気の快復を早めただけでなく、働き手や小作人との信頼関係や良好な雇用関係を結ぶ助けとなり、二つの邸宅の運営には欠かせないことだった。

ジョアンナは離れた地から邸宅を取り仕切るために、〝上級〟の使用人たちと、おもにリディアードに住んでいた友人たちの一大集団を頼りにしていた。助けを得ていたのはチーズやベーコン作りや七面鳥を太らせるといったことばかりではない。多岐にわたる領域でそうした人々の意見を信頼していた。ある手紙では、ハーディマンとこの家令の友人に、サー・ウォルターが地元の反対論者たちに陥れられないよう気をつけていてほしいと求めている。[88] シンジョン家の子供たちも健康的な田舎の空気と田園風景を楽しむためリディアードにたびたび送られた。ジョアンナの子供たちが病気にかかったときには、リディアードで療養し、地元の教区牧師ティモシー・ドウェルとその妻やハーディマン夫妻の世話になったので、[89] ジョアンナは信用して頼れるリディアードの使用人や友人たちには健康でいてもらわなければならなかったのだ。多くの手紙にジョアンナがどのようにしてリディアードで良好な人間関係を築き上げていたのかが示されている。たとえば、ある手紙では教区牧師の妻に渡すよう棒砂糖二本を同封し、リディアードに滞在中のサー・ウォルターにミスター・ドウェルを訪ねて〝このたびの労をねぎらう〟よう伝えてほしいとハーディマンに指示している。[90] このような心付けや謝礼はハーディマンを通して、リディアードの邸宅のあらゆる働き手、地元の名士、小作人たちに頻繁に惜しみなく振りまかれた。その見返りにジョアンナが期待したのは然るべき忠誠と敬意だ。

そのように細やかに均衡を図って敬意を得ていた経済活動を見事に表している逸話がある。ジョアンナは大変な剣幕でハーディマンに幼い息子オリヴァーの乳母が身ごもっていたことを伝えた。憤慨し、裏切りに深く傷ついて、ジョアンナはハーディマンにこう指示した。〝あなたへのわたしの信頼は金輪際失われたと乳母へ伝えなさい。もし身ごもってから、わたしの子に水差しのごとく吸わせていたのなら、もはや衰えて、涸れていることでしょう〟[91]。その危機はリディアードの邸宅で働く信頼できるほかの人々からの協力を得て乗り切るほかになく、新たな乳母選びはハーディマンの妻とパーキンズ夫人に委ねられた。ジョアンナの多くの手紙には、邸宅を遠くから〝健康に〟維持するのは容易な仕事ではなく、メロンや七面鳥以外にも耕して、実らせていかなければいけないものがあったことが示されている。近代初期の邸宅で働く人々の管理は、適切な仕事の割り当てや技能の見極め、信頼する働き手を揃えるだけにとどまらなかった。雇い主と雇われ人の複雑な関係、交友関係の信用と恩義の文化、社会通念の行動規範、私的な期待のすべてが関わり合っていた。[92]

結び

わたしの食用鳥たちが痩せていないかと心配でなりません。

——八月十四日、〝訪問〟の三週間前にジョアンナからハーディマンへ宛てた手紙より。[93]

一六六三年の初夏、シンジョン家の人々のあいだに、当時大法官を務めていたクラレンドン伯爵、エドワード・ハイドが同年の議会の休会中にリディアードを訪問するとの噂が駆け巡った。七月から八月に交わされた手紙から、この一大事に必要な準備と計画が進められていく様子が読みとれる。当初の手紙では訪問日が不明のまま、ジョアンナが大法官の使用人や子供たちからそうした話を聞いたと報告しているだけに過ぎない。まだ国王夫妻がタンブリッジでの静養を決める前のことで、ジョアンナ自身もその見通しには半信半疑だった。[94] とはいえ、不確定な情報ながら、ジョアンナはその後数週間にわたり大法官閣下の所在と健康状態の情報収集に努めた。七月十七日の手紙では閣下が病気だと記している。それから一週間も経たずに、レディ・クラレンドンから閣下が八月に訪問を予定していると聞いたとハーディマンに伝えた。それによりジョアンナはハーディマンに〝食料の調達についてできることはしておくに越したことはない〟と指示している。[95] 実際に訪問日が決まったのはさらに一カ月近くあとなのだが、準備はただちに始められた。これは賢明な判断だったのだろう。なにしろ最終的に確定された際には〝閣下に同行するわがミドルトン卿のほかに御付きの方々だけでも四十人にのぼる〟と通達されたのだから。ジョアンナがその知らせを受けとって心配したのは、それほど大勢を泊めてもてなすこと以上に、〝ウィルトシャーの多くのほかの場所にも滞在されるのだから、リディアードが先駆けて食料を確保できるのかしら〟ということだった。[96] さいわいにもジョアンナは采配の達人だったので、その指揮のもとリディアードの使用人たちも連携して手際よく準備を進めた。数週間前にはすでに二十から二十四羽の七面鳥を確保し、ちょうどよい具合に太らせておくよう手配した。数日前には、サー・ウォルターがロンドンで選んだワインが届けられる手筈も整った。ジョアンナはハーディマンに、エールを醸造し、緑色のカーテンを掛けて、スミスには邸宅の部屋をすべて磨いて埃を払わせておくよう指示した。エドワード・ハイドは肉が好物らしいというのでベーコンと豚肉料理用に太った豚も手に入れた。生きた雄牛が買われ、ハーディマンは〝ファリンドンの例の場所〟にいる目当ての調達屋のもとへ雉、鷓鴣、鶉(うずら)の調達に派遣された。さらには〝前回、半切れ頂戴したのと同じようなチーズをまた頂戴するか買い取れれば、閣下がいらした折にはさぞ喜んでもらえるでしょう〟ということで、ハーディマンが地元の女性チャーチ夫人との交渉にも当たった。[97]

一六六三年のエドワード・ハイドのリディアードへの訪問は、本章で取り上げたいくつかの重要な主題を浮き彫りにしている。まず、その訪問に伴う準備には、シンジョン家が国王の望むノバリケン探しに奔走したときのように、調達、邸宅の管理、政治的・社会的地位の向上が結びついていたことがあきらかに示されている。リディアードでの食料の生産には、一家の社会的評判作り、宮廷とロンドンの政界での地位を維持し強固なものにしようとするシンジョン家の努力が深く関わり合っていた。一家の〝健康〟を保つために重要な食料作りには、遠くからでも原料、働き手、財務状況を注意深く管理する必要があった。近代初期の邸宅では、〝健康〟という概念がとても幅広かったに違いない。本章でご紹介した数々の小さな事件が様々に絡み合っていたことからもわかるように、シンジョン家の健康は、使用人や必要な働き手の確保、シンジョン家の子供たちを健康的な環境で育てること、水鳥を手に入れたり大法官をもてなしたりして宮廷での権益を守り、さらに固めるといった多方面の事柄により、守られ維持されていた。

二つ目には、詳しく綴られた手紙によって、邸宅の〝健康〟を維持するために欠かせなかった複雑な取り組みが浮かび上がってきた。多くの原料は入手できる時期が限られ、七面鳥やそのほかの家畜を太らせるには時間がかかり、食料や薬を作るには往々にして人手と手間と複雑な手法を要するため、計画を立てることが欠かせなかった。その計画とは、いつ何が必要となるかを予測するだけでなく、調達屋、働き手、食料供給の達人との人脈を構築し維持することでもあった。地元との繋がりを保とうとするジョアンナとハーディマンのたゆみない努力により、大法官ハイドの訪問といった重要な場面で助力を得られたのは疑いようがない。七面鳥を太らせたり、鶉をどこで誰から入手できるかを把握していたりといった準備もまた、ジョアンナとリディアードの使用人たちがごちそうを食卓に並べるのに一役買った。薬にも食料にも生産計画は必要なのだから、当時のレシピ集に薬と料理のレシピが当たり前のように混在しているのも頷ける。そうした併記は、本草薬療法の人体を全体論的に捉える必要性からであったのは間違いないが、近代初期の主婦たちの多面的な役割を反映しているとも言える。[98]

三つ目は、リディアード・パークのような広大な地所の管理には多くの分野の実践知識と実体験が必要だったことが明瞭に示されていた。ジョアンナのように有能で邸宅を巧みに取り仕切っていた人々は、厨房から蒸留室や酪農場や庭園まで、所領の各所に慣れ親しみ、いくつもの領域の知識に精通していた。それでも、家畜の飼育、チューリップの栽培、水薬の蒸留など、特定の分野の技能を備えた専門家たちに助けられていた。いわば家庭での科学の取り組みには、多様な技能の結集と幅広い役割を担う面々が必要だった。時には長々と論議がめぐらされるシンジョン家の手紙からは、邸宅主夫妻側と使用人側のそれぞれ微妙に捉え方の異なる〝協力関係〟が読みとれる。ベスとルドラーの事例は、昔ながらの序列と階層社会を浮き彫りにするとともに、雇用関係は融通が利き、移ろいやすく、つねに育まれ、条件しだいで変化するものだったことも示している。科学の実践者とその人々を支える〝姿なき技術者たち〟の協力関係にも、同じような目配りと気遣いが必要だったのは想像するまでもない。[99]

最後に、知識のレシピ――そうしたとても多くの活動の基軸となる実践法――は、邸宅の〝健康〟を維持するために重要な役割を果たした。ケーキやチーズの作り方、咳や発熱やマラリア熱や不妊についての治療法の最新かつ〝最上〟のレシピをつねに手もとに置くため、ジョアンナはただ日頃からしていることを続けた――準備だ。主婦や上級使用人たちのように、邸宅の女性たちは万一に備えるには信頼できるレシピを蓄えておくのが肝要だと気づいていた。だからこそ最上のチーズの供給者を見つけておくことから、薬や食料のレシピを完璧に揃えておくことまで、つねにすべてにおいて最良の方法を探し、試し、改良しつづけた。

第3章　レシピ収集の手順

一六五〇年の春、第二代コンウェー＝キルター子爵、エドワード・コンウェー（一五九四―一六五五）は公務を退いた。第十代ノーサンバーランド伯爵、アルジャノン・パーシーの招きで、ロンドンの喧騒を逃れ、サセックス、ノーサンバーランドの田舎の所領ペットワースに平穏と静けさを求めたのだ。[1]居を移してからもコンウェーは幅広い人々と書簡により親交を続け、つねに政治と社会の最新情報を入手していた。甥のエドワード・ハーリー大佐もコンウェーから手紙を受けとっていた多くの男女の一人だ。コンウェーは田舎の暮らしに慣れるや、ハーリーに毎週手紙をやりとりしようと提案した。いつもながらの機知とユーモアに富む言いまわしでこう書いている。〝これほど静かな暮らしでは知性に黴（かび）が生えては困るので、目新しい知らせで少々風でも吹かせてくれ[2]〟。それから数年にわたり、コンウェーが一六五三年に国外へ出るまで、伯父と甥は親族の噂話、哲学や神学の論議、書物、林檎酒、蜂蜜酒、薬類、レシピについて手紙をやりとりした。[3]まさしく二人の手紙には薬類、料理、実用のレシピがひっきりなしに登場している。[4]一六五〇年十月二十九日には、コンウェーがハーリーの手紙と〝貴重な文書〟を受けとり、〝料理か保存食か医療か手術〟のレシピの束を期待していたのに〝精神療法〟だけでがっかりしたと言い立てた。[5]数カ月後、〝レシピ通信〟と題した互いのレシピのやりとりに関して、コンウェーは甥に保存食について腕を磨いてきた経験からその成果の食料と情報を送ってくれるはずではなかったのかと、やんわり咎めている。[6]

自家製の食料と手持ちのレシピを提供する以外にも、ハーリーはコンウェーにとって入手しづらいレシピを探しだす情報部員のような役割を担っていた。第1章でコンウェーがハーリーにレディ・ウェストモーランドとの〝信頼〟関係により洗顔料を入手してほしいと求めていたことを紹介した。ほかの手紙でも、甥に地元の専門家から特定の実践知識を引きだす任務を与えている。たとえば一六五一年十月十四日付の手紙でも、コンウェーは朱色の顔料から赤インクをこしらえる方法を学ぶため、ハーリーに〝ニューゲートではないほうのアーバー通りの左側二軒目、パレットという看板の向かいの書店主ミスター・アレン〟を訪ねるよう指示している。[7] コンウェーはすでにブラジル木を使う〝優れた手法〟を知っていたが、またべつの手段の知識も補充しておきたかったのだ。書簡でしきりにやりとりされるレシピの数々はどちらの男性も知識のレシピに強い関心を寄せていたことを明瞭に表している。ふたりの関心は新情報のやりとりだけにとどまらず、製造方法、材料、特定の方式の試験結果について深く考察するところまで及んでいた。

一六五一年の秋には、コンウェーがハーリーとエールの醸造について長きにわたるやりとりを始めている。この意見交換は、レシピ作りと近代初期のイングランドの家庭における科学をなんともつまびらかに映しだしている。レシピ史料群には何百ものレシピ集が現存しているものの、英国の邸宅主たちはレシピ作りに関わる様々な手順の詳細については歯がゆいほどに寡黙だ。どのように使われていたのかといった手掛かりはほとんどないレシピがただ列記されているものが多い。コンウェーとハーリーの書簡は、邸宅主たちがレシピを評価し書き留めるまでに何段階もの手順を踏んでいたことを実証している。この手順の探索、そしてその知識習得への努力による成果が本章と次章の中心的な主題となる。本章ではまず、近代初期の邸宅主たちが有望な実践法を試験するために用いた様々な手順を解説する。

その中心となる一つ目の事例が、ハーリーから伯父に送られた興味深いエール醸造のレシピだ。そのあと、もう一人の同世紀半ばの紳士、サー・ピーター・テンプルが作成した三冊のレシピ帳を詳しく繙く。そして最後に、ほかのレシピ帳の作成者や使用者にも視野を広げる。余白の書き込みを分析することにより、コンウェー、ハーリー、テンプルによる何段階もに及ぶ手順が当時広く用いられていて、邸宅は活気あふれる知識作りの場だったことがおわかりいただけるはずだ。

エール醸造のレシピ

コンウェーとハーリーのエール醸造についてのやりとりは一六五一年六月半ば、コンウェーが甥にレディ・ウェストモーランド、メアリー・フェインとの〝信頼〟関係により洗顔料の二つのレシピを入手するよう頼んだことから始まる。一つは牡牛の胆汁、もう一つは没薬（ミルラ）を使うものだった。三カ月後、ハーリーは伯父の要望に応えたかったのだが、残念ながら良い知らせは伝えられなかった。[8] メアリー・フェインはもともとハーリーから先に教えられていたレシピ以外に、牡牛の胆汁とミルラを使う洗顔料のレシピは知らないと返答してきたのだ。ハーリーは一応その二つのレシピをコンウェーへも記したが、伯父からそれらはそもそも自分のレシピ帳にあったもので、指示書きも一語一句変わらないと返されてしまう。[9] 伯父の落胆を予測していたからなのか、ハーリーはもう一つレシピを書き加えていた――エールの醸造法だ。

ハーリーは伯父と共通の友人であるサー・ジョン・トレイシー（一六一七―八七）を訪ねた折、コンウェーの健勝を願って酒杯を交わした。飲んだのはワインではなく〝極上のエール〟だった。ハーリーはそのエールを堪能し、レシピを求め、コンウェーに伝えたのだ。その造り方は、一ホグズヘッドの大樽につき八ブッシェルの麦芽を用いるもので、三時間沸騰させた熱湯を麦芽に注ぎ、さらに〝濃度〟が増すまで煮詰めつづける。それを冷ましてから攪拌（かくはん）し、酵母を加え、そのまま一カ月おく。簡単そうなレシピだが、伯父と甥の手紙で長らくやりとりされることとなった。

当初からコンウェーはトレイシーのエールのレシピに疑問を抱き、ハーリーに二点、確認を求めている。使用する麦芽の量と、水だけで三時間も沸騰させる奇妙な手順についてだ。コンウェーからすれば、その手順で〝水質〟が良くなるとも悪くなるとも思えず、試作する前にさらなる納得のいく説明を求めた。エールのレシピについては留保しつつも、コンウェーは甥に返礼として試作予定の新たに改良した蜂蜜酒のレシピを贈っている。そしてハーリーからの返答がサセックスに届くのを待つあいだ、エールのレシピについてみずからも調べ、専門家――ペットワースの醸造者――を探しだし、さらなる助言を求めた。醸造者は水のみを沸騰させても無益であるのは認めたうえで、甥御さんは水と麦芽を合わせたもの、つまり麦汁を三時間煮ると伝えたかったのではないかと丁重に伝えた。それが当時の田園地域の邸宅ではごく一般的な醸造法だった。コンウェーはさっそくまたハーリーに手紙を書き、さらなる問い合わせをしてほしいと求めた。[10] これを契機に、二人のやりとりは醸造の実務から自然哲学論議へと移っていく。二人の討論の的となったのが、水の質と量に関する当時の理論だ。

一六五一年十月二十一日付でコンウェーから出された手紙では、先にハーリーが名は明かしていないがロンドンの医師たち数人から話を聞き、水を沸騰させる発想はもともとそれにより〝最上質〟の水を生みだせると考えられているからではとの説を記していたことが示唆されている。コンウェーとハーリーの手紙のやりとりは何をもって〝最上〟の水とするのか、それはどうすれば入手できるのかが主題となった。伯父と甥の見解は分かれた。ハーリーは医師たちが最上の水を最も軽いものと表現したのに対して、実際の水の重量のことだろうと受けとった。いっぽうコンウェーは医師たちの言う軽いとは最も消化されやすいものと捉えた。コンウェー曰く、医師たちは元来〝水を重量では評価できないものと考えている〟のではないかというのだ。さらに甥を納得させるため、図書室の『ヒポクラテスの格言（Hippocrates Aphorisms）』のヨハネス・ブティナス版（一六二五）や、ルイ・デュ・ガルディンの『備える医学（Institutiones Medicinae）』（一六三四）などの文献からその根拠となる一節を引用した。

手紙のやりとりが進むにつれ、ハーリーの主張に不利な証拠が増えていったが、それでもコンウェーはなお甥の判断と経験を信頼していた。二カ月の論議の末、ハーリーがついに伯父の見解に同意し、〝長く煮詰めすぎれば水の透明性も繊細さも失われ、最も粗野で悪質な粗いものだけが残ってしまう〟と認めた。こうしてハーリーも伯父と同じく水の〝沸騰は控えめに〟してエール造りを試みることにした。[11] ところが、コンウェーにとってはそれで決着とはいかず、さらに甥を急き立てた。エールのレシピについての最後の手紙ではこう書いている。

> 送ってくれたレシピでうまくできてすばらしい成果が得られたらぜひ教えてほしい。さらにまた工夫できることがあるとすれば、自然物において経験以上に信じられるものはない。ただし、こちらの醸造者によれば水を長く煮詰めても良くも悪くもならないが、麦汁を沸騰させなければ間違いなくエールは台無しになるというので、そのような方式は誰にも勧められまい。ともかく貴方の試みがうまくいけば、わたしも試してみると請け合おう。[12]

これがコンウェーとハーリーの書簡でエールのレシピに言及された最後のものとなった。伯父と甥は毎週の手紙のやりとりをさらに数年続けたが、そのほかの話題に移った。コンウェーは一六五五年に国外を旅行中に逝去し、膨大な蔵書と話題豊富な手紙の数々を遺した。[13] ハーリーはそれから五十年近く生き、政界で活躍し、一七〇〇年に田舎の地所ブランプトン・ブライアンでこの世を去った。エール造りで水を沸騰させつづける不可思議な手順についてはどうなったのか？ 邸宅のレシピ帳の調査では、そっくりそのまま人気の家庭のレシピとして加えられている形跡はなかった。

二人の論議は本章だけでは収まりきれないくらいややこしいのだが、大事なのはコンウェーとハーリーのエール造りのやりとりが単なる情報交換に終わらず、深く考察するに値する自然探究として見なされている点だ。上等なエール一杯を醸造できないというだけでなく、水の性質や加熱作用についての理論を問題としている。コンウェーとハーリーの論議は自然界へのあらゆる疑問に及んでいる。[14] 何をもって〝上質〟な水とするのかという問いかけ――とりわけコンウェーの消化しやすいものなのではないかとの見方は、多様な飲料水の効能を主張していた当時の食事療法書の執筆者たちによる論議に通じる。そうした論戦はのちの沸騰水とビールの醸造についての論議にもまた見てとれる。数十年後、二人の著者、独学者で初期菜食主義者のトマス・トライオンと錬金術師のウィリアム・ワイワースはどちらも醸造の際の沸騰水の問題に着目していた。[15] 二者の主張は異なっていたが、水質の沸騰作用が議論の鍵となる要素だった。トライオンとワイワースは沸騰が気体（ワイワース）と酒精（トライオン）を蒸発させ、水を〝自由で静かな……そして……より強力な〟（ワイワース）あるいはより〝粗い、固まった（トライオン）〟ものにすると主張した。[16] 沸騰により〝透明性も繊細さも失われ〟るというハーリーの考えはトライオンの見解にきわめて近しい。

　コンウェーとハーリーの書簡のように論議を深めた事例が現存して保管されているのはまれだが、近代初期の男女にとってレシピは日々の会話と、自然や原料や製法への探索を広げてくれるものであったのは容易に窺える。コンウェーが醸造者に尋ね、自身の蔵書で調べていたように、レシピ作りでは書物での学習や醸造所での実践によっても意見が交わされ、効果が見込まれる特定の実践法は邸宅の共同作業で検討された。コンウェーとハーリーの長きにわたる考察はさらに、レシピや邸宅に取り入れられた実践法が、試作、評価、記録整理の一連の作業を経たものであったことを示している。次はその複雑な工程を見ていこう。

レシピの紙上評価とその先へ

レシピが絶えず望まれていたコンウェーとハーリーの書簡が示唆しているように、レシピ作りの最初の手順はご想像どおり、情報収集だった。この手順には社交活動が深く関わっていた。第1章のパルマー家とベネット家の事例で、熱心なレシピの収集者にとって実践知識のやりとりは社交の機会がなければ叶わなかったことを学んだ。邸宅主たちはエールを飲みながら、そしてくつろいだ夕食の席で健康や家事について語り合った。レシピの伝達ややりとりは情報を集める親族や友人知人の人脈によって成り立っていた。前章で食料や薬類が贈り物に用いられていたように、レシピも近代初期のイングランドの複雑な贈与経済において、つねにささやかに親愛の情と敬意を伝える〝ちょっとした贈り物〟の役目を担った。加えて、シンジョン家の事例から読みとれるように、実践知識の収集は長期的な食料の調達と管理に欠かせないものだった。そうした仕組みのなかでコンウェーはサー・ジョン・トレイシーのエールのレシピを手にしたわけだ。そのレシピはまずコンウェーの健勝を願う乾杯をきっかけに、本書の登場人物たちの知るところとなった。[17] トレイシーがハーリーを通じてコンウェーにエールの醸造法を伝えたのは、ほぼ間違いなく友情の表現によるもので、〝ちょっとした贈り物〟とすら考えていたかもしれない。論議の種になろうとは予想だにしていなかっただろう。つまるところ、トレイシーにとってそれは〝試作して試験した〟貴重な実践法だった。そのレシピは機密情報も同然で、ハーリーと堪能した特別なエールをこしらえるためにトレイシーやお抱えの醸造者が用いた方式が文字で記録されていたのだ。

かたやハーリーとコンウェーにとってそのレシピは実践知識としてはまだ少し異なる位置づけのものだった。レシピ情報の入手はレシピ作りの第一段階に過ぎない。次の手順は紙上での評価だ。というわけで、当のレシピの長所と短所が詳しく論議された。二人の書簡から、この〝紙上試験〟にあたり、いくつかの情報源を頼りに実践法を検証し評価していた様子がわかる。紙上で疑問を考察しつつ、それぞれロンドンとペットワースの専門家に問い合わせている。ハーリーは名の記されていないロンドンの医師たちと話しつづけていたし、コンウェーも自宅の蔵書で学識ある著者たちの見解を探り、地元の専門家に問い合わせてもいた。

記録を見るかぎり、コンウェーはこのレシピを実行に移してはいない。様々な手順について醸造者に尋ね、ハーリーに説明を求め、その間違いを立証するため大量の蔵書を読み漁ったにもかかわらず、結局はこう約束するのみにとどめた。〝ともかく貴方の試みがうまくいけば、わたしも試してみると請け合おう〟[18]。コンウェーにはエールのレシピは紙上のもののままだった。といってもレシピの実践を億劫がっていたのではない。このあと詳しくご覧に入れるが、コンウェーが薬類や飲料のレシピに果敢に挑み、試し、作っていた記録がある。それでもエールのレシピは、少なくともコンウェーにとっては労力や原料を費やして試すにはまだ考察や〝試験〟が必要な一案に過ぎなかった。

行間から汲みとるなら、ハーリーは水を沸騰させる手順について論議を重ねているわりに、そのレシピについてみずからもいくぶん確信がないままのように感じられる。コンウェーは手紙で繰り返しハーリーのエール造りの経験が自分の大きな判断基準になると伝えている。最後の手紙では、ハーリーがレシピを試している段階ではあるものの、なお満足のいく結果に至らず、伯父にその製造方法は妥当だとだけ報告している。よもやハーリーはそのレシピを興味深い案件程度にしか考えていなかったのか、製造手法にまだてこずっていたのかもしれない。確かなのは、ハーリーにとってそのレシピは実践できる記録文書ではなかったということだ。

三人の登場人物、トレイシー、ハーリー、コンウェーにとって、エールのレシピはそれぞれの認識により位置づけが異なり、評価中、試験中、実践できるものの三段階に分かれていた。コンウェーの知識習得の工程では、すでにトレイシーによって試験され試作された実践知識の記録がなお試さなければいけない指示書きでもあった。個人の認識によってレシピに与えられる位置づけは移ろいやすく、そもそも定まりにくい性質のものだった。そのレシピを試みる人に伝達される際に変化するだけでなく、ある人のもとで頻繁に見直されもした。一六五一年十月と十一月には、エールのレシピはコンウェーにとって引き続き吟味が必要な理論の一案に過ぎなかったかもしれない。けれども、ハーリーが〝うまくいった〟と断言できる成果を生みだしていれば、コンウェーの目にもきっと紙上の単なる提案から、いつかみずからエールを醸造するときのための記録になるやもしれない、試す価値のあるものに変化していたに違いない。

邸宅主から邸宅主へ伝達されるにつれ、レシピの位置づけが認識者により信頼できる実践方式から紙上の一案へと変化したことには重大な意義が含まれていた。まず、評価、試験、試作は、レシピ作りとその記録において中心的な役割を担った。当のエールのレシピが見送られたのなら、紙上で、あるいは蒸留室で、多くのレシピを試してみる必要があると邸宅主に判断されたということだ。さらに、その仕組みのなかでは特定の指示書きについての既存の評価はつねに検討されつづけた。[19] エールのレシピについてサー・ジョン・トレイシーは秘蔵の知識を伝えたつもりだったに違いない。コンウェーが同じように感じていたかは疑わしいが。

レシピ作りの試験

コンウェーはエールのレシピについて試すのは浪費と見て渋ったいっぽうで、じつに多くのほかのレシピを試験していた。仮に情報収集と紙上でのレシピの見極めを邸宅で知識を生みだす手順の第一、二段階と位置づけるなら、実地の試作と試験はおのずと第三段階となる。現に自身による観察、そして試作と試験はどちらも、家庭のレシピとしての価値と効能を見極めるコンウェー方式のなかで肝要な部分を占めていた。レシピや実用の知識は探し求められ、収集され、紙上で評価されたとしても、さらにほんとうに役立つものなのかどうかを確かめるには〝試作してみる〟よりほかになかった。

レシピを見定めるこの第三段階についてとてもよく表れているのが、すでに触れた蜂蜜酒の事例だ。コンウェーはハーリーにくだんのレシピを送った際、指示書きどおりにやればうまくいくと請け合い、しかもなにより重要なのはコンウェー自身も試す予定だと付け加えていた。コンウェーはペットワースに来てほどなく、招待主から提供された物だけでは不足だったのか、かまどと蒸留器を取り寄せている。甥に退屈を嘆いていたのだから、レシピを試す余暇はあったのだろう。[20] とすればハーリーに蜂蜜酒のレシピを試す予定だと書いたときには、本心からペットワースの使用人たちとともに新たに入手した指示書きどおりにこしらえてみるつもりだったに違いない。[21] けれども、この第三段階では、レシピの位置づけはなおあいまいだ。まだ価値が立証されているわけではないので、コンウェーの実用の知識の宝庫に加えられてはいない。それでも、コンウェーのレシピ交流者たちによれば試験する価値はあるものということになる。

コンウェーの手順には、自身による試作と試験の段階にも数種の形式が見受けられる。薬類のレシピでは、試作と試験に人体への効果について直接、または間接的な観察の過程が含まれていた。たとえば、石灰水のレシピについてコンウェーはペットワースで〝絶大な効果〟をもたらしたとハーリーに嬉々として報告している。そうした観察結果に気をよくしたコンウェーはその薬の効果をみずから試してみようと考えた。さらに、特定の薬の効能を確かめるため知人の経験や観察も頼りにした。そのことが最もよく表れているのが、〝メロン畑の男〟ことウェストンと、赤痢の秘密のレシピについての逸話だ。一六五一年十月、ハーリーが同じ病に悩まされているのをコンウェーは知り、心配してグランサム大佐なる人物から数年前に入手していた薬を提供した。もともとグランサムが教えるのを渋っていたこともあり〝秘薬〟と見られていたのだが、コンウェーが多大な労力を注いでようやくショウガの粉末だったと突き止めた。というわけで、ハーリーにも症状がやわらぐよう願ってそのレシピを伝えた。ただしその見返りに、甥にまたも任務を与えた――秘薬とされていたショウガの粉末に関わる頼みだった。それより少し前に、コンウェーはウェストンにも当の薬を提供していて、その効果をどうしても詳しく知りたかったのだ。ウェストンにもたらした作用をなんとしても学ぼうとしたコンウェーの姿勢は、レシピを評価する際に個人の経験に重きを置いていたことを示している。ウェストンが提供された薬を試した結果を事細かに説明するのは、コンウェーの厚意に報いる唯一の手段でもあった。そのように経験から得た知識をコンウェーが欲したのは、近代初期の医療と科学のより広い動向のなかの行為と見ることができる。つまり経験主義が急速に地位を得て、知識に関する主張を裏づける手法としてますます用いられるようになっていた。[22]

コンウェーはその秘薬の成分を甥には快く伝えたが、ウェストンは同じ情報を得られなかった。コンウェーがその薬の秘密は明かさぬよう甥にきつく口止めして手紙を締めくくっていたので、ウェストンは下痢の薬だというだけで正確な成分は知らずに服用していた。ウェストンとハーリーはどちらもその薬の受領者でありながら、コンウェーのレシピ情報網のなかでの位置づけはまったく異なっていた。ウェストンはコンウェーにとって近しいレシピ交流者たちの輪には受け入れられなかった。この事例では、いくつもの要素がハーリーへの信頼を高めていたことが読みとれる。そもそも親類関係ではあるにしても、コンウェーのハーリーへの手紙には教育者ぶった言いまわしが目につく——年嵩の経験豊富な伯父が様々なことについて教えを説いているかのような。いわばコンウェーはハーリーを鍛錬させているつもりだったのかもしれない。さらにハーリーはその社会的地位にも後押しされて、メロン栽培者よりも見晴らしのよい立場に遇されたのだろう。[23]とはいうものの、ハーリーの経験と観察もある程度までしかあてにされていなかった。エールの醸造法の一件からもわかるように、コンウェーはレシピをみずからいちいち確かめずにはいられなかったのだから。

コンウェーとハーリーの仔細な手紙には知識のレシピの不安定さがよく示されている。一つのレシピの新たな知識としての位置づけは、ある作り手からべつの作り手へ、ある邸宅からべつの邸宅へ伝達されるごとに移り変わった。書き留められたレシピは、入手した知識の試作、試験、文章化、編集といった工程により織り成された記録だ。[24] コンウェーとハーリーのレシピの詰まった書簡もまた、情報収集、有望なレシピの試験、個人の実用知識の貯蔵庫への収納といった知識作りの何段階もの手順を描きだしている。第1章と第2章の事例が近代初期のレシピ収集の幅広さとその領域を表していたとするならば、コンウェーとハーリーの物語はその広範な網に掛かったレシピが幾重もの試験を経ていたことに気づかせてくれる。

これほど綿密に記述されているのはまれであるとはいえ、コンウェーとハーリーのエールの醸造物語を特殊な例として片づけてしまうわけにはいかない。近代初期にはさらに幅広く、活発に新たな知識作りに挑んでいた邸宅もあった。

サー・ピーター・テンプルの三冊の筆記帳

近年、要約筆記と殊に筆記帳が、詳しく調査される対象となっている。学術的な読み書きを専門に研究する学者たちは、筆記帳や綴じられていない筆記用紙などの〝紙による技術〟の情報管理戦略における肝要な役割を解き明かし、紙への筆記を認識活動の一つと位置づけている。[25] 情報を揃えて分類し整理して紙に記録するには、その知識の序列を明確にしておかなければならない。学術分野での筆記術の研究とはまたべつに、科学の歴史家たちも〝科学の過程〟を繙く手段として研究ノートの記述を分析、論述している。化学者の実験ノートの研究は学者たちに〝調査研究の道筋〟をたどらせてくれる。[26]レシピ帳も紙を活用した〝実験〟記録と捉え、同じ分析手法を邸宅のレシピ作りの検証にも用いて、邸宅主たちの〝調査研究の道筋〟を再現してみよう。そうすることにより、男女のべつなく邸宅主たちが作成した無数の筆記帳も、昨今着目されている情報管理と記録筆記の研究史料として、新たな領域から知識作りにどのように紙の技法(ツール)が役立てられたのかを探る。ここでおもに取り上げるのはバッキンガムシャー、スタントンブリーのサー・ピーター・テンプルが三冊のレシピ帳を作成した事例だ。[27]

テンプルの筆記帳はどれも医療と料理のレシピで埋められているが、形状、体裁、構成は様々で、邸宅のレシピ作りのなかでの用途も異なっていた。[28]一冊はフォリオ（二つ折り）判の筆記帳で標題紙に〝親愛なる娘エリノアへ〟と明記され、娘（手稿ストウ文書一〇七七）のためにテンプルが編纂した贈呈帳であるのがわかる。エリノアへの贈呈帳は見るからに始めから綿密に計画して作成されたものだ。どの頁も同じように線が引かれて頁番号が振られ、大部分はピーター・テンプル自身により書かれている。医療、料理、獣医学、家事情報がそれぞれ区分けされ、きちんと整理されている。なかでも医療の知識は症状ごとにアルファベット順に記述され、多くのレシピ集と同様に、各項の最後に新たな情報を書き入れられるよう空白の頁が設けられていた。テンプルは家庭の実用の知識を分野別にそれぞれ目次を付けて構成していて、医療の知識は家庭の一般知識とはまったく切り離して分類していたことがわかる。[29]目次のあとには〝この筆記帳を使う際の注意点〟が列記され、レシピ提供者名の表記法やおもな材料の略語など、筆記帳を使用して実践するにあたり必要となる予備知識を付記している。[30]

ほかの二冊のレシピ帳は一冊がやはりフォリオ判(手稿ストウ文書一〇七八)、もう一冊は小さく持ち運びしやすい十二折り判の筆記帳(手稿ストウ文書一〇七九)で、エリノアへ贈られた一冊とともに大英図書館に所蔵されている。エリノアへ贈られたものとは対照的に、ほかの二冊はあまり計画的に作成されたようには見えない。料理、医療、保存食のレシピが分類されずに、ピーター・テンプルをはじめ様々な人の手で併記されている。入手されるごとに記されていたのはあきらかだ。三冊の筆記帳には重複しているレシピが数多くある。いずれにもテンプル家、ティレル家、オールストン家のレシピが多く、ジャーヴェイス・マーカムの『イギリスの主婦(The English Hus-wife)』から抜粋したレシピも散見される。[31] 手稿ストウ文書一〇七八と手稿ストウ文書一〇七九はどちらも使い古され、そこに記されたレシピが繰り返し読まれ、実践された形跡が見てとれる。たとえば、綴じられていない一葉の紙に書かれたウィンストン医師の発熱の治療法は手稿ストウ文書一〇七八に差し挟まれ、上部と左片隅に書かれて〝収録〟されている(図3-1)。[32] このレシピは手直しされてエリノアへ贈られたレシピ帳にも書かれている。

ウィンストン医師のレシピ以外にも、三冊すべて、もしくは二冊に書かれているレシピが複数ある。そうしたレシピの多くにテンプルの推奨文が付記されていて、自身の経験と観察をそのまま記録したものであるのがわかる。娘へ贈った筆記帳に含まれるレディ・ヘスター・オールストンの〝瘻の水薬〟にも、テンプルはこう賞賛している。〝これはきわめてすばらしい保証された薬で、ほかの薬が

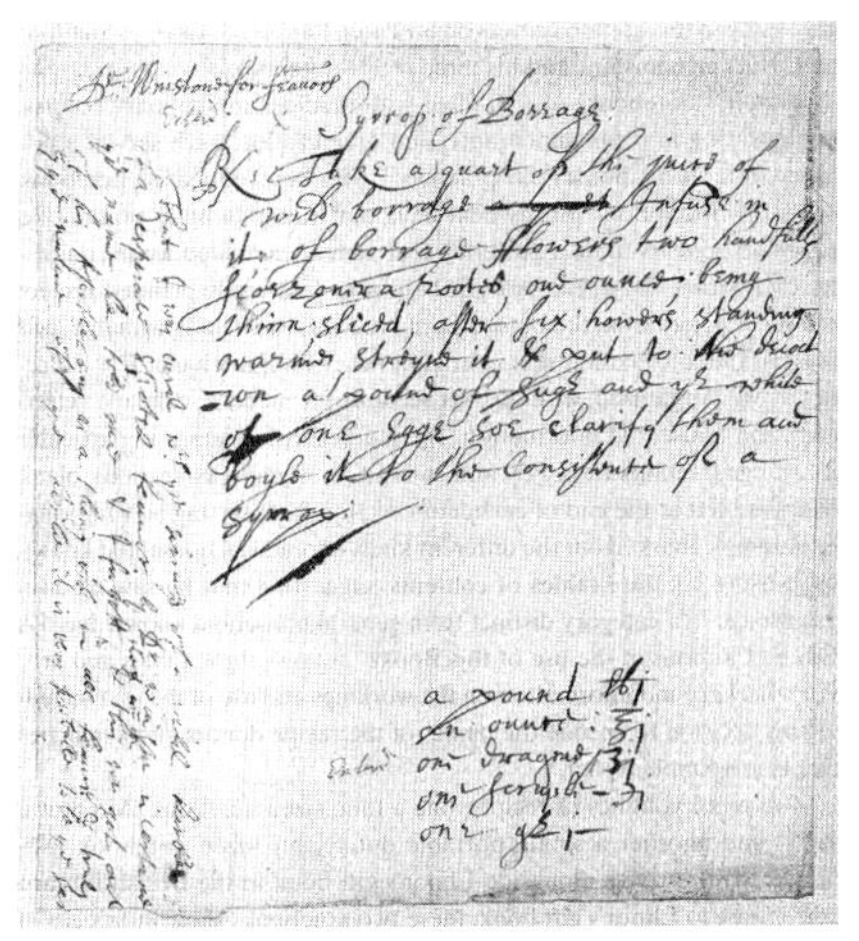

Syrrop of Borrage

R: Take a quart of the juice of wild borrage & infuse in it of borrage flowers two handfulls, scorzonera rootes one ounce being thinn sliced, after six howers standing warme strayne it & put to the decoction a pound of sugar and ye white of one egge for clarify them and boyle it to the consistence of a syrrup

図3-1　大英図書館、手稿ストウ文書1078に挟まれた紙

効かない場合でも効き目が得られる〟[33]。

　わずかな違いはあるものの三冊すべてに登場するレシピも多数あり、テンプルが三冊それぞれの用途に応じてレシピを一冊からまたべつの一冊へ書き換えていたことを示唆している。重複しているレシピを調べると、三冊に含まれる知識のレシピが複雑に関わり合っているのがわかる。エリノアへの贈呈帳はさておき、ほかの二冊、手稿ストウ文書一〇七八と手稿ストウ文書一〇七九はそれぞれまったく異なる用途で使われていた。フォリオ判の手稿ストウ文書一〇七八には複数の手により料理と医療のレシピが書かれている。おそらくは試作と試験を必要とするレシピを集めた中継所として使われたのだろう[34]。十二折り判の手稿ストウ文書一〇七九は、レシピがぎっしり書き込まれ、効能や位置づけの定かでないレシピをいつどこで入手したのかが記されていて、テンプルの携帯帳であったものと推察される。手稿ストウ文書一〇七八と一〇七九は、〝下書き〟や

〝日誌〟として知人や書物から得た試験待ちのレシピが書き留められていたのだろう。[35] 試験を通過したものが出ると、贈呈帳へ書き換えられた。多くのレシピが持ち運びしやすい携帯帳（手稿ストウ文書一〇七九）から中継帳（手稿ストウ文書一〇七八）へ書き換えられているいっぽう、より厳選されたものだけがエリノアへの贈呈帳に丁寧に書き写されていることからも、三冊の筆記帳の位置づけは明確に違うことがわかる。すべてのレシピが三冊の筆記帳のなかで同じ道筋をたどっているわけではない。きちんと書き留めるまでには至らなかったものもある。手稿ストウ文書一〇七八に収められたレディ・イライザ・ティレルの目の充血を緩和するレシピには、テンプルが〝満足な結果は得られなかった〟と付記している。[36] 当然ながら、このレシピは贈呈帳には見つからない。そもそもテンプルの妻方のおばと見られるイライザ・ティレルは下書き帳に数多くのレシピを寄せているのだが、エリノアへの贈呈帳に書き換えられているのはそのうち一つだけだ。[37] レディ・オールストンの瘻の水薬のように三冊に重複しているレシピはさほど直しが見られない。さらにレディ・ティレルの目薬のように試験と使用によって追記と修正が重ねられた例については次章で解説する。

紙上であれ実際に人体に使ったのであれ、テンプルはつねにレシピの試験結果をもとに一冊の筆記帳からべつの筆記帳へ書き換えていた。そのレシピ作りへの取り組みには飽くなき好奇心が表れている。三冊の筆記帳すべてに当時汎用されたラテン語の quaere（疑義あり）の表記付きでちょっとしたメモが加えられている。[38] テンプルの疑問点を詳しく見ていくと、コンウェーとまさしく同じように、試験に労力と費用を注ぐ前に紙上でそのレシピの潜在的な価値を検討していたことがわかる。たとえば、けいれん発作への対処法のレシピには、〝薬局方注解〟の治療法とどれほどの違いがあるのかを確かめねばならないとメモしている。[39] 携帯帳では、〝カルペパー薬局方注解〟——ニコラス・カルペパーによる『ロンドン薬局方解説（The Pharmacopoeia Londinensis）』の訳本——に言及していて、その書物がテンプルの図書室にあることが示唆されている。[40] つまり、テンプルは収集したレシピと権威ある書物を照らし合わせていたわけだ。また体内の潰瘍の治療法では最後に〝適切なのか病気の性質についてさらに調べる〟と書いている。[41] テンプルは万能薬志向が強かったことから考えて、この薬も複数の症状に効くのではないかと調べていたのは想像に難くない。[42] テンプルがレシピの提供者に当の薬の作用や効能についてあらためて問い合わせていた例が二つある。〝サー・ウォルター・ローリーの錠剤〟のラヴレース大佐版レシピの最後にテンプルは〝この錠剤の用途が明記されていないが、下剤と見られる。さらに調べる〟と記している。[43] また、著名な占星術医師のリチャード・ネイピアの甥から入手した強壮水の作り方には〝効能をさらに調べる〟と付け加えている。[44] ほかにもさらなる情報をただ求めている例もいくつかある。〝ハンブルクで最上とされる香膏〟にもおもな指示書きの下に〝さらに調べる〟と書いている。[45] コンウェーと同様に、テンプルも効能や用途が定かでないあいだはレシピの試作に労力も費用もかけたくなかったようだ。

いっぽうで次段階の試作と試験へ進めたレシピも数多い。エリノアへの贈呈帳のなかでも、テンプルは未来の読者に経験と試験によって実証された治療法であることをしきりに強調している。厳選された少数のレシピには〝幾度も良好な成果を得られた〟〝わたしが使用したところ〟〝経験によれば〟といった推奨文句が付記されている。[46] テンプルのように治療薬の評価に実体験を重視するのは当時広く見られたことだった。十六世紀のドイツ宮廷のレシピ集を研究するアリーシャ・ランキンも、ドイツの王女や廷臣たちもまた多くの治療薬についてみずから効果を目の当たりにし、あるいは試すことにより直接の関わりを示して保証していたと解説している。経験による知識の裏づけは、学識ある医師、職人、あらゆる種類の医療施術者を含め、〝大多数の人々にとって医学的な信頼性についての重要な情報源〟だったのだという。[47]

テンプルは贈呈帳でレシピを試作し試験したことを強調するため〝実証、実験済み処方の特別目次〟と題して、わざわざべつの目次を設け、[48]試験した三十四の処方をアルファベット順に列記している。全頁を通して、そうしたレシピには余白にP．E．と印を付していた。このP．E．とはprobatum est、つまり証明済みの略と見られ、中世から近代初期にかけてのレシピ集で効能を示す表記として汎用されていた。[49]P．E．を付したレシピの数は特別目次に列記された数を上まわり、テンプルのように几帳面な編纂者でもつねに完璧に管理できていたわけではなかったことが窺える。

治療薬をみずから用いた経験とレシピの提供者の経験をもとに、テンプルは特定のレシピにP．E．を付して目次も作成していた。ウィンストン医師による〝発疹その他の発熱〟の治療法はテンプル自身の病の経過とともに記録されている。斑点熱に苦しんだ折にはウィンストン医師に処方してもらった〝野草（どこの牧草地にも生えているような）のシロップ〟で快復した。テンプルはウィンストン医師から親切に教えられた薬草の名称を忘れてしまい、ウィンストンのもとで働く薬剤師にあらためて尋ね、医師がそうした疾患に処方している一般的な薬草をすべて聞きだした。さらに実際に試して、薬剤師が〝正しい〟薬草名を教えてくれたことをテンプルはほぼ確信した。たいして費用のかからない薬であるのがことのほか嬉しかったらしく、エリノアへの贈呈帳にこう記している。〝なにより驚かされたのは治療代がぜんぶで二十四ペンスにも満たなかったことだ[50]〟。薬効は認めながらも、テンプルがべつの薬類を好んだ特異な例もあった。たとえば、〝風邪用トローチ〟のレシピの下にはP. E. と付しながら、〝往々にしてよく効くのだが、わたしには前の薬のほうが望ましい[51]〟と書いている。

エリノアへの贈呈帳にそうした私的な記述を付したレシピが多く見られるのも、テンプルがみずからレシピを試験していた確かな証拠だろう。そのなかには〝わたし自身の〟と表記された腰痛の治療法もあり、テンプルはこう書き添えている。〝(わたしの知るかぎり)これだけでもあらゆる症状に格別な効果を得られる。そしてその効果と恩恵を七年以上も強く感じている[52]〟。ほかにもKの項の〝腎臓〟のところに収められているものの〝万能軟膏と呼ばれる、あらゆる悩みと病気に総じて効く薬〟と記されたレシピにも、テンプル自身の経験がはっきりと書かれている[53]。多くのレシピと同様に、これもテンプルの三冊の筆記帳すべてに記録され、書き換えの際のわずかな加筆が見てとれる。贈呈帳でのみ加筆されている例としては、調合して丸めるときには張りつかないよう手に油を塗るよう助言している。携帯帳と贈呈帳の両方に加筆が見られるレシピもある。携帯帳では加筆のみにさらに濃いインクが使われているが、贈呈帳には本文に組み入れられて同じインクで書き換えられている。次のように推奨している。

> わたしの知るかぎり、サー・エドワード・ティレルはこれを上記の疾患の万能薬として使用しており(そして彼の誠実なる友人は痛風に悩まされるたび使っていて、一度塗れば治まるとの

こと）、わたしも家族に（人と動物のどちらにも）ことあるたび、この香膏を塗っている。いままでのところ、その効能はゆるぎなく、退ける理由はない。P．T．[54]

長文の追記はテンプルが使用し試験して実証したレシピを贈呈帳に整理して記載していたことを裏づけるとともに、治療薬についてみずから使用し考察した結果に重きを置いていたことを如実に表している。この事例では特にテンプルが薬を分配し、その効果を確かめもしたことを追記で示しつつ、さらに調合したものを扱う際には手に油を塗るようにとの助言により、みずからもそれをこしらえて実践したことをほのめかしている。

自身の実践と試験を評価のおもな拠りどころとしながらも、テンプルもまたコンウェーと同じようにほかの人々のお墨付きを頼りにしていた。サー・ケネルム・ディグビーの分娩を促すレシピでは、当然ながらテンプル自身が試せるはずもなく、その効果を示すために逸話を披露している。〝記憶に間違いがなければ、レディ・ディグビーが差し迫った際にこれのおかげで速やかに成し遂げられたと、わが妻に贈ってくれた〟[55]。ほかにもレシピの提供者の成功談を引いている例に、ヒントン夫人お勧めの〝激烈な痛風〟の薬がある。テンプルはこう記している。〝夫人が痛風にひどく悩まされていたご主人に何度か試したところ夜間にさほどの苦もなく朝目覚められるようになり、いまでは以前のようなひどい症状はないという〟[56]。レシピの提供者の経験を効果の裏づけとしてテンプルが記しているレシピはまだある。たとえば、レディ・フォースターから提供された顔用の上等な香油（ポマード）のレシピにはこう書かれている。〝わが友人のあるご婦人が試したところ肌が黄色くならなかったのはこれが初めてで、高価なだけの価値はあるとのこと〟[57]。ミスター・クラークから入手した〝肺結核〟の治療薬については〝著者がみずから実践して述べていたように、ほかの治療薬がどれも効かなかった場合にも有効である〟と推奨している[58]。

コンウェーとハーリーの書簡のように、ピーター・テンプルの三冊のレシピ帳も多くの邸宅主たちが何段階もの手順を経て健康知識の宝庫を作り上げていた事実を示している。コンウェーの手紙にはレシピの評価手順が描きだされていたが、テンプルの三冊の筆記帳からもその工程の手掛かりが読みとれる。

三冊のレシピ帳を照らし合わせて調べると、知識のレシピ作りにはある程度の柔軟性と流動性が見てとれる。多くのレシピが一冊からべつの一冊へ書き換えられ、テンプルが試し、評価して、必要に応じて修正するたび変化しているのがわかる。しかも三冊に重複するレシピに必ずしも一貫性があるわけでもない。三冊すべてに書かれたレシピも多くあるいっぽうで、レディ・フォースターの香油のように携帯帳と贈呈帳の二冊にしかないものや、さらに目薬をはじめとするレディ・イライザ・ティレルからの多くの治療法のように、中継帳と贈呈帳にのみ書かれているものもある[59]。まれに贈呈帳にも疑問点が未解決のレシピが書き写されている。その一例がイライザ・ティレルの〝下唇のただれ〟の治療法だ。携帯帳に最初に書かれたときには使用する薬草やそのほかの材料の分量が明記されていない。テンプルは中継帳でこの問題点を特記していたが、同じレシピが新たな情報を追加されないまま贈呈帳にも書き写されている[60]。それだけレシピ帳の編纂はやっかいな作業だったということだ。

三冊の厳密な使い方については時系列にしろ知識の種別にしろ、テンプル本人以外にはわかりようがないが、評価の段階ごとに書き分けられていたのは間違いない。知識生成の手順を踏むごとに書き換えられ、三冊は一家のレシピの収集戦略において、それぞれ異なる役割を担っていた。三冊を合わせて検証すると、あらゆるレシピ提供者から情報を集めているものの、そこから厳選されたものだけが使われているのがよくわかる。携帯帳、中継帳、清書版（贈呈帳）のテンプルの使用法は、選び抜かれたものだけが一家の日常生活に取り入れられた過程を浮き彫りにしている。この知識作りの仕組みのなかで、物として存在する筆記帳は複数の用途に役立てられた。清書版である贈呈帳はテンプル自身が実践し試験した医療知識の宝庫だ。携帯帳と中継帳は、家宝に昇格させるにはまだ試験して評価しなければならない、半端な段階のいわば中間地点にある情報の保管庫のような役割を担っていた。

テンプルがそれらの筆記帳をレシピの実践知識としての位置づけや評価別に使い分けていたことは、要約筆記、情報管理、知識生成といった、学習と日常的な活動の連続性を物語っている。そのすべてが邸宅内で行なわれていたとすれば、家庭や個人のほかの文書とも併せて考察しないわけにはいかないだろう。最近の研究では、近代初期の日常の記録も、帳簿にしろ、暦書や雑記帳の余白や予備紙にしろ、書き直しや書き換えが多くなされていたことが論述されている。[61] テンプルの三冊のレシピ帳やそのほかの邸宅の筆記帳は、邸宅主たちがほぼ同じようにレシピを書き留めていて、近代初期の家庭では様々な書き物と知識習得のための活動が密接に結びついていたことを教えてくれる。日常の記録と家族史とレシピの繋がりといった主題については、また第6章で取り上げる。

仮想の下書き帳と清書帳

テンプルのレシピ帳のように雑記版と清書版が現存している例はまれだが、邸宅主たちが複数のレシピ帳を同時に使うのはめずらしいことではなかった。ジョアンナ・シンジョンとフランシス・キャッチメイのように、料理と医療知識をべつの筆記帳に分けていた人々もいた。[62] アーチデール・パルマーも複数の筆記帳を活用していた。馬具その他の道具類の掃除については〝べつのレシピ帳の一四七頁参照〟と注記している。[63] それらは邸宅主たちが医療、料理、獣医学でそれぞれ筆記帳をべつにしていた例だ。レシピ史料群を見渡すと、さらに複数の筆記帳を試用と試験用に使っていた邸宅主たちも見受けられる。十七世紀後半にエリザベス・ゴドフリーという上流家庭の女性が関わっていたレシピの筆記帳もその一つだ。[64]

現在、ウェルカム医学史図書館に保存されている子牛皮紙で綴じられ金箔の施されたそのクォート(四つ折り)判の筆記帳は使い古されている。ゴドフリーとその後の読者や使用者がそこに収録された情報に取り組んだ形跡が、多くの余白の書き込みから見てとれる。ゴドフリー家のレシピ帳の使用者たちが活発にレシピを試作し、試験して、べつの保管場所、〝緑の書〟に書き換えていたのが一連の注釈から読みとれる。ブレッド・プディングの二種類のレシピ(焼くものと茹でるもの)は緑の書へ書き換える価値ありと見なされ、〝緑の書に書いておく〟と注記されている[65]（図3-2）。テンプル同様、ゴドフリー家のレシピ帳の使用者たちも、すべてのレシピに保管する価値を見いだしたわけではなかった。様々な焼き菓子（ビスケット、ブラッドフォード夫人のシードケーキ、チーズケーキな

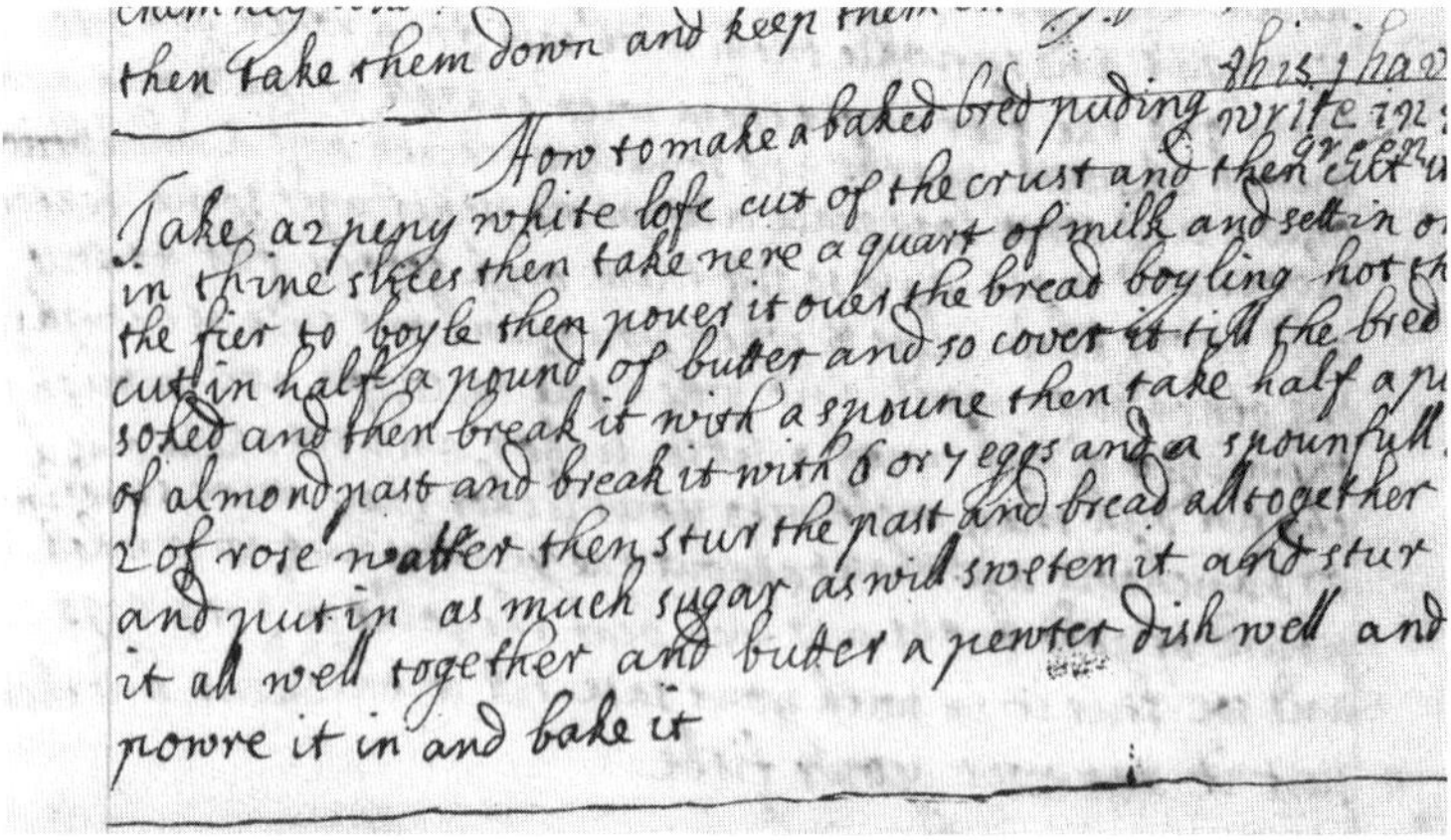
then take them down and keep them ... this i hav
write in green

How to make a baked bred puding

Take a 2 peny white lofe cut of the crust and then cut it
in thine slices then take nere a quart of milk and set it on
the fier to boyle then pover it over the bread boyling hot th
cut in half a pound of butter and so cover it till the bred
soked and then break it with a spoune then take half a pu
of almond past and break it with 6 or 7 eggs and a spounfull
2 of rose watter then stur the past and bread alltogether
and put in as much sugar as will sweeten it and stur
it all well together and butter a pewter dish well and
powre it in and bake it

図3-2　ウェルカム医学史図書館ロンドン、手稿ウェスタン文書2535,fol.45

ど）のレシピが〝記録の必要なし〟と退けられている。[66]

承認されたレシピを〝緑の書〟へ書き換えるのが、ゴドフリー家のレシピ帳の読者たちにとって自分たちの活動を記録する一手段だった。そこに書かれた実用の知識を選び、取り入れ、退ける際にはまた多様な技法を用いている。有用なレシピにはハート形の印やチェックマークを付し、却下したレシピは線を引いて削除されている。[67] ハート印を付されたレシピには、〝レディ・ウットンのケーキ〟や〝ビスケット〟・ブレッド、フリッターなどが含まれている。[68] 却下されたものにはアンゼリカのキャンディ、〝ウォーカー夫人式〟レバー・プディング、このときの編纂者の〝いとこが作った〟ライスプディングのレシピなどがある。[69] あるビスケットのレシピにはハート印と削除線の両方が付されていて、読者たちがそれぞれそのレシピを選び、または試して、もの足りないと判断した証しだ[70]（**図3-3**）。ゴドフリー家の手稿の読者たちもテンプルとコンウェーのようにレシピを試験しただけでなく、邸宅内で何段階もの収集手順を踏んでいた。

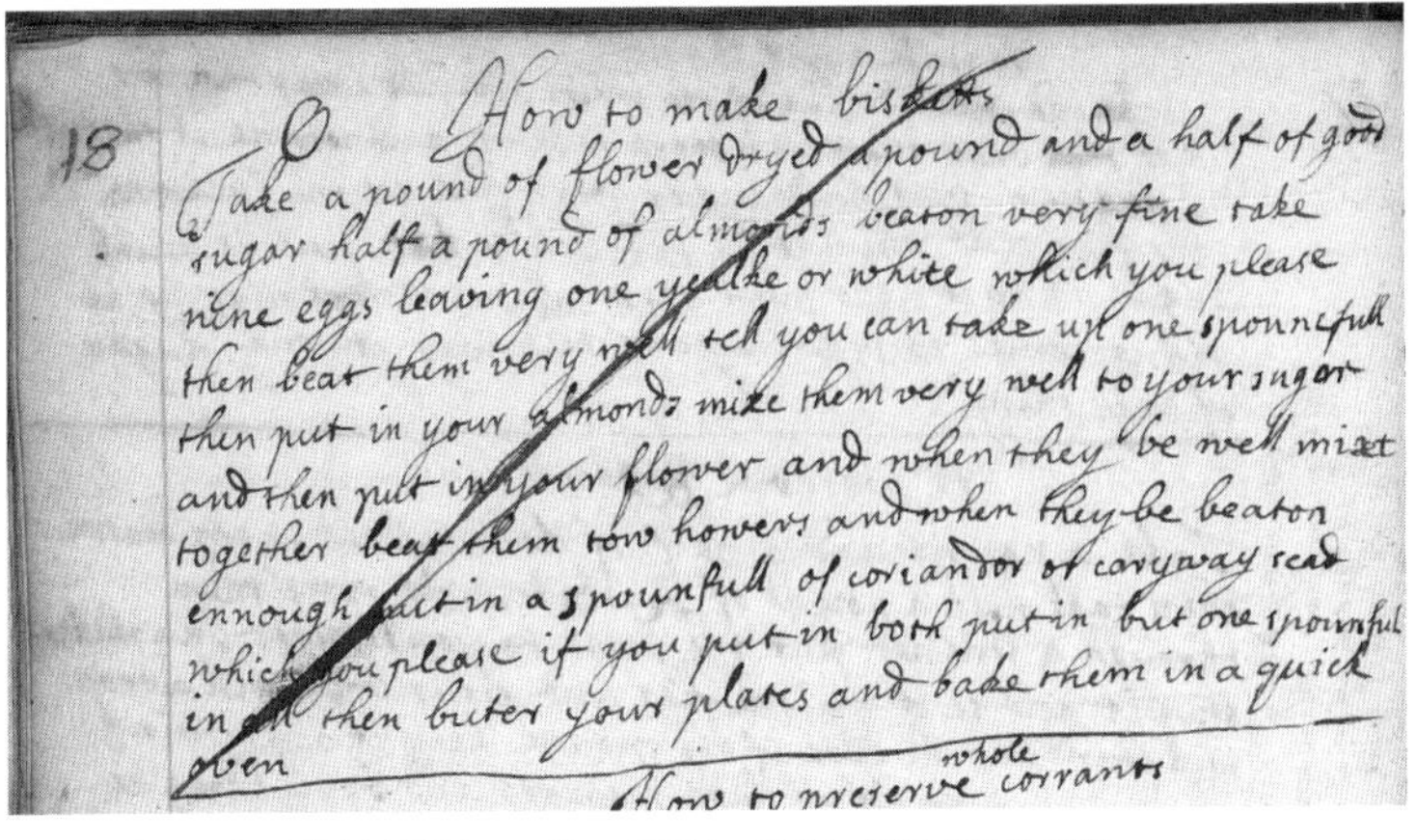

18 How to make biskets
Take a pound of flower dryed a pound and a half of good
sugar half a pound of almonds beaton very fine take
nine eggs leaving one yealke or white which you please
then beat them very well tell you can take up one spounefull
then put in your almonds mixe them very well to your sugar
and then put in your flower and when they be well mixt
together beat them tow howers and when they be beaton
ennough put in a spounfull of coriandor or caryway sead
which you please if you put in both put in but one spounfull
in all then buter your plates and bake them in a quick
oven
How to preserve whole corrants

図3-3　ウェルカム医学史図書館ロンドン、手稿ウェスタン文書2535,fol.18

テンプル家とゴドフリー家のレシピ帳は、清書版と下書き用によって筆記帳が新たな情報を整理し評価し分類するために使われていたという、希少ながらも明確な証拠を示している。厳選した情報を次の段階の知識の保管庫へ移行させる際に、べつのところに書き換えたり歴然と表示したりはしていない事例もある。だからといって、その人々が同様の策を用いていなかったとは言えない。現存する多くのレシピ帳には試行して試験した習慣を物語る記述が残されている。ゴドフリー家のレシピ帳の継承者のように、編纂者たちは一般的な印を使ってその形跡を残していた。[71]そうした人々の取り組みの事例は現存する手稿のなかに事欠かない。なかでもエリザベス・オケオヴァー・アダリー（一六四四―一七二一）の筆記帳には豊富な事例があふれている。

その筆記帳は金箔押しのある子牛皮紙の柔らかい標題紙で綴じられたクォート判で、現在ウェルカム医学史図書館に所蔵されている。[72]何人もの手でレシピが書き込まれ、そのうちの一人はみずからを〝エリズ・オケオヴァー、いまはアダリー〟と記している。[73] スタッフォードシャーとダービーシャーの州境にまたがる地域のオケオヴァー一族が携わった二冊のうちの一冊だ。[74] オケオヴァー家の二冊の筆記帳では、一冊が先代のオケオヴァー家の手稿、そしてそこからオケオヴァー館にいた一族の誰かによって多くのレシピがもう一冊のエリザベス・オケオヴァー・アダリーも関わった筆記帳へそっくり書き写されていた。どちらの筆記帳も家族によって使われていたもので、二つのオケオヴァー家が用いていた医療を垣間見ることができる。[75] オケオヴァー家とアダリー家のレシピ帳の読者や使用者たちはエリザベス・ゴドフリーに劣らず注釈や評釈を書き入れるのに熱心で、様々な方策を用いて、レシピを試験したり、情報を選別したり、薬を作ったりといった活動を記録していた。

近代初期における多くのほかの家庭と同様に、オケオヴァー家とアダリー家も医療と料理のレシピの大全集を作り上げていた。収集方式は第1章で紹介した事例とほぼ重なる。当時の多くのレシピ帳と同じように、オケオヴァー家とアダリー家の筆記帳もたくさんの人々の手で、レシピが入手順に書き入れられている。おそらくはどこかの家庭のレシピ帳を〝原本〟としてごっそり書き写したと思われる部分があるし、読者や使用者は巻末のアルファベット順の詳細な索引によって目当ての情報を見つけられるようになっている。テンプル家やゴドフリー家と同様、オケオヴァー家とアダリー家も情報を入手すると試験し、選びとる作業を開始した。一家が最初に選んだレシピには余白にプラス記号が付されている。そうした印は全体のそこかしこに見られ、その量の多さからして、実際に試したものというより特定のレシピへの関心を記録したものと見られる――いうなれば、お気に入り印だったのだろう。試したり試験したりしたレシピについては高らかに主張せずにはいられなかったらしく、本文中にも索引にも盛んに印が付されている。たとえば、索引の〝鼓腸の極上軟膏〟との標題には使用者が〝試してみたが良かった〟と書き添えている。〝マラリア熱〟の二つのレシピにもまた〝良かった〟との付記がある。[76]きちんと書くのが面倒だったのか、自分が選んだレシピ群の本文中にそれぞれ〝g〟とだけ記した読者もいた。〝目の小粒〟の治療法のようにプラス記号とgの両方が付され、まず選ばれて、それから試して有用と認められたとわかるものもある。[77]それらの印は、オケオヴァー家とアダリー家がコンウェーやテンプル、本章で取り上げたそのほかの人々と同様に、何段階もの手順で知識のレシピ作りに取り組んでいた様子を表している。

新たな知識のレシピ作りの過程では、試験結果をより明確に示すために、オケオヴァー家とアダリー家はさらに端的な表現も使用していた――特定の治療法には試した結果〝実証された〟〝治った〟と記述されている。〝Ch医師による分娩で多量出血した婦人向け滋養食（コードル）〟のレシピにはプラス記号とgが付されている。余白に〝産後やそのほかの下痢（lask）にとてもよく効くことが実証された〟とある。[78]〝目が充血したときの目薬E:G.〟や〝流産を防ぐ〟レシピには〝実証された〟の略語〝I:pro:〟と記されている。[79]オケオヴァー家とアダリー家の筆記帳のレシピには特定の不調が治ったとの記述も見られ、家族の一人の成功体験が示されている。その一例として、くる病の治療法には〝弟がこれで治った[80]〟との記述がある。ほかにも、〝胃腸のさしこみと下痢〟にデーキン医師が処方した丸薬と下剤についてこう記されている。〝何度も激しい発作に見舞われていた母がこの丸薬を晩に飲み、その後必要に応じて少量を二晩続けて飲んだところ治った[81]〟。

家族の誰かが特定のレシピや治療法を試した結果が得られると、症状に応じた頼れる薬が増えていった。その様子については〝これはわたし、エリズ・オケオヴァー、いまはアダリーが作る〟[82]、あるいは〝母がいつも作ってくれた〟[83]、もしくは〝これはわたしがいつも作っている軟膏〟といった注釈で示されている。この最後の注釈はラテン語で〝花の軟膏〟さらに〝すなわち極上の軟膏〟と題したレシピに書き添えられているものだ。このレシピに付されたさらなる注釈から、オケオヴァー家が近代初期の多くの一家と同じように、必要に応じてレシピを改良していたのがわかる。極上の軟膏のおもな材料はロジンとされている（**図3－4**）。もとのレシピでは、純粋なロジンのみとなっていた。こちらはテレピン油を蒸留して抽出した硬いロジンを指していると思われる[84]。けれども、二つの注釈は、レシピ帳ののちの使用者たちが改良版のほうを採用したことを示唆している。最初の注釈はエリザベス・オケオヴァー・アダリーと見られる筆跡で記されている。〝母のレシピではロジンを半ポンドずつ減らしてより硬くしている〟[85]。もう一つはこう書かれている。〝わたしはいつも半ポンドのロジンに一パイント足らずのワインを加えてこの軟膏を作る〟[86]。エリザベスはさらに索引の薬名にも個人の試用結果を書き入れている。そのレシピの見出しには将来の読者のために、これはまた〝軟らかい黄色い軟膏〟とも呼んでいるものだと書き添えて、余白に頭文字〝E．O．〟を付けて自分が使っていることを示している[87]。

索引ではほかのいくつかのレシピにもこの頭文字が見られ、二種類の黒い軟膏のレシピもお気に入りだったことが示されている[88]。黄色い軟膏にはエリザベス・オケオヴァー・アダリーが〝いつも作っている〟と付記しているので、そうした特定の薬類が日頃から使われ、邸宅内で絶えず作られていたことが読みとれる。もちろん、同じレシピ帳にはたまにしか作られていなかった薬類も収録されてい

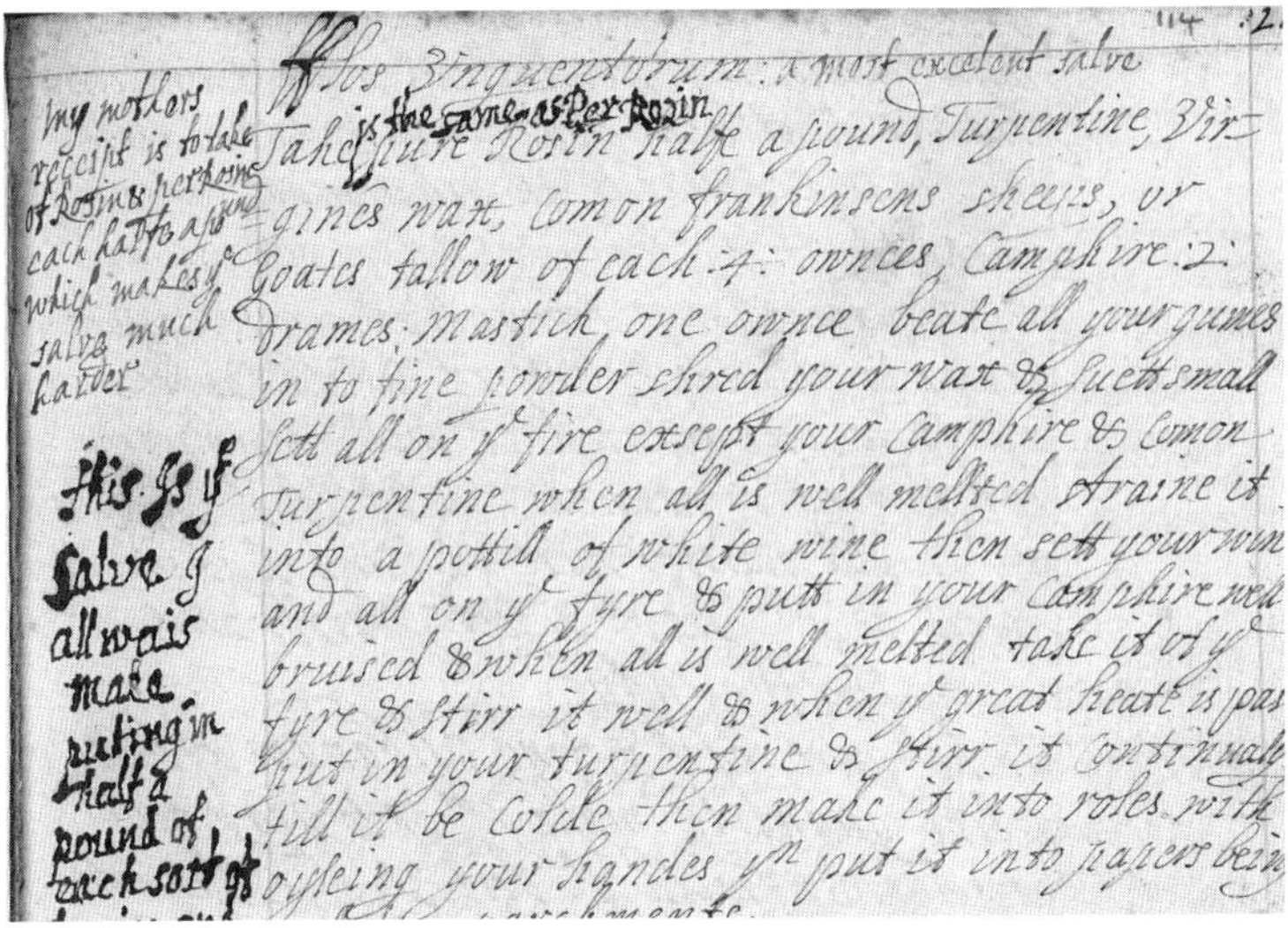

Flos Unguentorum: a most excelent salve
Take pure Rosin halfe a pound, Turpentine, Vir-
gines wax, Comon frankinsens sheeps, or
Goates tallow of each :4: ownces, Camphire :2:
drames: Mastick one ownce beate all your gumes
in to fine powder shred your wax & suett small
sett all on ye fire excespt your Camphire & Comon
Turpentine when all is well melted straine it
into a pottill of white wine then sett your win
and all on ye fyre & putt in your Camphire well
bruised & when all is well melted take it of ye
fyre & stirr it well & when ye great heate is pas
put in your turpentine & stirr it continually
till it be colde then make it into roles with
oyleing your handes yn put it into papers bein

is the same as Per Rozin

my mothers receipt is to take of Rosin & per Rosin each halfe a pound which makes ye salve much harder

this is ye salve I allwais make putting in halfe a pound of each sort of

図3-4　ウェルカム医学史図書館ロンドン、手稿ウェスタン文書3712.fol.114v

る。たとえば、エリザベス・オケオヴァー・アダリーと見られる筆跡で索引に〝座れないほどの腰の痛み〟と題された治療法には〝一度か二度使った〟と書き添えられている。[89]

それならば、試験で不合格とされたレシピはいったいどうなったのだろう？　エリザベス・ゴドフリーのレシピ帳の読者たちと同じように、オケオヴァー家とアダリー家の人々もそうしたレシピは線で消していたようだ。×印で消されたレシピが随所に見られる。〝生傷にも古傷にもよく効く薬A：R：〟とのレシピには削除した理由が明確に記されている。それは前述の〝極上の軟膏〟、通称、黄色い軟膏の別版のレシピだった。誰かが重複していると見なし、却下の一般的な印である大きな×印を付けた。ただし同じ人物が違う色のインクで修正を入れている。〝良い軟膏と証明済みで正しい方式だが間違えて消した〟（図3－5）。当のレシピの標題にg

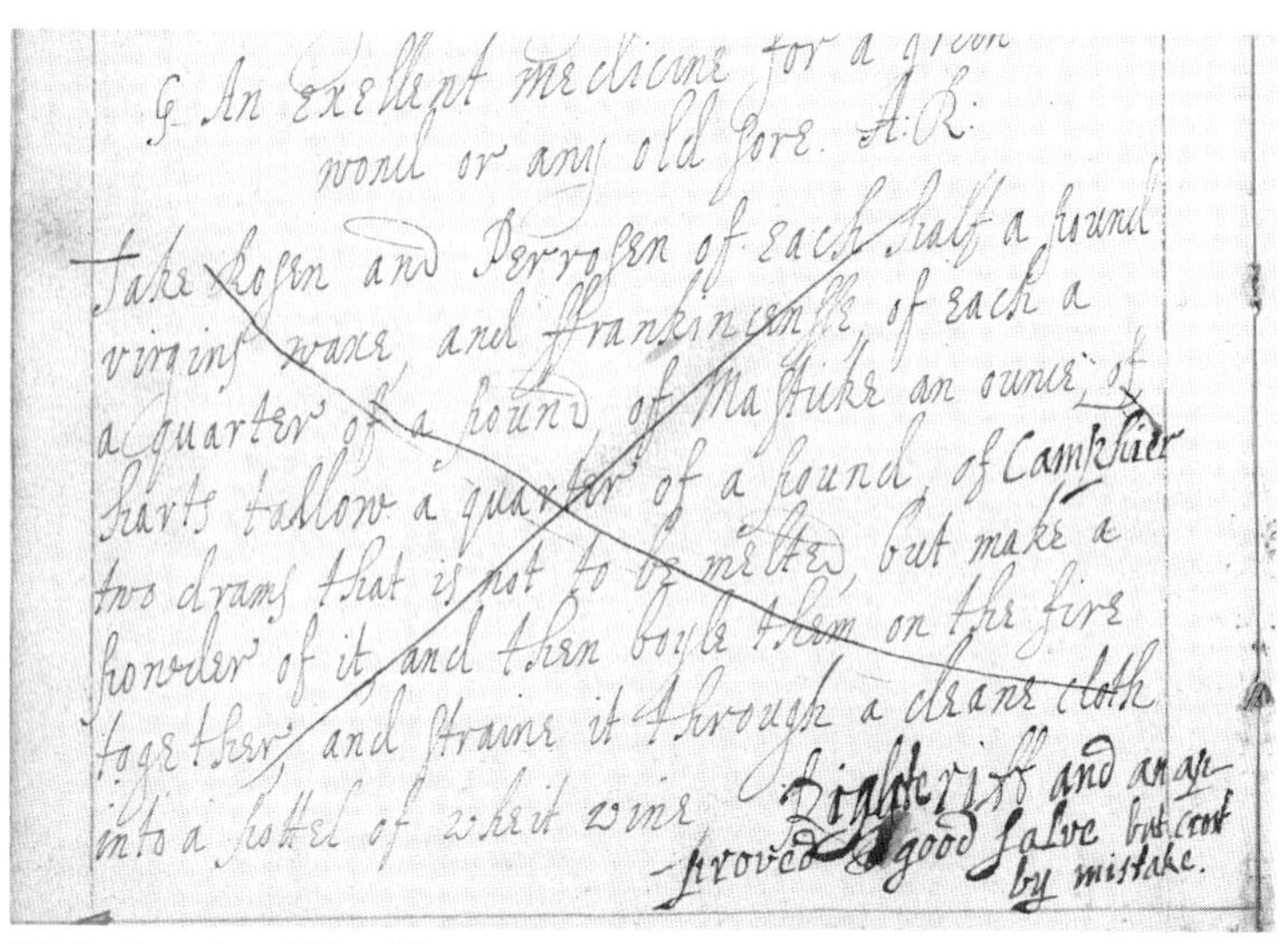

図3-5　ウェルカム医学史図書館ロンドン、手稿ウェスタン文書3712.fol.6v

が付され、証明済みのレシピであることを裏づけている。[90] このレシピには軟膏の材料の価格表らしきものを書きつけた紙も挟まれ、下欄にこう記されていた。〝本書には間違いにより重複して書かれているレシピがある。それらの片方は削除しているが、このより硬い黄色の軟膏は消すべきものではなかった〟[91]。そのように紙切れに書きつけられて長らく忘れられていた注釈は、近代初期の邸宅主たちが筆記帳のレシピをなぜ削除したのか、明快な理由を教えてくれる。なぜなら、重複しているのに、もしくは効用が実証されていないのに、そこに誤って記されたものだったからだ。

一見するとオケオヴァー家とアダリー家の筆記帳はレシピが順不同にただ雑然と書き連ねられているように思われるかもしれないが、丁寧に検証してみると、とっておきの家庭の知恵を種類別に、確立された評価手順の段階ごとに、きちんと分類していたことがわかる。レシピはそれぞれ好奇心から書き留められたもの、試験待ちのもの、承認されたもの、特定の症状に価値が認められたもの、一家の常備薬庫入りが決定したもの、無益と断じられたものに選別されている。本章で取り上げたほかのレシピ帳の編纂者と同じように、この一族も三段階の手順からレシピ帳を作り上げていた。ただしテンプルやゴドフリーとは異なり、オケオヴァー家とアダリー家は下書き帳と清書を分けてはおらず、つまり厳選した情報をもとの貯蔵庫からべつのところへ書き写したわけではない。それよりもプラス記号や、g表記、そのほかの記号や語句による注釈を付して、いうなれば仮想の下書きと清書を作りだしていた。オケオヴァー家とアダリー家の筆記帳の各使用者からすれば、そうした記号や余白の添え書きや削除線を見れば、各レシピに割り当てられた位置づけは一目瞭然だったのだろう。まさに、そこに収録された知識が数段階の信頼度別にはっきりと区分けされているようなものなのだから。

オケオヴァー家とアダリー家のようにレシピを注釈や余白の添え書きで分類する手法はほかのレシピ集にも広く採用されていた。近代初期のレシピ帳の大半が印づけされていて、レシピや家庭に蓄えられた知識の分類のため、それぞれに趣向を凝らした記号や語句を使っている。本書に登場する一族の筆記帳もぎっしりと印づけされているものが多い。ほかの章で取り上げているフェアファクス家、ジョンソン家、ファンショー家の筆記帳はどれも余白に記号が付され、削除線も書き入れられている。なかでも、ジョンソン家はオケオヴァー家やアダリー家とまさに同じように分類を明確化する工夫を凝らし、承認し選別された段階のものをチェックマークや〝good（良）〟で示している。アーチデール・パルマーとヘンリー・フェアファクスは昔ながらの指示（指をさす）マークを使い、ジョアンナ・シンジョンは×印でレシピを削除し、情報をアルファベット文字で分類していた[92]。さらに、パルマーも、ジョンソン家とファンショー家の筆記帳の使用者たちも、不要なレシピにはやはり削除線を引いていた[93]。

チェシャーのイートン館の主人サー・リチャード・グローヴナーの娘メアリー・グローヴナーのように、こうした選別マークに重きを置いて、専用の記入欄まで設けたレシピ帳の編纂者たちもいた[94]。グローヴナー家のレシピ帳は全頁に縦線を引いて左側に細い記入欄が割かれている。ここにメアリーやほかの使用者たちは選別したものを様々な印で示し、使用と試験結果を記録した。まずは長たらしい目次から印づけが始まっていて、二百六十四のレシピの半数以上に三つ葉印が付されている[95]。この印はとりわけ有用なレシピを示しているらしい。本文に入っても、数多くのレシピにさらなる注釈が見てとれる。レシピの六十二、六十三、六十四にはどれもあらゆる選別マークが付されている（図3－6）。レシピ六十二の〝銃器、野火、稲光による火傷〟には三つ葉、小さな丸印、二本の斜線が付されている。レシピ六十四の〝身体の一部からの出血を止める〟には、小点、三つ葉、指示マークがある。そうした記号はレシピ帳全体を通して使われていて、使用や試験結果を記録する手立ての一つだったのだろう。残念ながら、グローヴナー家の人々は付した記号の意味するところについては何も残していない。一つの可能性として、それらの記号は家族と邸宅の人々のそれぞれに特有のもので、個々が治療法を試した記録に使われていたとも考えられる。あるいは試験の段階ごとに印が分けられていたのかもしれない。いずれにしても、そうした印づけは使用と試験結果を示すもので、将来の使用者に邸宅の人々がその治療法を実践したことを伝えていた。

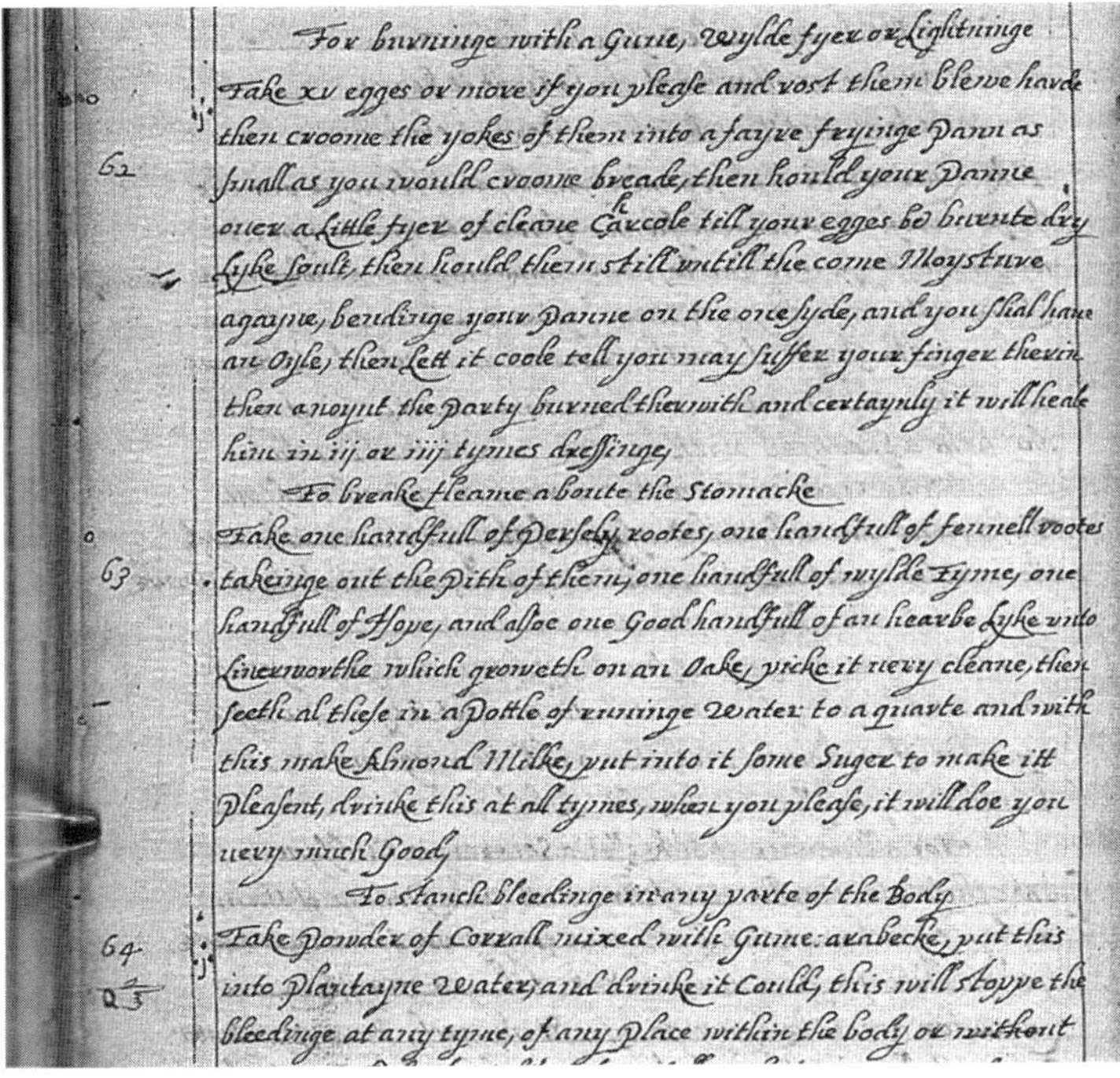

For burninge with a Gune, wylde fyer or Lightninge
Take xv egges or more if you please and rost them harde
62 then croome the yokes of them into a fayre fryinge Pann as
small as you would croome breade, then hould your Panne
over a Little fyer of cleane Charcole till your egges be burnte dry
lyke soult, then hould them still untill the come Moysture
agayne, bendinge your Panne on the one syde, and you shal have
an Oyle, then Lett it coole tell you may suffer your finger therin
then anoynt the party burned therwith and certaynly it will heale
him in iij or iiij tymes dressinge

To breake fleame aboute the Stomacke
Take one handfull of Persely rootes, one handfull of fennell rootes
63 takeinge out the pith of them, one handfull of wylde Tyme, one
handfull of Hope, and alsoe one Good handfull of an hearbe Lyke unto
Liverworthe which groweth on an Oake, picke it very cleane, then
seeth al these in a Pottle of runnige Water to a quarte and with
this make Almond Milke, put into it some Suger to make itt
Pleasent, drinke this at all tymes, when you please, it will doe you
very much Good

To stanch bleedinge in any parte of the Body
64 Take Powder of Corrall mixed with Gume: arabecke, put this
into Plantayne Water, and drinke it Could, this will stoppe the
bleedinge at any tyme, of any Place within the body or without

図3-6　大英図書館、手稿スローン文書3235.fol.15v

複雑な注釈方式を編みだしていたのはグローヴナー家だけではない。オックスフォード大学のエクセター・カレッジ図書館に所蔵されている手稿八四からも、使用者たち独自の評価と注釈の記述方式を見ることができる。氏名不明の編纂者たちがレシピの標題の余白にプラス記号を付したり、〝これは良い〟と書き入れたりしてレシピの効用を強調している。[96] さらには別紙に二種類の外付けの索引まで作成していた。[97] そちらの索引には書き込みが多く、標題が完全に線で削除されているレシピや、#印が付されているものもある。グローヴナー家のレシピ帳と同じように、そうした削除線や記号の正確な意図を解読するのはむずかしい。このレシピ帳では索引の印が本文中の注釈と一致していない。考えられる理由は、二つの索引と本文の注釈がそれぞれべつのときにレシピ帳を読んだ三人によって付されたということだ。そうだとすれば、そこに見られる印は三人がそれぞれレシピに取り組み、効能と有用性を判断した結果を示している。

結び

コンウェーとハーリーのエール醸造のレシピについての論議から、ピーター・テンプルの三冊の筆記帳、エリザベス・ゴドフリーやエリザベス・アダリーの書き込みだらけのレシピ帳まで、本章で取り上げた事例は、近代初期の英国ではレシピ集が社交活動を通して、きわめて似かよった何段階もの編纂手順により作られていたことを示していた。その手順はたいがい社交の機会に実践法の情報交換をすることから始まり、新たに得た知識の検証へと進んだ。その段階でレシピの収集者たちは醸造者などの地元の専門家に相談し、あるいは自宅の図書室で当時の名著や古典の文献で調べもした。同時にレシピの提供者に疑問点を尋ね、さらなる社会交流の機会を生みだしもした。時間も費用もかかるため、成功の可能性が高いと見られた場合にのみ邸宅主たちは新たなレシピの試行と試験に労力と時間や費用を注ぎ、入念に確かめ、多くは修正も加えたうえで、ようやくそのレシピは邸宅の暮らしに取り入れられた。この手順は邸宅主やレシピ帳の編纂者たちが代わり映えしない知識をただ受けとるのみだったとの見方を覆す。それどころか絶えずレシピの検証と改良に努めていたのだ。

評価と再考察をたゆまず続けるには知識の成り立ちをたどることも欠かせなかった。多くの事例では、レシピの来歴が記されていたおかげで編纂者たちは疑問点を問い合わせることができていた。さらには、レシピのもとの提供者と媒介者がその内容に責任と、説明の義務と、所有権を負っていた点にも留意しておきたい。コンウェーはハーリーに幾度となくエールのレシピの細かな疑問点を尋ね、テンプルは筆記帳の余白にたびたび〝疑義あり〟と記していたし、ほかの邸宅主たちもやはり同じようにレシピの提供者や贈呈者に立ち返っていた。しかも、レシピが何段階もの手順で評価され、様々な方法で試験されるなかで、治療法そのものだけでなく、情報元の信頼性、信用度も測られていた。だからこそ、有効と認められた治療法には貢献者の名が記された。かたや無益と判断されれば、そこに名が記された人物の沽券(こけん)にも関わりかねなかったのだろう。

ゆえに手稿のレシピは考案者、使用者、記述者、読者のあいだで流動し、つねに調整されつづける柔軟性のある指示書きだった。書き留められ、試され、修正されたのち、レシピはそれぞれのレシピ集に加えられ、それからまた新たなレシピとしてレシピ交流の伝達回路に放たれた。もとのレシピとよく似ていたとしても、材料が少し変わっていたり、製造工程にひと手間、ふた手間加わっていたり、標題がわずかに変わっていたり、著者名も違っていたりした。このようにして、きわめて似ているようで異なる数多のレシピが近代初期のイングランドに流通していた。レシピは指示書きとしても知識としても、とりわけ取り入れやすく融通の利くものだったのだ。

つまるところ、本章でご紹介した各邸宅の新たな知識のレシピの作成方式とは、情報の収集、その知識の評価、記録という順路をたどる実地試験であるとともに、しっかりと読み、書いていく活動だ。コンウェーのエールのレシピの検証には図書室の文献と専門家の助言が役立てられた。書物と専門家に助けを求めることにより、学識豊かな人々、哲学者、職人たち、ロンドンの商人に至るまで、多彩な分野の知識の探求者たちの仲間に加わっていた。[98] たいがいは、学究分野の読書や知識の生成と関連づけられる一般的な記号の表記が、レシピ帳作りでも重要な役割を果たしていた。邸宅主たちはレシピを分類し整理するため下書きと清書、書き留めと書き換え、余白への追記といった手法をすべて用いた。それにより医療、料理、家事などの家庭の様々な知恵を種別し、その時点でのレシピの評価の位置づけも示した。知識のレシピ作りの場としては目新しく思われるかもしれないが、その方法論や手段は科学と知識の史学者たちにもなじみ深いものだ。

このように読み書きの行動様式に着目すると、邸宅で作られたレシピ帳の記録保存という役割が際立ち、近代初期の知識のみならず筆記の文化のなかでも、個人の経験や治療薬の効用の観察についての表記を考えてみる必要があるだろう。最近の研究では、医療と科学の両分野にまたがる議論において、十六世紀以降、経験に基づく知識の重要性がいかに増していたのかが述べられている。[99]第2章ではシンジョン家の養鶏や庭造りの試みについて検証し、自然界の観察が邸宅の日常生活にごく当たり前に組み込まれていたことをあきらかにした。第4章ではさらに、邸宅主たちがレシピの試験を通じて、生産技術や器具の見定めから、物質の変化の理解、治療薬の人体への効能の評価まで、多様な工程に労力を注いでいた様子をご覧に入れる。みずからの観察、実体験、実践に重きを置いて新たな知識のレシピを評価していた英国の邸宅主たちは、経験に基づく知識のより広い論議、すなわちあらゆる自然の知識の生成と評価に影響を及ぼしていた〝経験主義〟の文化にたしかに加わっていた。けれども自身の経験をレシピとして書き留めることは同時に、帳簿類や人生史のようなほかの記録保存にもまた繋がっていた。[100]そうした結びつきについては第5章で詳しく述べる。

第4章

近代初期の邸宅のレシピ試験

一六五八年五月、サー・エドワード・デリング（一六二五―一六八四）は筆記帳に〝こむら返りと関節の痛み〟と題して書き込みをした。[1] まずは薬草とバターから作る軟膏のレシピを記述し、それからその治療薬を手脚の痛みに悩まされベッドに臥(ふ)している〝プラックリーのバウトン〟なる人物に試した経過を詳しく綴っている。デリングによれば、この軟膏を二度塗布したところ、バウトンは快復し体調は〝良好〟だという。[2] その成果に満足したことで終わらせず、次のような考察を付している。〝だが、ずいぶんと簡単な処方にしてはあまりに早く目覚ましい効果ではないだろうか。ちょうど症状が治まりつつあったのやもしれない〟。[3] デリングが挑んだ試みはこればかりではない。その備忘録はレシピと様々な試験と試行の観察結果でぎっしり埋まっている。

娘ベティが兄弟たちと蠟燭(ろうそく)を取り合って左の眉と額の一部に火傷を負ったときには、このように記している。

娘がひどく痛がっているところにまず白軟膏を、そのあとで鉛丹硬膏、それから白色結晶水を塗布したものの、どれも非常に痛みを伴った。鉛丹硬膏は引き攣(つ)らせ、白軟膏と白色結晶水はきわめて冷たく、それゆえ染みて、さらにまた痛み、それにもまして赤く腫れさせた。そのあと、それらを水に溶かしてさっと火にかけ、やさしく塗ると痛みはやわらいだ。[4]

この詳細な記述はベティの苦しみを思いやり深く表現し、子供の健康を願う親の気持ちを物語っている。これにとどまらず、デリング一家と従者たちの健康についての記述は筆記帳に絶えず現れている。ベティの火傷の書き込みの上にも、彼女の兄弟の一人で以前から咳と頭痛に悩まされていたヘニッジが麻疹にかかったとの記述がある。[5]さらに同じ筆記帳にデリングは荘園管理人ジェイムズ・ハニーウッドに痛風の薬を試した結果を記録し、ハニーウッドが日ごと弱って死に至るまでを仔細に綴っている。[6]そうした書き込みから、デリング家が邸宅の人々の災難や病気にどのように対処し、入手した知識のレシピを試し、実践して評価していたのかが見てとれる。

とりわけベティの火傷の描写には、家庭での医療の取り組みがどのような思考過程でなされていたのかが表れている。わが子を心配する親として、デリング夫妻は娘の痛みがやわらぐまで薬物治療を試みた。特定の症状を緩和する薬をただ使うだけでなく、絶えず考察し、評価し、あらゆる手当てがベティの身体にどのように作用したのかを再評価した。筆記帳のほかの記述を見ると、そうした思索がデリング家ではめずらしくなかったことがわかる。同じ年の前半にもエドワードは腎臓結石と歯痛に脅かされて〝腎臓水〟を考案してこしらえ、蒸留水で歯を洗浄している。このときエドワードは石を壊すにあたり〝排尿時に熱く鋭い痛みを伴う利尿水はすべて避けた〟とわざわざ記している。[7]そうした試みは効き目のある薬探しにとどまらず、物質が人体にどのように作用するのかを調べ、自然界をさらに深く理解するための努力へと進められた。

第3章では、近代初期の男女が有望な実践法を何段階もの手順で評価し、邸宅の知識の宝庫に新たなレシピとして加えるまでの仕組みを解説した。ここでは、その知識がレシピにまとめられる過程の一手順、レシピの試験を深く掘り下げる。好奇心と信頼できる実践法の必要性から、人々は絶えずレシピを試験していた。ヨーロッパじゅうの学識豊かな医師たちが薬の成分、製造方法、薬剤の人体への作用といった広範な問題に焦点を当てて薬物試験を行なっていたのと同じように、邸宅主たちもまた多様な目的から試験に挑んでいた。そうしたレシピを評価するための試験は、ヨーロッパ全土に広がっていた薬類と実用的な専門知識の両方を試す取り組みに通じるものだった。[8] これまでの各章で提示した論証をもとに、邸宅という環境が、その専門知識、信頼性、価値を見定めるまでの独特な思考過程をもたらしていたことを解き明かす。邸宅でのレシピの試験を詳しく調べると、その空間と社会的背景ならではの評価と試験の手法であることに気づかされるとともに、研究機関以外ではまれなそうした試みの様子が垣間見えてくる。邸宅でのレシピの試験には社交性が大きく作用していた。先にご紹介したブロックマン家、パルマー家、ベネット家の事例は、レシピ情報の収集と社交活動の密接な関わりを示していた。新たなレシピを集め、新たな連携を築こうと努力するなかで、多くのレシピ帳の編纂者たちが入手経路を広げた。それによりおのずと、集めた情報を試験し、実践し、個々の邸宅の必要に応じて調整しなければならなかった。

これらの主題をさらに探索するため、本章ではレシピの本文から余白の追記や行間の走り書きへ目を転じる。おもに焦点を当てるのは邸宅でのレシピの試験だ。まず邸宅主たちがレシピ情報の試験結果を記録するのに使った言いまわしや用語を見渡してから、レシピどおりに薬類をこしらえる際に生じた様々な問題の解決を邸宅主たちがあらゆる手法で試していた様子をたどる。そのあとレシピ帳の編纂者たちがなぜ、どのようにして秘蔵のレシピを救おうとしたのか、〝レシピの救出〟について考える。そして終わりに、レシピの書き換え、修正、調整した成果について解明する。

試験結果の表記用語

近代初期の邸宅主たちは様々な方法で新たなレシピの試用と試験を記録し考察していた。第3章では、×印やg、チェックマークなどの記号や印を余白に書き入れてレシピの試用と試験の結果を示したり、特定の実践法を経験した記録を付けたりしていたことを学んだ。邸宅主たちはさらに、試し、経験し、実証し、実験した成果を様々に短い言葉で書き留めてもいた。多く見られるのが〝何度も良い結果が得られた〟〝わたしが用いた〟、ラテン語の〝experientia docet（経験は教える）〟、〝実験済み〟〝試し済み〟、高い効き目を示すためのラテン語〝probatum est（証明済み）〟などだ。[9] こうした用語は出版物、手稿のレシピ集の両方で、経験に基づく知識、実地試験、個人の推奨、承認を示すために広く使われていた。ここでは一人の書き手、ジョアンナ・シンジョンがレシピに取り組んだ経緯をどのような用語で表記していたのかを詳しく見てみよう。

出版物でも手稿でも〝承認済み〟〝実証済み〟またはラテン語で〝probatum est（証明済み）〟など、

実証できたことを示す言葉が最も広く使われていたようだ。[10] 多くのレシピ集が〝承認済み〟の治療薬を収録していると謳っていた。出版物では、アレクサンダー・リードの『人体に生じる多くの病気と不調の最も優れていると承認された薬と治療法（Most Excellent and Approved Medicines and Remedies for Most Diseases and Maladies Incident to Man's Body）』（一六五二）が挙げられる。手稿では〝コーリヨン夫人が特別に試して確かめられた薬剤集〟や〝外科医と内科医により承認された種々のレシピ事典〟と題した全集が見られる。[11] ジョアンナ・シンジョンのレシピにも、〝瘰癧への効用が認められた〟または〝肺病の咳に最も効くと認められた〟と表記したり、喉の潰瘍を癒やす薬にただprobatum（証明）と付したりしたものが多い。[12] 承認済みといった一般的な表記で手持ちのレシピが推奨できるものであることを示している事例だ。具体的に使用したり特別に試したりした結果が記されているわけではない。

いっぽうで、ジョアンナ自身が選んだレシピには〝試した〟という言葉が見られ、みずから実践したことが記録されている。たとえば、〝リンデンの花水〟にも、このような説明書きがある。〝手に入ったので試したところ、そのままでは香りも風味もないので煮詰める必要がある〟。[13] ほかにも〝治らない痛み〟にリチャード・ロウアー医師から得たレシピには次のように書き添えられている。〝どこにでもある軟膏も緑の粉末の錠剤もすべて試して何カ月も良くならなかったわたしの片脚が、これにより十二日で治った〟。[14] そして犬の〝疥癬〟への指示書きのなかにも、ジョアンナが愛犬二頭に〝試した〟結果から、投与量は小型犬向けだと追記されている。

ジョアンナはさらにみずから試したり信頼できる人から提供されたりしたレシピについて〝経験し

た〟という言葉を使用している。レシピ帳のある治療薬には〝うちの料理人が浮腫で経験〟と題され、ジョアンナが自分の目でその使用と効果を観察したことが示唆されている。〝ハメルトン公爵夫人〟から贈られた天然痘の治療法にはこう記されている。〝しかもこの病にはいかなる場合にもよく効く。夫人のお子様がたのみならず、ほかにもとても多くのお傍の方々が経験されたのだから〟[15]。ジョアンナのレシピ帳には見られないが、ほかの邸宅主たちはむろん〝実験した〟という言葉も使っている。すでにご覧に入れたように、ピーター・テンプルは目次の一つを〝実証、実験済み処方の特別目次〟と題して、みずから試用し試験したものであるのを強調していた[16]。テンプルがそこで使用した〝実験〟という言葉は、ジョアンナが明確な使用例とはべつに、すでに試され広く実践されているレシピについて〝経験済み〟としたのと近しい使い方だ。当時〝実験〟が折に触れ〝処方箋〟や〝レシピ〟と同義にも使われていたのは、中世での experimenta の意味との関わりを想起させる。邸宅のレシピ史料群のなかでは、フランシス・キャッチメイの筆記帳でも〝顔と肌をとてもきれいに白くなめらかにする〟稀有な軟膏のレシピに、知り合いの貴婦人も〝試し実験した〟との補足が付けられている[17]。中世後期と近代初期の科学における〝経験〟と〝実験〟の使用と意味についてはこれまでずいぶんと書かれてきた。多くの著述者たちが一六〇〇年以前は二つの言葉が往々にして明確な区別なく使われていたと指摘している。十七世紀と十八世紀のあいだに、〝経験〟は一般的な観察から得られた情報で〝実験〟が能動的に携わったことを指すものへと区別されるようになった[18]。邸宅の知識のレシピ作りにおいては、史料群の登場人物たちが使う二つの言葉の意味はあいまいで多様だ。

シンジョン家のレシピ帳の分析からもあきらかなように、邸宅主たちが各レシピへの取り組みを示すため用いた言葉は幅広い意味での〝経験に基づく知識〟を指している。しかも承認された、証明された、〝証明済み〟といった用語が付されたレシピでも、信頼できる提供者から勧められた価値ある治療薬ではあれ、必ずしも実体験で確かめられたものとはかぎらない。そうした推奨文句を付すに値するものと見なしながらも、邸宅主たちはまたレシピの記述者自身の客観的な観察や、信頼できる提供者の経験から得た簡潔な証言に裏づけられた、より確実に効くと判明した治療法を探し求めた。〝試した〟と〝承認された〟を使い分けたジョアンナのレシピ帳を読んでいると、それらの経験に基づく知識の分類も繙いてみたい気持ちに駆られる。とはいえ、そうした用語の使い方は記述者それぞれの気質に左右されやすく、そのため意味が重複していることも多く、一律に判別できないのは目に見えている。余白の記号からそうした短い添え書きまで豊富な痕跡が、レシピ帳作りにおいてのあらゆる種類の経験に基づく知識の重要性を浮き彫りにしている。

なんのために試験したのか?

邸宅主たちは似かよった幅広いレシピの試験を多様な言葉で表現していた。ジョアンナ・シンジョンの〝試した〟という言葉にしても、すでにご覧に入れたものだけで三つの使用例があり、それぞれに異なるレシピの試みを指していた。最初の事例――リンデンの花水のレシピ――では、特定の物質を加熱したときの作用を確かめるための試みだった。将来の作り手へこの植物は沸騰させるべきとの助言を記しているので、あきらかに製造に注力していることがわかる。次はロウアー医師から得た痛みの治療法で、〝どこにでもある軟膏〟と〝緑の粉末の錠剤〟よりも医師の薬を勧めているので、比較を試みたわけだ。ここでは薬の効能が試験の要となっている。最後の動物用のレシピでは〝これは小型犬向けで、わたしは二頭の愛犬に試した〟と書き添えているのだから、試されたのは投薬量だ。

つまり、邸宅主たちはあらゆる理由でレシピを試験した。改良、修正、調整も試験の動機だったのは確かだ――広く伝達されたレシピは個々の体質や必要な医療に応じて微調整された。[19]いっぽうで、製造方法、器具、材料、分量その他を試験し、個々の環境や、差し迫った必要性と目的にどうすればうまく適用できるのかを探る手段でもあった。もちろん、効能を評価するための試みでもある。コンウェーとハーリーの書簡に示されていたように、有用なのかどうかを判断するにはレシピを実行してみる以外になかった。どの試みにしても様々な手順を経て詳しく調べられた。このあとは、行間や余白に差し挟まれた内容の分析から、邸宅主たちがレシピの試験中に行なっていたあらゆる種類の観察について詳しく述べる。

レシピを試みる人々の最も一般的な目的の一つが効能を確かめることだった。たとえば、ジョアンナはロウアー医師から得た痛みの治療法について、数カ月にわたりあらゆる薬類を試したのち、ロウアーの治療薬を十二日間使ったら治ったと追記し、成功と不成功の両方を記述している。エドワード・デリングは治療薬で良い結果が得られるたび頻繁に追記していた。本章で挙げた事例のほかにも、デリングの筆記帳にはうまく効いた薬と不成功に終わったレシピがぎっしり書き込まれている。一六六〇年七月には〝肉がそげて骨が見えるほどに古く汚れた体液で腐りかけていたバルバンク爺様の脚がすっかり快復した〟と痛む脚の薬のレシピに書いている。[20] またべつの日にはある〝田舎の強壮剤〟について〝継続使用し、とても有用である〟薬だとわかったと称えている。[21] こうした取り組み――人体に治療薬を試し、病状への効果を観察する――は、学識豊かな医師たちから旅回りの医者、貴婦人に至るまでヨーロッパじゅうのあらゆる医療施術者たちのあいだで広く行なわれていた。[22] 家庭のレシピ帳はそうしたお墨付きの治療薬であふれている。

邸宅主たちは〝承認された〟治療法を探し、自身や友人や家族の成功体験を書き留めることに熱意を注ぎつつ、同じ薬を再現して効果を得るむずかしさ、ほかの人々が承認し勧めていても入手できたところで効かない可能性がじゅうぶんにあることも痛感させられていた。[23] ある治療法について〝成功〟と判断するにはいくつかの要素があるし、誰かの症状に効いたとしても、ほかの人がべつの環境で使ったときにも効くとはかぎらない。つまるところ、個々の体液の割合と体質の違いによる体液病理説に向き合わざるをえなかった。こうした薬類につきまとう〝不確実性〟は中世後期と近代初期のヨーロッパにおける知識層には広く認識されていた。[24] それをわかったうえで、邸宅主たちは病や痛みを緩和しようと数多くの〝承認された〟治療法の試験に挑んだ。デリング家が眉と額に火傷を負った娘ベティに様々な軟膏を試したのもその一例だ。先に例示したように、一家はベティに試した薬の効果をつねに観察し、臨機応変に手当てを見直した。

個々の人体に薬類がもたらす作用を観察することに加え、邸宅主たちはつねに新たな製造方法についても試していた。第1章でも少し触れたアン・グライドらによって十七世紀後半に作成されたレシピ帳にある白い蜂蜜酒のレシピがその様子をよく表している。[25] 作り方はいたって簡単だ。六クォートの蜂蜜を六ガロンの水に溶かし、火にかけて加熱すると記されている。沸騰する直前にまずはしっかり〝混ぜ合わせ〟てからメース（ナツメグの仮種皮から作る香辛料）とショウガを一オンス、ナツメグを半オンス、さらにお好みでスイートマジョラム、タイム、スイートブライアを少々加える。この蜂蜜と香辛料の混合物を沸騰させ、冷まし、保存容器に入れる。けれども、アンは書かれたレシピどおりにこしらえてから、ひらめいて、さらに酵母を加えてみることにした。蜂蜜酒やエールやビールなどの醸造酒の製造過程で酵母を加えるのは液体の温度が鍵となるので、注意を要する手順だ。[26]熱しすぎては酵母が死んでしまうし、冷えすぎてからでは発酵しない。アンはあきらかにこのことを知っていて、余白にこう記している。〝冷えきらないうちに酵母を加えて、白くなったらすぐに容器に入れなくてはいけない〟[27]。この短い指示に、アンが実際にこのレシピを試し、個人の経験と観察、ハインツ・オットー・シバムの言葉を借りるなら〝動作知識〟がまさしく求められる手順を要約して書き留めようとした努力が見てとれる。こうしてアンは、将来のレシピ帳の使用者に、混合物が冷めきらずに白くなったら酵母を加えなければいけないことを忠告できたわけだが、白さの正しい加減が果たしてこれで伝わったのだろうか？

新たに入手したレシピを試す際に、近代初期の邸宅主たちは物質がどのように反応し合い、あるいは状況によりどのように変化するのかについても注意を払っていた。アン・グライドはレシピ帳にそうした数多くの観察結果を記録している。そのなかの一つ、〝すばらしい黒軟膏〟のレシピでも、アンはわずかに製造方法を変えている。もとのレシピでは、サラダ油、白ワインビネガー、白鉛、鉛丹、蜜蠟を小土瓶に入れて熱し、〝真っ黒〟になるまで煮なければいけないとされていた。[28]アンはこの指

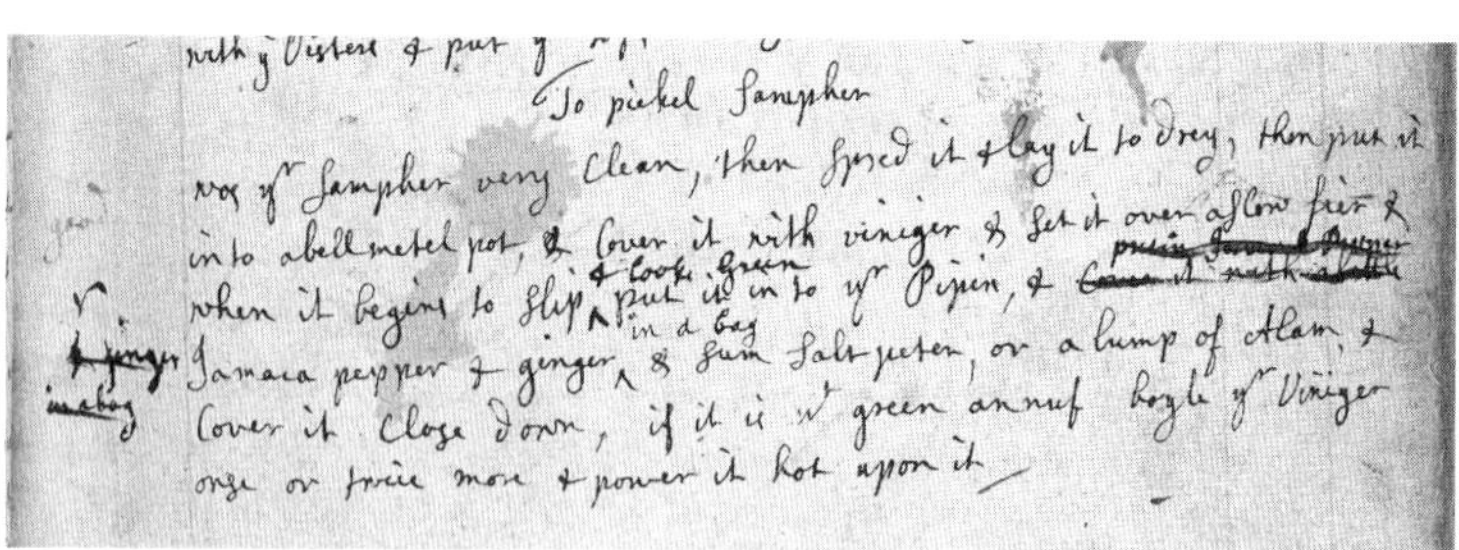
with ye Oisters & put ...
To pickel Samphier
wash ye Samphier very Clean, then spred it & lay it to drey, then put it
into a bellmetel pot, & Cover it with viniger & set it over a slow fier &
when it begins to Slip & cook green put it in to ye Pipkin, &
Jamaica pepper & ginger in a bag & sum Salt peter, or a lump of Alam, &
Cover it Close down, if it is not green annuf boyle ye Viniger
onse or twice more & power it hot upon it

図4-1　ウェルカム医学史図書館ロンドン、手稿ウェスタン文書3082,fol.68r

示書きに削除線を引き、余白にべつの手順を書き入れた。アン・グライド版では、小土瓶に入れたものを〝中火で〟熱し、ただし〝真っ黒になるまで激しくかき混ぜてはいけない〟。激しく混ぜてはいけないとの忠告は、アンがこの薬を実際にこしらえただけでなく、これらの物質が一緒に溶けるとどうなるのかを観察したことを示している。かつてこのレシピの試作でがしがしと力を入れてかき混ぜて惨憺たるものとなってしまったのに違いない。

もう一つ、邸宅主たちが材料の特質を観察していたのをよく表している事例が、ジョンソン家のレシピ帳にある〝サムファイヤのピクルス〟のレシピだ[29]（図4－1）。〝良い〟と付記され、余白にチェックマークもあるレシピで、洗ったサムファイヤにビネガーを加えて〝滑りだす〟くらいまで加熱する。そうしたら小土瓶に入れ、ジャマイカペッパー（オールスパイス）、ショウガを少々、硝酸塩やミョウバンなども振りかけ、〝密閉する〟。このレシピでは、緑色に出来上がるのが肝心だ。もとのレシピでは、満足のいく緑色にならない場合には、ビネガーを一度か二度煮立たせてから、サムファイヤに注いでもよいと助言している。ただし、緑色の加減は作り手のお好みしだいだ。

ジョンソン家の筆記帳にあるほかの多くのレシピと同様に、このレシピもその後の所有者や読者、記述者によって試され、修正されていて、余白にそれぞれの助言や提案も記されている。ある使用者は将来の作り手に、サムファイヤとビネガーの混合物を温めるときには色の変化に気をつけるよう忠告している。すなわち、緑色の濃さが次の手順の小土瓶に移す判断の目安というわけだ。さらにこの人物はペッパーとショウガを袋に入れる方式も提案している。おそらくは完成したもの――サムファイヤのピクルス――を風味づけに使った香辛料から取りだしやすくするためなのだろう。どちらの修正も、記述者が実際にそのレシピを作った経験を物語っている。様々な手順を試したからこそ、将来の作り手に色の変化を次の手順に進む目安にすることや、仕上げに望みのものだけを取りだしやすいよう手間を省く助言ができた。つまり、このレシピの試作は〝良い〟や〝承認された（こちらも余白に付記されていた）〟料理をこしらえるためだけでなく、製造方法を改良し、修正し、進化させて、材料が特定の条件下でどのような相互作用を起こすのかを観察するのにも役立てられた。

この時代の前後の世代も含めた多くのレシピ使用者たちと同じように、近代初期の邸宅主たちも置き換えをしていた。当時の医学思想においても、原料の置き換えはすでに長く行なわれ、〝代替え〟医療書の分野さえ生まれていた――代替え原料の目録書だ。[30] 同じ取り組みが邸宅主のあいだにも広まっていたのは意外なことではない。エドワードとメアリーのデリング夫妻もロンドンのベル医師の処方からセイヨウムラサキの種子とチャセンシダの葉を除いた薬をこしらえた。アン・グライドもレシピを試す際にはつねに材料をあれこれ検討していた。新たな、または古い腫れ物の軟膏の作り方には、ナツシロギク、サビン、アオノリュウゼツラン、カラクサケマンといった薬草を、もとの英語とラテン語で表記された、ヨモギ、モモの葉、サザンウッド、若いニラネギ、ワタスギギク、ヨモギギク、セロリから成る材料目録に加えている。[31]〝皇帝の水〟のレシピでは、〝ブランデーとエールを半々ずつ合わせたものに浸す方式もあるが、わたしはこれを赤ワイン四パイントとカナリーワイン一パイントにしている〟と記している。余白の書き込みによれば、アンはさらにロンドンの糖蜜を二オンス加えている。[32]

材料表に満足しても、なお分量や比率を試しもした。第5章で取り上げるバーティ家とウィドリントン家のレシピ集にある、〝わがレディ・ソフィア・チョワースの浄化強壮チンキ剤〟のレシピにもそれが見られる。作り方は、二オンスのセンナと、アニスの果実、コリアンダーの実、カンゾウ、オオグルマの根、ユソウボクを各一・五オンスずつ、干しブドウ十二オンスを〝命の水（火酒）〟に四日間浸してから漉すと記されている。そうしてできたものを晩に二匙(さじ)、朝に四匙摂るとされていた。この比率にあきらかに満足できなかったらしく、同じ人物がもとのレシピの余白に次のように書き加えている。〝センナは茎が付いていれば一・五オンスだけにして、オオグルマの乾燥させた根も一オンスにしている〟。[33]アン・グライドもレシピを使い、こしらえる際には比率や分量を調整するのがつねだった。〝動悸〟の治療薬では、クラレットの量を一匙から四分の一パイントに、サフランを〝少々〟から二ペンス硬貨ぶんくらいに増やしている。[34]そうした修正は料理のレシピにも見られる。ファンショー家の手稿では、レディ・バトラーのケーキを最上のレシピに改良しようと、ほかの材料はそのままで、小麦粉の分量だけを三パイントから三クォートに変えている。これによりケーキの風味は相当変わっただろうし、作り勝手も異なるに違いない。[35]案の定と言うべきか、このレシピにはのちに削除線が引かれている。

邸宅主たちは新たな製造方法や材料の組み合わせや比率ばかりか、薬の服用量や投与法も試さずにはいられなかった。アン・グライドのレシピ帳にはこうした事例もいくつか見られる。胸膜炎の治療薬では、もとのレシピで二時間毎に亜麻仁油を一匙ぶん摂るのを三回繰り返すとされていたのを、アンは患者が男性の場合には二匙にすると注記していた[36]。こうした変更は、アンが個々の身体に応じて、つまり老人か若者か、男性か女性かで服用量を調整する必要性に気づいていたことを示している。ただしこれだけでは、アンが理論的に算出したものなのか、実際に患者にその薬を使った結果から増量することが必要だと導きだしたからなのかは判別できない。

服用量を変えるほかにも、邸宅主たちは薬類を人体に使う方法も微調整していた。第3章に登場したピーター・テンプルは、邸宅主たちが薬類の使い方も改良していたのがよくわかる貴重な事例を残している。すでにご覧に入れたように、テンプルは三冊のレシピ帳を使っていた——新たなレシピを入手してすぐに書き込む携帯帳と、そのレシピを試した結果を書き留める中継帳、娘エリノアへ贈るための清書版だ。三冊には重複するレシピが数多くあり、それらを比較すると、テンプルがレシピを試験した過程が見えてくる。なかでも興味深いのがレディ・ティレルの目薬のレシピで、三冊のレシピ帳にそれぞれの形式で記されている。それらを比べると、テンプルが複数回にわたってそのレシピに熱心に取り組み、薬の使い方を改良しようとした努力が見てとれる。

最初にそのレシピが書かれたのはテンプルの携帯帳で、誰のものかわからない筆跡で短く雑然と書き留められている（**図4－2**）。著者名の記載はないが、この筆記帳の初めにある〝実証、実験済み処

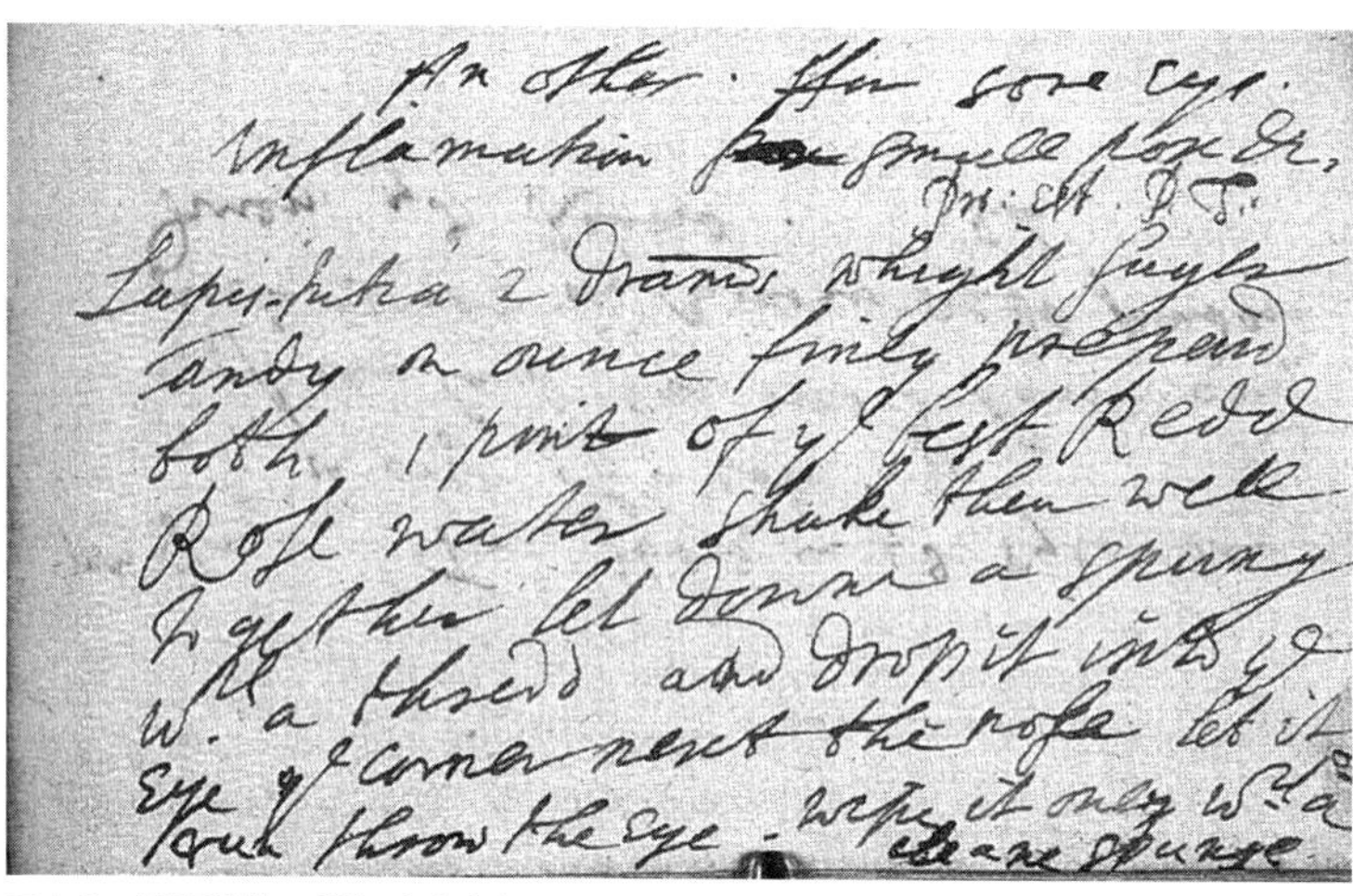

An other · ffor sore eyes.
Inflamation smelle powder,
Lapis-tutia 2 drams: whight sugar
candy a ounce finely prepared
both 1 pinte of ye best Redd
Rose water shake them well
together let downe a spunge
wth a threed and drop it into ye
eye of corner next the nose let it
run throw the eye. wipe it only wth a
cleane spunge

図4-2　大英図書館、手稿ストウ文書 1079.fol.81r

方〟と題された特別目次には〝Ja．バイネットン〟の目薬との記述がある。[37]本章で取り上げたほかの多くのレシピと同じように、作り方は簡単だ。酸化亜鉛二ドラムと白砂糖一オンスを一パイントの赤いバラ水に入れてよく振り、目に垂らす。この時点のレシピでは、簡単な使い方が記されているだけだ。〝鼻脇の目の端から垂らし、目を洗い流す。すぐに清潔な海綿で拭きとる[38]〟。

同じレシピが中継帳にピーター・テンプルの特徴的な筆跡でふたたび登場する（図4－3）。携帯帳では走り書きだったものが優美な文章に変換され、〝ジェイムズ・バイネットンよりレディ・エリノア・ティリルへ。賞賛すべき効能があり、痛みを伴わない〟と記されている。さらに〝窮余の策〟として、砂糖の代わりに〝アロエ〟を使ってもいいかもしれないと提案している。目薬の使い方もはるかにわかりやすくなっている。まずは海綿に糸を括りつけ、瓶に浸けると書かれていた。その後、混合物を

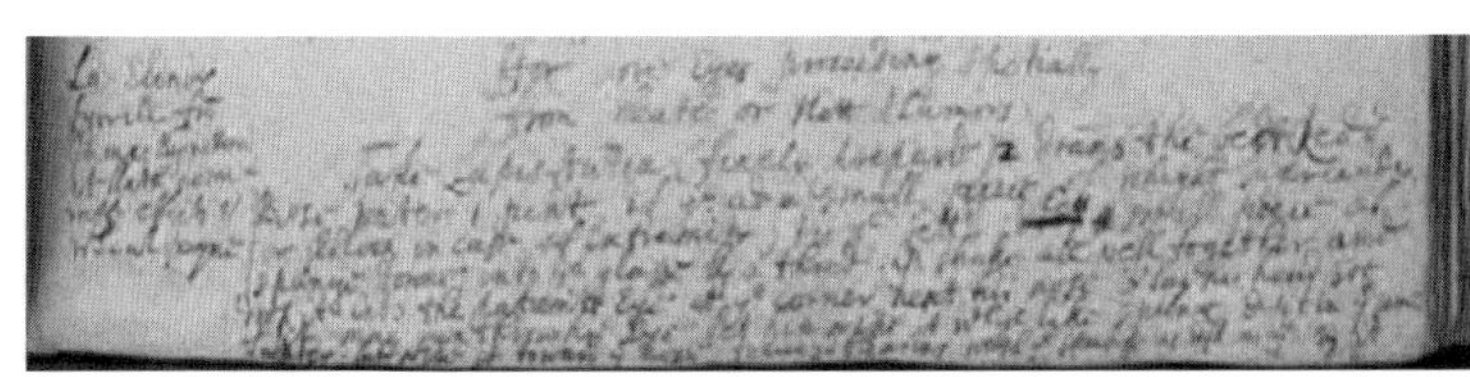

図4-3　大英図書館、手稿ストウ文書1078.fol.25r

よく振り、〝それを鼻脇の目の端から患者の目に垂らし、目から流れ落ちてしまいそうなら頭を仰向かせ、同じ水に浸けた海綿などで拭きとる。ただし、かすまないよう使うたび海綿は洗う〟[39]としている。かすむのを避けるため清潔な海綿を使うよう丁寧に念を押していることから、雑菌が入ったり、さらなる炎症を起こしたりする可能性を認識していたのがわかる。しかもこちらの変更版では、目薬の投与者に患者を仰向けにさせたほうが目薬を差しやすくなると助言している。〝贈呈〟帳に書かれた最終版のレシピでは、テンプルはまたも使い方を改良し、文章にまとめている（**図4－4**）。〝とても清潔な海綿に糸を括りつけてから、グラスに入れ、使うたびグラスの中身をよく振って混ぜる〟と指示し、〝患者は頭を枕にのせ、仰向けにさせたほうがよい〟と書いている。海綿を使う際には〝鼻脇の目の端から垂らし、きれいなまま目に入るようにする（さもないと効果を得られない）〟。さらには、目をぬぐうときには必ず清潔な海綿を使い、〝鼻から最も遠い目尻より内側に引いて、できるだけ目をかすませないようにする〟と忠告している[40]。

使い方の指示をより詳しく明確にしたほかにも、中継帳から贈呈帳に移行させるにあたり、テンプルはレシピの文章をだいぶ書き換えている。まず、**図4－4**からもあきらかなように、レシピの提供者名が略字で示され、材料の分量も簡潔なアラビア数字となっている。前章でも触れたが、テンプルは贈呈帳のレシピのほとんどでそこに含まれる知識が誤用されないよう、この表記法を使っていた。次に、携帯帳と中継帳に記された薬類のレシピと異なり、こちらの筆記帳ではレディ・ティレルへのものと限定して記されている。ピーターの妻はティレル家の出身で、ティレル家から提供されるレシピが多く、テンプル家には重要な親類だったと推測されるので、特筆すべき点だ。三つ目は、〝アロエ〟の代用が抜け落ちていて、赤いバラ水についてはʺ蕾(つぼみ)を使うのが理想的〟だと、より詳細な条件を加えていた。

この目薬のレシピはテンプルが称えているからだけでなく、三冊の筆記帳に書き分けられた内容から、治療薬の〝使用〟には実地試験が必要であったことが示されている点でも意義深い。そうした使用法のごくわずかな修正はほとんど些末(さまつ)なことと思われるかもしれないが、このように指示書きがつねに書き換えられているのは、記述者が目の不調に悩む人々に当の目薬を使っていた証しでもある。テンプル自身の観察と経験は添え書きでもさらに裏づけられている。〝わたしはもう幾度もすばらしく効いたのを見ている〟。レシピがどのように作られたのかを考える際には、蒸留の仕組みに精通していたのかや、酵母を加える頃合いを正確に測る醸造者の専門技術など、その物質を生みだすために必要な実践知識に目が向きがちだ。けれども、テンプルの目薬の事例では、いたって簡単に作られる薬でも(この目薬の製造方法でいえば〝よく振る〟だけだ)、効能がもたらされるよう正しく使うには、経験によって得られる暗黙知もじゅうぶんに必要なのだと読みとれる。使用法のたゆみない改良は、テンプルがそのような特定の意図をもってレシピを試験していたことを示唆している。

ここに列挙した数々の事例は、近代初期の邸宅主たちが薬や料理を作るなかで、入手したレシピをあらゆる方法で探究していたことを表している。レシピの余白や行間に差し挟まれた符号は多彩な試

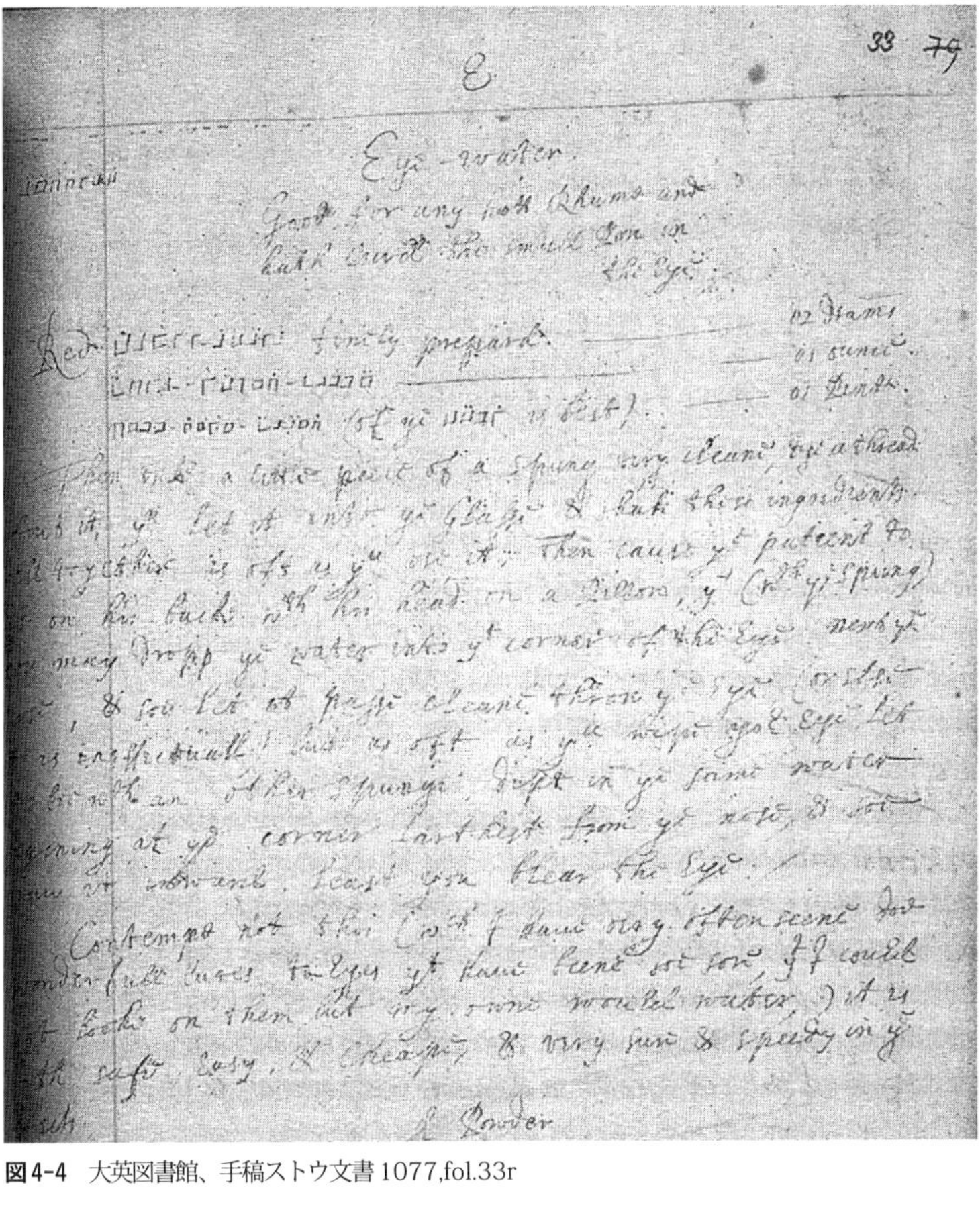

図4-4　大英図書館、手稿ストウ文書1077,fol.33r

みの記録だ。薬を個々の体質に合わせたり、それぞれの味覚や嗜好に応じた料理をこしらえたりといった、邸宅主たちの画策の一部でもあった。さらなるレシピの試験を通して、原料が環境によりどう変化し、どのように相互作用を及ぼし、外的刺激にいかなる反応を起こすのかについて理解を深めた。邸宅主たちのそうした取り組みは、当時ヨーロッパじゅうに広がっていた物質と物質性への探究に重なる。[41] ピーター・テンプルの目薬のように、試験を繰り返すなかで、薬類を人体に使って効能を得るための技術と知識を増やしていった。アン・グライドの白い蜂蜜酒のレシピに、エール、ビール、蜂蜜酒の醸造に必要な知識が取り込まれていたように、テンプルの目薬のレシピは、ごく簡単に作られる薬の使用にも実体験が求められることを教えてくれる。

レシピの記述者たちはいかにそれが〝良い〟ものなのかをかまびすしく伝えているものの、家庭で行なわれていたレシピの試用と試験の幅広さは、邸宅主たちがなんとも鷹揚にそれぞれのレシピを評価していた表れでもある。ほとんどの場合に、試用と製造方法、材料、人体への作用といった多方面での試験と評価が同時に行なわれていた。つまり、〝良い〟と記されたレシピでも数多くの変更がなされている可能性がある。何かを生みだしたときには失敗の判断をくだされても、のちにべつのものを作るときには最適の方法と見直されたかもしれない。第3章でご覧に入れたエリザベス・ゴドフリーが関わったレシピ帳でも、カーネーション（clove gilly flower）のシロップの作り方が、のちの使用者によりダマスクローズのシロップのレシピに取り入れられていた（図4－5）。

このレシピは何度も重ね書きされている。薬名も一人の注釈者が機転を利かせて〝clove〟を〝ローズ（rose）〟と書き換えて、〝gilly flower〟に削除線を引いている。作り方は新たな薬にもそのまま

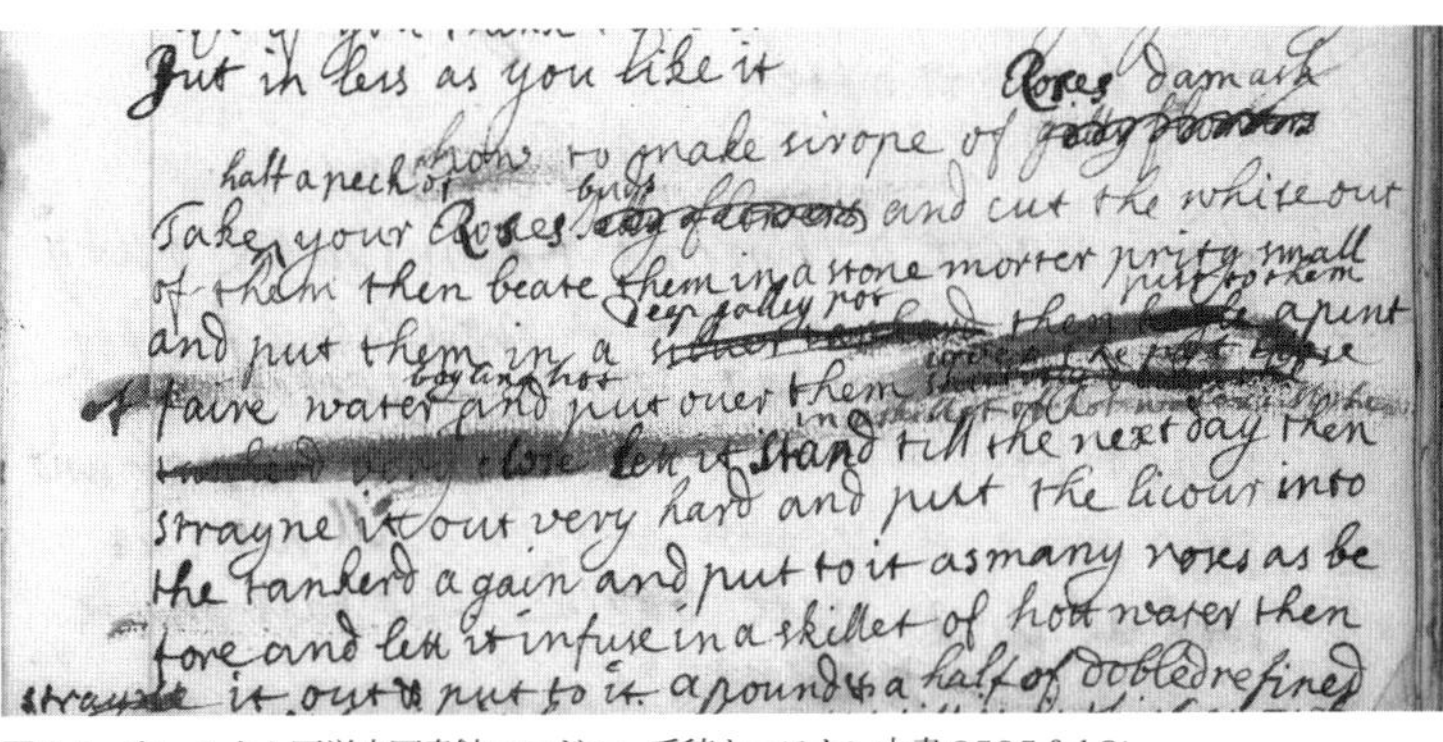
Put in less as you like it　Roses damask
Take your Roses ... and cut the white out
of them then beate them in a stone morter pritty small
and put them in a ... a pint
of faire water and put over them ...
... lett it stand till the next day then
strayne it out very hard and put the licour into
the tankerd again and put to it as many roses as be
fore and lett it infuse in a skillet of hott water then
strayne it out & put to it a pound & a half of dobled refined

図4-5　ウェルカム医学史図書館ロンドン、手稿ウェスタン文書2535,fol.8i

用いられた。変更箇所は、おもな材料をカーネーションからダマスクローズにしたのと、分量比率、それに銀製の蓋付きジョッキではなく薬剤師の使う深鍋とされている。[42] あとの作り方についてては手を付けられていない。カーネーションのシロップがたとえ効能をもたらさず、役立たずだったとしても、その技術は残しておくべきものと判断されたわけだ。こうしてカーネーションがローズに替えられたシロップのような例は、近代初期の邸宅主たちがレシピを多方面的な観点から試験していただけでなく、ある程度柔軟な評価基準でほかのレシピや、ほかの試験へ移行させていたことを示している。このシロップの例では、薬としては試験に通らなかったが、製造方法は問題なく承認されていた。レシピの不確実な特性によって成しうることであるのは間違いない。すでに述べたように、人体の複雑さゆえに薬の作用の確定には個人の経験がつねに重視され、その成分がほかの人にも有用であるかの見定めは困難をきわめた。[43] さらに、学者たちが指摘しているように、近代以前の原料、器具、道具類はいずれも新たな問題を引き起こし、レシピの作り手たちは指示書きをそれぞれの作業場で可能なかぎり取り入れて実践するしかなかった。[44] そのうえ、これまでの章でも見てきたように、家庭でのレシピ帳作りは当時の社交活動、それに敬意と義務の贈与経済により成り立っていた。このあとはレシピの社会的価値とレシピ交流の社会的役割が、邸宅主たちのレシピへの取り組みにどのように影響し、またレシピの救出にどのように繋がっていたのかを見ていく。

レシピの救出

レシピ史料群には、レシピを読み、実践していた人々が繰り返し試し、あれこれ工夫しつつも、最終段階で結局は退けてしまった例が数多く見られる。エリザベス・ゴドフリーの新鮮な凝乳を使うチーズケーキのレシピもその一例だ[45]（図4－6）。図からわかるように、このレシピには二人が注釈を付している。一人目はおそらくレシピを書き留めたのと同一人物で、バターの分量を半ポンドから三クォートに増やし、凝乳とバターを一緒に容器に入れてしっかりかき混ぜて泡立てるよう勧めている。その後、二人目のレシピの読者、注釈者、作り手となる人物がまた同じレシピに取り組んだ。この人物は卵黄の分量を十二個から八個に減らしたうえで、まずバターと凝乳とパン粉を混ぜ合わせてから漉し器にかけるよう勧め、レシピを合理化した。もとのレシピでは、残り物の白いパンのかけらをすりつぶして漉し器にかけるとされていた。二人目の注釈者の提案どおりにするほうが確実にずっとなめらかな生地が作れるだろう。それだけにとどまらず、ケーキに入れる干しブドウは〝たっぷり用意

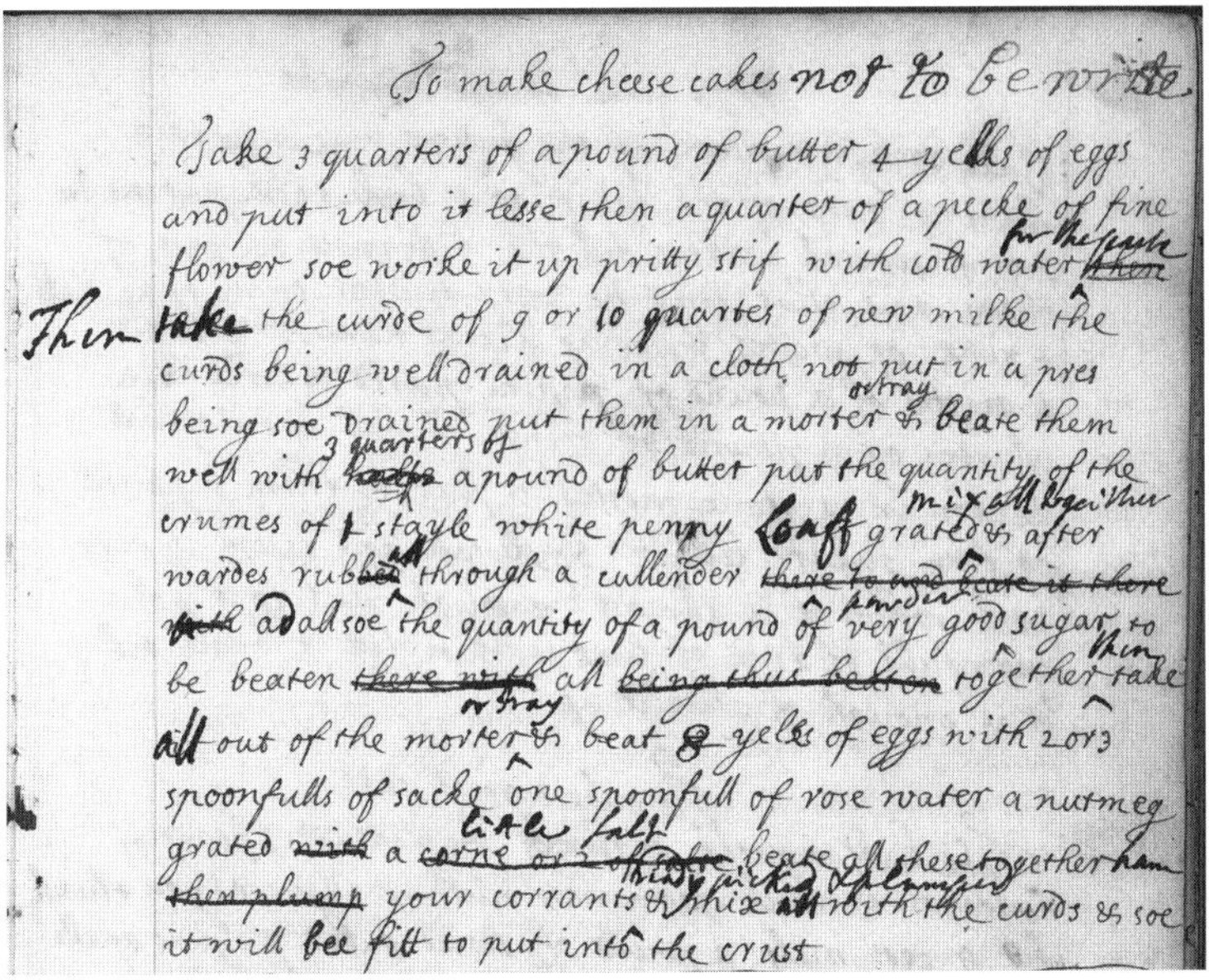
To make cheese cakes not to be writ
Take 3 quarters of a pound of butter 4 yelks of eggs
and put into it lesse then a quarter of a pecke of fine
flower soe worke it up pritty stif with cold water for the paste ~~then~~
Then ~~take~~ the curde of 9 or 10 quartes of new milke the
curds being well drained in a cloth not put in a pres
being soe drained put them in a morter or tray & beate them
well with 3 quarters of ~~halfe~~ a pound of butter put the quantity of the
crumes of 1 stayle white penny loaf grated & after mix all togeither
wardes rub all through a cullender ~~there to and beate it there~~
~~with~~ add also the quantity of a pound of very good powder sugar to
be beaten ~~there with~~ all ~~being thus beaten~~ together then take
all out of the morter or tray & beat 8 yelks of eggs with 2 or 3
spoonfulls of sacke one spoonfull of rose water a nutmeg
grated ~~with~~ a little salt ~~corne or 2 of salt~~ beate all these together then
~~then plump~~ your corrants being picked & plumped & mixe all with the curds & soe
it will bee fitt to put into the crust

図4-6　ウェルカム医学史図書館ロンドン、手稿ウェスタン文書2535,5 fol.5

しておくとよい〟とも付け加えられている。

このチーズケーキのレシピは幾重にも変更されている。どちらの注釈者も器具を替え（乳鉢から容器へ――家庭の乳鉢では九から十クォートの凝乳が収まりきらなかったのだろう）、バターに対する凝乳（チーズカード）の比率を調整し、卵黄の分量を減らし、さらに製造方法も変えている（すべてを漉し器でよりなめらかにするように）。二人の注釈者は実際にこのレシピから作ってみただけでなく、より良い作り方を模索した。あらゆる修正を施したというのに、このレシピは〝書き留め不要〟と結論づけられた。第3章でゴドフリーが複数のレシピ帳に関わった編纂者の一人であったとお伝えしたことを思いだしてほしい。そうだとすれば、〝書き留め不要〟とは、一家の信頼できるレシピ帳には転記する必要はないとの意味だと推察される。つまるところ、いろいろと修正してはみたものの、注釈者たちはわざわざ救済するほどでもないレシピだと判断し、一家の知識の宝庫へ加えるのは見送ったというわけだ。とはいえ、落第と見なされるまで、このレシピの改良のためにとても長い時間が費やされたのは興味深い。けっして思いつきで退けられてしまったのではないのは確かだ。

アン・グライドのレシピ帳にも、読者であり作り手でもある人々によって救出を試みられたレシピがあった。その標題は〝いかなる激しい炎症にもすばらしく効く軟膏〟だ。あきらかに異なる四種類のインクでぎっしり書き込みが加えられ、レシピ帳の読者であり作り手の人々が、幾度となく指示書きを見返し、追記し、作り方を修正したのが窺える。結局はこのレシピもまた救済の必要なしと判断され、削除線が引かれている。

元来はきわめて簡単に書かれていたレシピだった。六種類の薬草を細かく切って無塩バターか新鮮な油脂二ポンドに加えて煮るというものだ。[46] その後いくつかの変更がなされた。まずは標題のすぐ下で、将来の読者や作り手へ、この軟膏に蜂蜜を少し加えるとマラリア熱や聖アントニー熱にも効くと勧めている。次は製造方法が変更された。薬草をただ脂で煮るのではなく、晩に少し煮て、ひと晩おき、翌朝また煮てかき混ぜるというものだ。そして最後に、当初は〝アン・グライドの証明済み〟とされていたものが、〝イーヴンズおばから入手〟と付け加えられた。これまでの例と同様に、レシピの使用法から製造方法、出典まで多岐にわたって手直しされていた。それでも残念ながら、そのように熱心に取り組まれたレシピもやけに力強い二重線で退けられている。

ここで最後にご覧に入れるのは、ジョンソン家のレシピ帳で救出が試みられたレシピの事例だ（**図4－7**）[47]。このレシピにはスグリの果実酢の作り方が記述されている。改良前もそのあとも指示書きがずいぶんとややこしい。もとのレシピでは、水を沸かして冷ましてから、〝しっかり壊した（砕く意と思われる）〟スグリの実を加え、二十四時間おき（六時間毎にかき混ぜる）、漉して、砂糖を加え、瓶に入れ（コルクではなく紙で蓋をする）、果実酢が〝とても酸っぱく〟なるまで待つ。チーズケーキのレシピと同様に、こちらものちの読者かつ使用者によって書き込みがなされた。挙げ句、ばっさりと削除線が引かれた。注釈を読むと、のちの読者かつ使用者が精力的にレシピの救済を試みて、水とスグリの実の比率を変え、沸かした水の浮きかす（あく）を取り、休ませてから砂糖を加える手間を増やしている。水の浮きかすを取る手間を入れたのは、注釈者が水を煮立てれば不要なあくが浮いてくるのに気づいたからで、水とスグリの実の比率を変えたのは、おそらくは味見をしたからだろうし、わずかな改良の余地があることを示している。つまり、どちらの修正も一人の読者がもとのレシピからスグリの

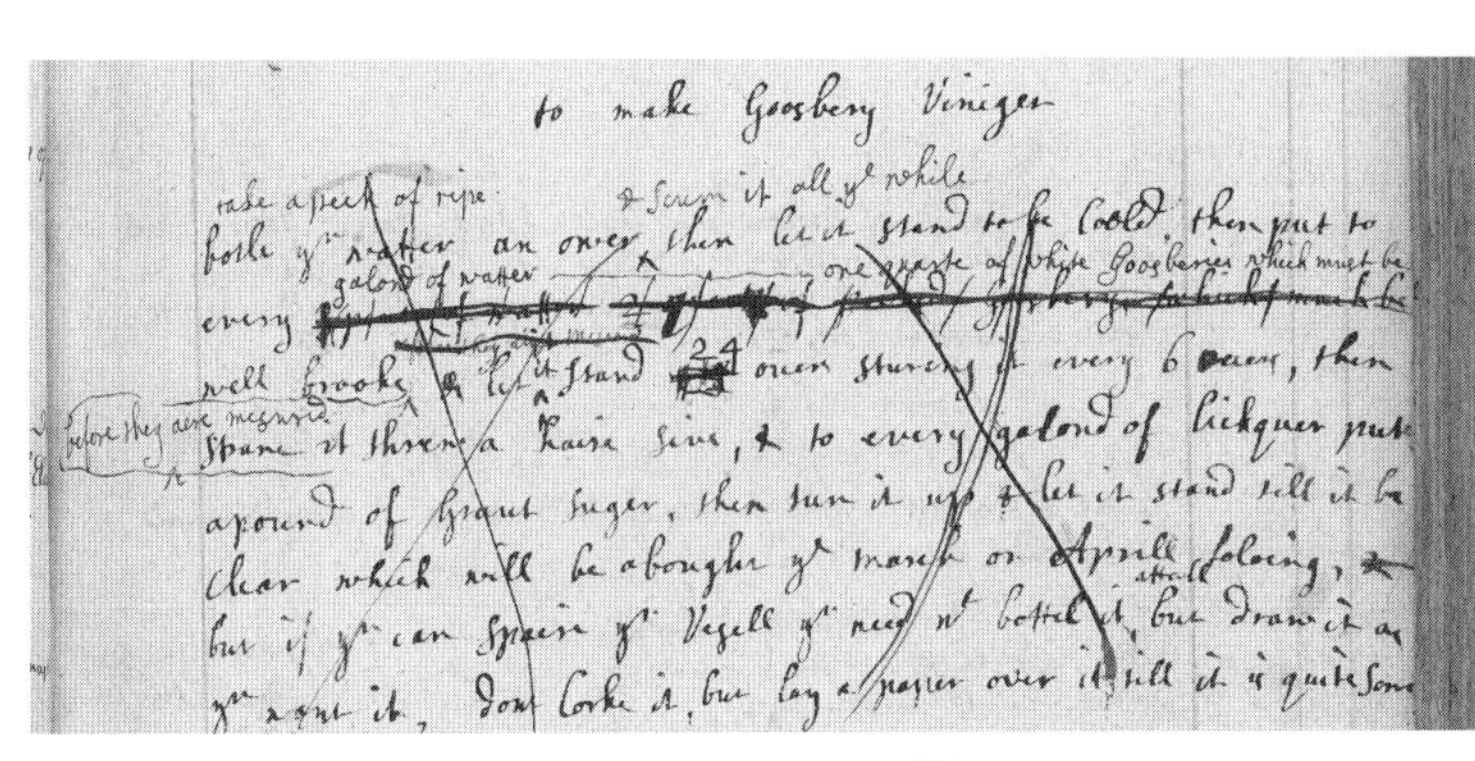
to make Goosbery Viniger

図4-7　ウェルカム医学史図書館ロンドン、手稿ウェスタン文書3082.fol.65r

果実酢をどうにか作りだそうと奮闘したのがわかる。

ゴドフリー家とグライド家の事例は、様々な修正を施したにもかかわらず、作り手と記述者たちが救済無用のレシピと見なしたものだった。いっぽうで、ジョンソン家は多くの修正を施した末に、満足のいくスグリの果実酢のレシピを作成するに至った。同じ一葉の裏面に〝妹ジャクセンが作るスグリの果実酢はじつに良い〟と題したレシピが書かれていたのだ。[48] 先ほどの削除線が引かれたレシピの変更版で、余白に〝良い〟の表記とチェックマークまで二重に付されている。基本的な作り方は同じで、水を沸かして冷まし、砕いたスグリの実を加え、時々かき混ぜながら丸一日おいてから、砂糖を加え、瓶に入れて紙で蓋をする。ただし、ジョンソン家は個々の手順の改良を続け、こちらにも注釈や修正が書き込まれている。なにより役立つのがラテン語の〝注意せよ〟から始まる指示書きで〝スグリの実を砕くと四クォート近くになるので、水は四ガロンほどは必要。これを踏まえて分量を調整されたし〟としている。このレシピ帳には日時の記載はないが、複数の色調のインクから、ジョンソン家が長きにわたってこのレシピへの挑戦を繰り返し、作り方を試し、改めていったのはあきらかだ。そうしてついに、レシピ救出への一族の努力は報われ、〝じつに良い〟とまで賞賛できるレシピを作り上げた。

三つの事例にはレシピ救済の試みがとてもよく表れている。第3章で取り上げた紙上試験の段階を通過したレシピを、ゴドフリー家、グライド家、ジョンソン家の手稿の読者や使用者たちのような邸宅主たちが、多くの時間と費用と労力を存分に注いで試験し、改良し、また試験を重ねたことがよくわかる。そうした取り組みは、じゅうぶんな修正を施しさえすれば、どのレシピもきっと救済できると信じる明るい希望に満ちている。だからこそカーネーションのシロップを生みだすには不向きなレシピでもダマスクローズのシロップに応用することもできた。そこにはレシピを開かれた指示書きと捉える背景があり、成功か失敗かの判断は移ろいやすかった。邸宅でのレシピの試験は当時の改良や作り替えの風潮と密接に結びついていた。ある指示書きを別種の花を用いたシロップに生かしたのもまた、流行や個人の嗜好の変化を反映している。そのレシピ帳を受け継いだ使用者には単にカーネーションよりもローズのシロップの風味や薬効のほうが好みだったのかもしれない。

　レシピの救出を試みたもう一つの理由は、第1章で述べたレシピの収集とやりとりの社会的な側面に起因するのだろう。贈り物に、または協力関係や人脈を築くために使われたレシピは知識としてのみならず社会的な価値も備えていた。だからレシピの収集者たちは有望なレシピを幅広い基準で評価したし、提供者の医療知識ですら考慮すべき要素の一つに過ぎなかった。そうした観点からすれば、レシピを試すのはその提供者の医療の知識に関してばかりでなく、より広い意味での信頼性を試すことでもあったのだ。ピーター・テンプルも分娩での胞衣（えな）の排出を促す薬のレシピにこう書き添えている。〝サー・アレクサンダー・ハンブルトン……この著者はほかの面でも信頼のおける人物である〟[49]。このような知識作りの方式では一手順として、レシピ帳の編纂者たちが提供者との関係から社会的価値が高いと見なされるレシピゆえに、なおさら修正し救済しようとした可能性も考えられる。提供された知識が理想には届かないものであったとしても、社交関係をゆるぎなく維持したい気持ちが働いていたのかもしれない。つまるところ、重要視されたのは提供者の医療の専門知識や信頼性ばかりではなく、時にはそれ以上のことにも及んでいたわけだ。邸宅主たちが一連の実践法を却下するまでに念には念を入れて試したのも驚くに値しない。アン・グライドが軟膏のレシピに削除線を引いたときも、その実践法を退けただけでなく、イーヴンズおばの信頼性と専門知識にも疑問を抱いていたのだろう。〝妹ジャクセン〟から提供されたスグリの果実酢のレシピにしても、ジョンソン家の親族関係がそのレシピを救出しようという熱意に繋がったのかもしれない。そうした気遣いは〝紙上試験〟の段階でもレシピを評価する要素として働いていた。第3章で詳しく取り上げたエールのレシピをコンウェーがあれほど調べ、探究し、考察していたことにも、ハーリーやサー・ジョン・トレイシーとの関係をなるべく損ないたくない思いがいくぶんかは働いていたに違いない。

レシピの書き換え、新たな知識のレシピ作り

近代初期の邸宅主たちが絶えずレシピを実践し、試験し、改良していた努力は、ほかにも多方面にわたる影響をもたらしていた。ここまでは同じ場所で、つまり一冊の筆記帳の同じ紙面でのレシピの改良、承認、却下の軌跡を見てきた。そうした筆記作業によって異なる改良版がそこに蓄積され、改良前のレシピをたどることもできた。すでに本章で提示した分析からわかるように、もとのレシピは削除線が引かれ、複数の注釈が付されながらも、参照し、また使えるくらい、はっきりと残されている。けれども、レシピの記録方式はそうした重ね書きばかりではない。なかには、変更、追記、提案をもとのレシピに組み込んで、新たなレシピに書き換えていた例もある。こちらの手法では、新たな

レシピに書き換えられた時点で、前のレシピの試験、試作の記録、さらには著者名までもが消されている。ピーター・テンプルの三冊のレシピ帳にはこの手法が用いられた事例が複数見られる。ここでは二つの事例を繙いてみよう。サー・ロジャー・ニコルズの浄化エールのレシピと、サー・アレクサンダー・ハミルトンの香膏のレシピだ。どちらのレシピもテンプル家の医療で中心的な役割を担った。携帯帳では〝厳選処方箋〟と銘打たれた一覧内に含まれ、常備すべき重要な薬と勧められている。[50]どちらもテンプルがこしらえ、使い、繰り返し試して熟知していたレシピだ。

　サー・ロジャー・ニコルズの浄化エールは〝水分とガス、不浄の体液すべてを洗い流し、気分を明るく身体を軽快にする〟などと謳われた治療飲料（ダイエット）だ。このレシピでは、浄化効果のある多数の本草（セナ、ルバーブ、アニスの実、サッサフラスノキなど）をエールに三、四日間浸し、さらにまた薬草（カッコウチョロギ、シダ、クワガタソウ、クレソン、セイヨウキンミズヒキ）とトモシリソウの搾り汁を加える。これを春と秋に月に一度くらい、一日に二回飲む。テンプルの筆記帳には二種類のレシピが中継帳と贈呈帳に一つずつ記録されていた。書き換えられたり書き写されたりするたび、多くの変更が加えられた。まず、テンプルは標題を改めた。中継帳では〝浄化エールと呼ばれる承認済みの治療薬〟としていたのを、贈呈帳では〝治療飲料（ダイエット）〟として、次のように書き添えている。〝わたしも友人たちも複数回にわたり使用して成果が確かめられている〟[51]。サー・ロジャー・ニコルズの名は紙面の左上隅にまだ残されているが、添え書きからすれば贈呈帳でのこのレシピの文責はニコルズよりテンプルにあるとするほうが適切だ。そのほかにも、もともと余白に書かれていてレシピの本文に組み込まれた情報もある。中継帳でテンプルは余白に〝朝に一パイント、晩に半パイント飲んでいる。P．T．、E．T．〝そして〝ミスター・ニコルズはコタニワタリも加えているそうだ〟と記していた。どちらの注釈も当時のレシピ帳作りの習慣を表している。先の一文はテンプル自身がその治療法を試した記録であるとともに、自分なりに調整した分量を情報として提示している。あとの一文は、レシピ交流が継続的な人間関係とレシピ情報の論議により成り立っていたことをまた気づかせてくれる。第3章でご覧に入れたように、テンプルの筆記帳は特定のレシピについてさらに調べるための印づけであふれていた。そうした余白のメモ書きは近代初期の邸宅主たちがレシピについて何度もやりとりしていたであろう様子が窺える貴重な手掛かりだ。前述の変更はどちらも贈呈帳ではレシピの本文に組み込まれていた。つまり、レシピにまとめる最終段階のあいだに、余白に位置づけられていた修正点がレシピに完全に統合されたというわけだ。[52]

もう一つの事例は、サー・アレクサンダー・ハミルトンの〝すばらしき香膏〟のレシピで、またもテンプルが何段階もの編纂手順を踏むあいだに文責者の改変が行なわれていた。このレシピは三冊のレシピ帳のすべてに記述されている。携帯帳と中継帳では、サー・アレクサンダー・ハミルトンのレシピとされたままで、変更点もごくわずかだ。[53] 同じレシピが贈呈帳では、〝傷に塗るわたしの香膏〟と題されていた。さらに、テンプルがフランスで得た知識が書き添えられ、〝本書で最も万能な薬〟とまで称されている。[54] レシピ著作者の変更と同時に、本文にも数多くの変更点が見られる。贈呈帳では、タイム、セイヨウヤマハッカ、コチニール、スペイン産ワイン、アンバーグリス、ミルラ、ユソウボク、サルサパリラなど多くの原料が加わった。ユソウボクとサルサパリラについてテンプルは〝フランス人の病気にとてもよく効く〟と特記している。[55]

おそらくこのレシピの最も大きな変更点は薬の〝効能〟の項目だろう。当初から二十種類以上の症状に効用のある万能薬だったが、贈呈帳ではじつに四十二種類にまで拡大している。もともと、痛み、捻挫、ひりつき、潰瘍、傷、火傷、痛風、坐骨神経痛、胃痛、頭痛など幅広い症状の治療薬だった。そこに新たに加えられた疾患も、麻疹、疫病、瘻、乳房の痛み、浮腫、風邪、マラリア熱、肺病、目の充血、目の痛みなどなど、これまた枚挙にいとまがない。特筆すべきは、そうした新たに発見された数多くの用途に治療の成功例が記されている点だ。テンプル自身が香膏の治療効果を得られたとの記述も散見される――〝三週間もあらゆる薬が効かなかったのに赤痢が治ってしまった〟というように。ほかの人に試した例では〝しつこい痒みに効く……（四十年も悩まされていた人を治した。P．T．）〟といった具合だ。[56]この二つはテンプル自身が治療効果を観察したものだが、もっとあいまいな成果の記述もある。たとえば、効能の二十六番目はこう書かれている。この香膏を〝ナツメグ大に砂糖に絡めて丸め、朝と夕方に食べると肺病に効く。レディ・クランプトンは血を吐くばかりだったときに医師からこれを与えられて治った。バラのジャムも同量摂るとさらに良い〟[57]。自身やほかの人の信頼に足る体験を効能の証しとして記述することで、テンプルは試用と試験により完成したレシピであることを明示している。そうした成果を踏まえて、サー・アレクサンダー・ハミルトンのすばらしき治療薬であった香膏はピーター・テンプルの処方薬へと完全に変換された。このような著作者の変更は当時のほかの著述分野でも広く見られ、レシピの書き物としての移ろいやすい特質とともに、同時代の書き物への風潮を表している。[58]

結び

エドワード・デリングのレシピに満ちあふれたひと夏と第2章と第3章で取り上げた数多くの事例は、近代初期における英国の邸宅主たちがつねに忙しくレシピの実践に励んでいたことを示している。そうした試みは純粋に好奇心から駆り立てられたものや（強い蜂蜜酒を醸造しようとしたデリングの"実験"は忘れがたい）、ベティ・デリングの火傷のように必要に迫られて取り組まれた場合もあった。近代初期に邸宅で作られたレシピ集は、そのような家庭での知識の生成活動が複雑に書き記された記録だ。レシピの収集者たちは幅広くレシピを探し求めたが、自身の有用な知識の正典に取り入れるまでには試用と試験を怠らなかった。本章では、余白に付された印や行間に差し挟まれた追記に着目し、知識のレシピを吟味し評価するために用いられた多種多様な手法を繙いた。余白と行間から三つの主題が浮かび上がってきた。

一つは、レシピの実践と試験が広く行なわれ、邸宅主たちにとって重要なことだったのはあきらかなものの、その目的や動機は多岐に及んでいた。効能を試すのも大切な要素に違いないとはいえ、家庭での試験は人体への薬効の観察だけにとどまらなかった。それにも増して、製造方法、材料、分量、使い方を試し、改良を続けた。改良には、材料の代替、個人の嗜好や調達のむずかしさに応じた材料の比率の調整、実践（特定の器具がないなど）と理論（コンウェーは水だけを三時間煮ることに疑義を抱いた）の両面の事情による製造方法の修正など幅広い変更が含まれる。そのことが、有効で成功した、つまり〝良い〟レシピであるかどうかがきわめて多くの要素から判断される理由でもあった。体質により薬効は異なり、邸宅により好みの材料は分かれ、邸宅主たちがその指示書きどおりにできるかどうかは器具や材料の調達事情にも拠る。ゆえに試用と試験の目的は邸宅ごとに、レシピごとに様々だった。

もう一つは、レシピの救出としてご覧に入れたように、レシピのやりとりは社会的・文化的役割も担っていて、邸宅のレシピ帳には各レシピに関わった人々が当の薬類を試用し試験した様子が鮮やかに描出されていた。一つのレシピを採用するか却下するかの判断は、レシピの提供者との人間関係の維持と切り離せないものだった。邸宅主たちは効能と成功の概念を鷹揚に捉えていて、だからこそなおさらレシピを心ゆくまで試しつづけた人々も多かった。現に、ゴドフリー家がカーネーションのシロップのレシピをダマスクローズのシロップに応用したように、ある指示書きがまったくべつのものを生みだすのに転用された場合でも、そのレシピは成功と見なされた。

三つ目は、実地試験と個々の実践の観察に重きを置くことで、邸宅主たちはヨーロッパ全土の数多の場で取り組まれていた活動の一員となっていた。薬類を例にとれば、そうした知覚経験による証拠の収集を主とする試験こそが、長く重要な役割を果たしてきた。アルナルドゥス・デ・ヴィラ・ノヴァやバーナード・デ・ゴードンらのような中世後期の医師たちは薬の試験と治療法の試用について、みずからの味覚、嗅覚、視覚といった感覚に基づく精緻で複雑な定則を設けた。[59] 経験に基づく知識の収集から成る薬物試験は近代初期を通じて引き継がれ、医師、薬剤師、旅回りの医者など、あらゆる医療施術者たちも、本章で取り上げた邸宅主たちが没頭したのと同じ多くの疑問を解決しようと様々な試験に挑んだ。[60]

実用的な専門知識を試験し、修正し、評価しつづけていたのは職人や熟練工たちも同じだ。科学史学者パメラ・スミスが述べているように、当時の物作りと知識の習得は密接に関わり合っていた。本書では近代初期の邸宅、そして家族とそこで働く人々の協力関係に焦点を当て、現在まで論議されてきた観点から新たな空間、新たな歴史の立役者たちへ視野を広げた。ピーター・テンプル、エドワード・デリング、アン・グライドのような史料群の登場人物たちにとって、レシピの試験、試用、承認は家庭での科学の中軸を成していた。職人や熟練工たちと同じように、レシピの試験は自然の原料と製造過程をさらに深く理解する手段だったのだ。

本章で着目した活動は個人の経験と直接の観察に重点が置かれていたものの、登場人物たちがどのような理論を組み立て、そのような実践に至ったのかについてはあきらかにされていない。何段階もの評価手順とともに、経験と試験重視の見解が明記されているエドワード・コンウェーとエドワード・ハーリーの往復書簡ですら、一連の取り組みがいかなる認識理論に基づく成果を目指したものなのかを読み解く手掛かりはほとんどない。その意味では、ちょうど発足したばかりだった王立協会の会員たちの自然哲学実験と時を同じくして取り組まれたことでありながら、両者の目的は異なっていた。[61] 実験哲学は学者たちの多大な関心を集めてきたとはいえ、科学史学者ウルソラ・クレインとウォルフガング・ルフェーヴルも指摘しているように、近代以前の実験方式と相関させた多くのもののひとつに過ぎなかった。実験哲学、技術の探究、そしてフランシス・ベーコンやロバート・ボイルのような人々によって『実験誌』で叙述された実験歴が、相互に関わり合って自然界の実地調査へ通じる重要な経路を成していた。そのような体系のもとに、〝特定の対象物や工程に関わる事実が知覚経験により収集、記述、整理され〟、また〝芸術と工芸、学究分野の両方で自然界に踏み入ることによって得られた現象が報告された〟[62]。実験歴の実践者たちはその際、概念的枠組みや根拠を定式化するよりむしろ実験記録、観察結果、自然現象の描出を収集することのほうを求めた。その物質性と生産方法に重きを置くことにおいては、邸宅主たちによる日々のレシピの試験は、近代初期の実験歴、それも多くが厨房や蒸留室で行なわれていた初期の化学の目的や取り組みともきわめて類似する。ならば、レシピの実践によって自然科学の知識を集めようと奮闘していた邸宅主たちの試みは、そうした体系とも併せて読み解かれるべきではないだろうか。かたやレシピを、かたや事実をともに積み重ね、自然界を表現豊かに描きだそうとする知識の習得文化を築いていたのだから。

第5章　家族史を綴る

一九三一年、フィリス・ブロックマン率いる男女の一団が、ケント州ニューイントンのビーチバロー・パークの田園邸宅で巨大な二つの整理箪笥をこじ開けた。おそらくはそこにいた誰もが生まれる前から開けられていなかった整理箪笥のなかを覗くと、土地の譲渡証書、婚姻継承財産設定証書、訴訟記録謄本、帳簿、日記、旅行記などの文書類、算数やフランス語文法の学習帳、猟の記録帳、医療、料理、そのほかの家庭のレシピがぎっしり書き連ねられた筆記帳が出てきた。[1] すべては十八世紀に売却されるまでそのビーチバローの地所を二百年以上にわたり住まいとしていたブロックマン家のものだった。[2] 同年のうちに、フィリスは十三世紀後半から十九世紀にかけて作成された二千五百巻以上にのぼる文書を大英博物館に寄贈した。[3] 寄贈したうちの大半はおもにサー・ウィリアム・ブロックマン（一六五八―一七四〇）と妻アン・グライド・ブロックマン、さらに夫妻の息子ジェイムズの生涯に関わる近代初期の法的文書や財務文書だった。寄贈先の収容力はじゅうぶんながら、巨大な二つの整理箪笥から見つかった文書が初めからすべて持ち込まれたわけではない。フィリスは自身の意向と家族との話し合いから、二十八巻を手もとに残した。とりわけブロックマン家の四人の女性たちが作成したレシピ帳はどうしても手放しがたかった。最も古い革綴じのクォート（四つ折り）判のレシピ帳は、内戦で重要な役割を担った王党派で、第4章の主役エドワード・デリングともレシピの交流をしていたサー・ウィリアム・ブロックマン（洗礼年一五九五―一六五四）の妻、アン・バンス・ブロックマン（一六一六―六〇）のものだった。[4] もう少し小さいほうはアンの孫娘エリザベス（一六七八没）も関わった筆記帳で、料理のレシピ集とフランス語の練習帳を兼ねていた。[5] 残りの二冊のレシピ集は、アン・グライド・ブロックマンと母アン・グライドが作成したものだ。うち一冊はフォリオ（二つ折り）判の筆記帳で、大部分は第4章でおもに取り上げたアン・グライドと家族が集めたレシピから成り、もう一つは多くがアン・グライド・ブロックマンに宛てられた、十八世紀の日付に遡る百枚ほどの綴じられていないレシピ紙の束だった。[6] フィリス・ブロックマンが発掘したこれらの文書を取りまとめると、三世代の複数の家族にまたがるレシピ史料群となっている。

フィリス・ブロックマンと協力者たちが一九三一年にその大きな木製の整理箪笥をこじ開けたときには、ビーチバロー・パークはブロックマン家が手放してから長い時を経て、寄宿制の私立初等学校に様変わりしていた。それでも、ビーチバロー・パークの建物や広大な敷地とはべつに、ブロックマン家の文書はフィリスのもので、相続財産として認められると関係者全員が同意した。一九三〇年代にはそうした文書に書かれた医療知識はほぼどれも、料理の作り方についてはなおのこと、すでに時代遅れとなっていた。フィリスは風邪薬や咳止めの作り方やケーキの焼き方よりも家族について知りたいという思いから興味を掻き立てられていたのだろう。フィリスが整理箪笥から手もとに残そうと選んだ文書からその気持ちのほどが読みとれる。選んだのは四冊のレシピ帳のほかに、リチャード・グライドが一六六六年に死去する前年に記した遺言、グライド家、ストートン家、ドレイク家の系図、ジェイムズ・ブロックマンの大学時代の筆記帳、ウィリアム・ブロックマンのドイツや北海沿岸地帯への旅の様子が詳しく記された日誌、自身の祖先アン・グライド・ブロックマンの二十四年にわたる個人の勘定記録だ。[7] この選択文書の一覧から、先祖の私生活、暮らしの楽しみ方、家族史に興味を惹かれていたことが窺える。

ブロックマン家の文書に誘われ、本章では近代初期の邸宅主たちが家族史を綴り作り上げる手段として、レシピ集があらゆる形で用いられていたことを探る。[8] 史学方法論により、関連する二つの要素から繙いていく――家族戦略と記録文書戦略の事例研究だ。中世後期と近代初期のヨーロッパを研究する学者たちは、地主階級が婚姻による特別な連携を図り、継承者を指定し、強力な社会的人脈、家族間の結びつきを築き維持して、様々な手法で資産を揺るぎないものにしていたことに着目してきた。[9] 家族史の記述と、一族の記録の保存がそうした手法の中軸を成していた。近代初期の英国では、紳士階級やそのほかの地主一族が次世代へ一貫して伝えられる文書を丁寧にこしらえて、物質面、社会面、資金面での一族の資産を書き留めて保存することにより、地域社会、国家と宮廷での地位を確固たるものにしていた。[10] そしてまた保管文書の歴史家たち、なかでもおもに公文書を研究する人々からも記録文書戦略について説得力のある論述がなされている。[11] 歴史家のキャスリン・バーンズによれば、記録文書は〝先手を打ち、筋書きどおりに進め、巻き返す〟といったチェス盤のように鮮やかに見分けられるものではない〟という。[12] バーンズは植民地時代のクスコ（ペルー中南部の市）の公文書について書いているのだが、近代初期のイングランドの邸宅における保管文書にも同じことがあてはまるのではないだろうか。本書の主役を担う紳士階級の家族たちは一族の地所と資産を守るため、また一族の存在意義、特に上流層としてのアイデンティティを形作るために、見栄えよく周到に法的文書や財務文書を整理して保管していた。ブロックマン家の法的文書や財務記録にレシピ集も含まれているのは、レシピの書き留めが邸宅の幅広い文書保管作業のれっきとした一部だったことを示唆している。レシピの収集者や作り手たちが勤勉に実践法を集め、試して、然るべき相手に引き継ごうとした習性は科学者たちにも相通じるものだった。ジョン・オーブリーやジョン・エヴェリンら博物学者たちはつねに知的遺産を保存するための戦略と巧みな手段を模索していた。[13]

レシピの書き留めはほかの学者たちが立証してきたように、アイデンティティを確立する一手段だった。[14] 本章ではそこからさらに視野を広げ、近代初期の邸宅を一単位と捉え、邸宅の史料保管庫が構築されていくなかでのレシピ帳作りの位置づけを見ていく。レシピの収集とレシピ集の編纂は〝一族の文書作り〟とも言うべきものの一面を担っていた。近代初期の邸宅主たちは土地の譲渡証書から地代勘定や誕生と死亡の記録まで、邸宅の社会的・経済的資産に関わるあらゆる文書を作成し、取りまとめ、保存した。レシピとレシピ帳は一家のこの文書作りにおいて重要な役割を果たした。併せて見ていくと、そうした記録文書は家族の社会面と経済面での歴史を物語っているだけでなく、一族のまさしく独自性を描きだしている。本章ではまず、わたしたちの研究史料群に登場する人々がレシピ帳にどのような価値を見いだしていたのかを考察し、その価値観と家族史の記録と社交活動との関わりに繋げていく。そのあとで、一族の文書作りとはどのようなものだったのかを解説し、近代初期の人々がいかなる戦略を用いてレシピを書き留め、記録し、保存し、それぞれの家族というものを築き上げていたのかを深く掘り下げる。

大切な物――レシピ帳を家族に残す

フィリス・ブロックマンはまったく思いがけず祖先の文書を受け継いだかのように見えるが、現存する史料は多くの近代初期の男女がそうした文書の継承者について強い関心を抱いていたことを示唆している。殊にレシピ帳については、邸宅主たちがその物の譲渡先を確定しておこうとした形跡がじゅうぶんに残されていて、レシピを価値あるものと見ていたことを明示している。第1章では、レシピ帳が然るべき家族に渡るようジョアンナ・シンジョンが記した遺贈目録を紹介した。またべつの一家の母、レディ・フランシス・キャッチメイの場合には、子供たち全員にみずからが長年収集してきた家庭の実用知識を引き継げるよう手を打った。そのレシピ集の一葉目には次のように献辞が記されている。

> 薬類、保存、料理その他から成る本書は、わたしレディ・キャッチメイから息子サー・ウィリアム・キャッチメイに譲渡し、また彼の兄弟、姉妹の全員にその真正な写し、あるいは各人が望む一部について届けられることを切に望み、託するものである。その願いの証しとして、本書の譲渡に関し、ここにみずから記す。Ed. Bett.[15]

ウィリアム・キャッチメイへの〝家族の書〟の贈呈には、そこに含まれる知識を伝達する使命も課せられていた。フランシス・キャッチメイの丁寧な指示書きは、キャッチメイ家がレシピに大きな価値を見いだしていた事実と、実用知識の文書をそっくりそのまま（真正な写し）提供するのが兄弟、姉妹の絆を保つ術(すべ)にもなっていたことを表している。

キャッチメイ家が遺贈文書に記していたようにレシピ帳の写しを取ることは、ごく一般的だった。たとえば、チャールズ・ハワード（一六三〇―一七一三）は一六七九年に姪の〝ヴァルパリソ侯爵夫人〟のため〝カーライオン夫人の書〟の写しを依頼している。[16] 邸宅主たちはみずから親類のレシピ帳の写しをこしらえもした。メアリー・グローヴナーも祖母の筆記帳から一部を書き写し、その部分の最後にこう付記している。〝以上は祖母チャムリーの薬の筆記帳からの転記[17]〟。グローヴナーがレシピの出典について丁寧に付した但し書きには祖母の専門知識と家族の絆への深い敬意が示されている。

家族のレシピ帳を手にするのは多くの近代初期の男女にとってきわめて大きな意義があった。リンカンシャー、スポールディングのジョンソン家のように、第二世代が〝家族の書〟を受け継ぐ権利を自負していた例も見受けられる。古物蒐集家で法廷弁護士のモーリス・ジョンソンは継母のレシピ帳の所有権をことさら強く主張していた。現在その筆記帳には三つの所有権の署名が見られる。最初が〝エリザベス・フィリップス、一六九四〟で、エリザベス・オールドフィールド・フィリップスがジョンソン家へ嫁ぐ前に記されたものだ。次の〝エリズ・ジョンソン。母ジョンソンより贈られる〟は、モーリス・ジョンソンの妻、エリザベス・アンブラー・ジョンソンによって書かれたものと見てほぼ間違いないだろう。最後が、その夫モーリス・ジョンソン自身が記したもので、〝リンカンシャー、スポールディングのモーリス・ジョンソンがこの家族の書を保持する権利を有するものと任ずる〟とある[18]（図5－1）。

モーリスの家庭の実用知識への熱意はほかの知的興味とも関係していたのかもしれない。というのも、彼はリンカンシャーのスポールディング紳士協会の創設メンバーの一人だった。イングランドのそのような組織の草分け的存在で、全盛期には博物館や薬草園も所有していた[19]。モーリスが所有権を主張したレシピ帳はその後、本人と近しい家族によってじゅうぶんに活用されたのは間違いない。多くの編纂者によりレシピが再考され、注釈を付され、十九世紀の中頃まで新たな情報が書き込まれつづけていた[20]。ジョンソン家が代々労力を注いだ成果として、モーリス・ジョンソンが記した〝家族の書〟の呼称はふさわしいだろう。

ここで取り上げた多くの事例は相続と遺贈がレシピを伝承する主要な仕組みだったことを物語っている。学者や自然哲学者たちがみずからの研究報告書の行き

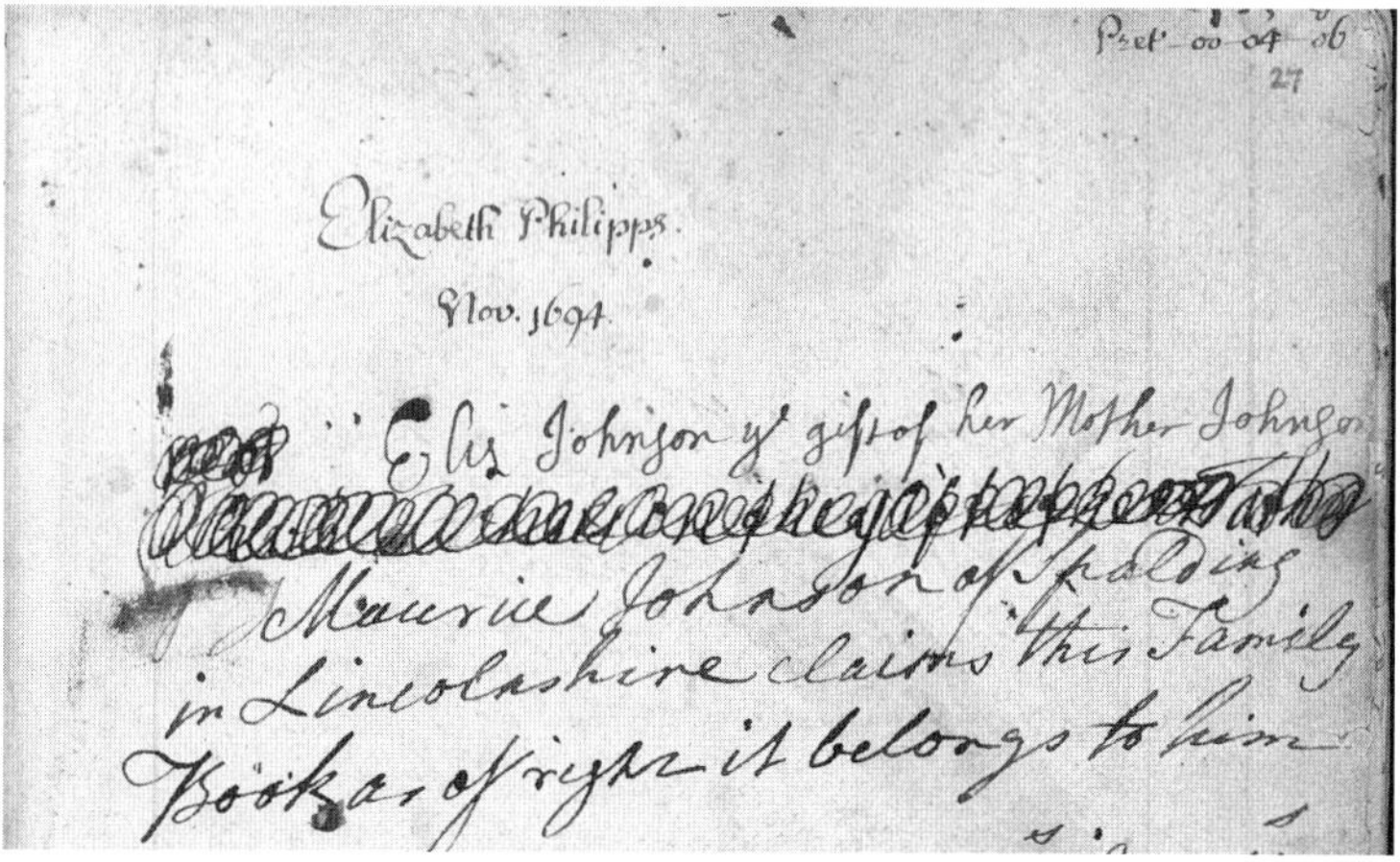
Elizabeth Philipps
Nov. 1694
Elis Johnson ye gift of her Mother Johnson
Maurice Johnson of Spalding
in Lincolnshire claims this Family
Book as of right it belongs to him

図5-1 ウェルカム医学史図書館ロンドン、手稿ウェスタン文書3082.fol.27r

先を指定しておくのと同じように、レシピ帳の作成者や使用者たちもみずからの知識の貯蔵庫を将来にわたって利用できる人々について注意深く限定していた。[21] このことがレシピ帳作りの面でもいくつかの影響をもたらした。〝家族の書〟が代々受け継がれるなかで、新たな所有者はそれらを増やし、改良し、使いやすく変えることに努め、レシピ帳作りは長きにわたる共同作業となった。アダム・スミスは備忘録と日記の関わりについての考察で、多くが数世代にわたって作られた備忘録は一家によって書かれたものと捉えられ、一族の知恵の保管庫と見なされると論じている。[22] レシピ帳も同じように考えられるのではないだろうか。

ジョンソン家とキャッチメイ家の事例からもわかるように、家族の筆記帳の継承は概して男女のべつなく行なわれた。近代初期の母親、父親、息子、娘が同じように家族のレシピ帳とその知識庫を財産と見なし、いかにして残していくか慎重に策を講じた。そのような考えが働いたのは、筆記帳に含まれる知識のレシピが前章で示されていたように、じかに試して確かめたうえで家族の嗜好に合わせて改良されたものだったからだけでなく、このあと述べるように、レシピ帳には家族史と社会との繋がり、邸宅同士の連携すらも記録されていたからでもあったのだ。

家族の共同作業の記録

フィリス・ブロックマンが手もとに残した四冊のレシピ帳の一冊が、これまでの章にもすでに何度か登場しているアン・グライドの筆記帳だ。おもにアン・グライド自身の手で書かれているものの、ほかの家族も大きく貢献していた。リチャード・グライドは亡くなるまで、アンとともに家庭の知恵の収集役を担い、馬の病気を治す二種の薬を含め、収集したり考案したりしたレシピをいくつか書き留めている。[23] 男女で役割分担がなされていたシンジョン家でサー・ウォルターが馬の購入に関心を見せていたことなどを思い起こせば、リチャードが家族のレシピ帳で蒸留室よりも厩舎で役立つ貢献をしていたのも意外ではないだろう。アンとリチャードの娘エリザベスも成長すると家族のレシピ集作りに加わった。たとえば、鼻血の治療法、それとはまたべつの〝緩んで放たれるもの〟の治療法にはどちらも〝エリザベス・グライドが証明済み（probatum）〟と署名されている。[24] この〝証明済み〟はおそらくグライド家とブロックマン家のレシピ集全体を通して効き目を示すため頻繁に使われている〝probatum est〟の略記だろう。リチャードが記述している動物用のレシピでもやはり同じ略記が付されている。[25] そのほかにも、消化を促す〝消化水〟の作り方についても〝わたし自身で証明〟という記述に削除線が引かれ、〝アン・グライドが証明済み〟と書き換えられている。[26] グライド家とブロックマン家のレシピ帳に付された注釈は、これまでの各章に登場した邸宅の人々と同じように、エリザベス、リチャード、アンが共同で薬や動物についての実践法を整理し〝立証〟していたことを示している。

グライド家の娘たちのなかで、一家のレシピの収集と試験に参加したのはエリザベスばかりではない。マーサもリチャード・ドレイクに嫁いでなお近しい関係を保ち、母と妹アン・ブロックマンへレシピを提供しつづけた。第1章に登場したフェアファクス家の女性たちと同じように、マーサも婚姻を通して新たな知人やレシピの情報源を得ていたのだろう。そうしたレシピの交流網の新たな受信地から入手した実践法にはきちんと注釈が付記された。その一つ、壊血病のレシピには〝これはドレイク家に嫁いだ娘レディ・クレイトンのレシピ〟と記述されている。[27]さらに、綴じられていない紙に収められたレシピ群のなかにも、一六九三年にサラ・ドレイクから得た壊血病の〝万能治療薬〟の作り方など、ドレイク家と繋がりのあるレシピが数多く見られる。[28]姉マーサと同様に、グライド家の末娘アンもまたウィリアム・ブロックマンに嫁いだあともレシピ集作りに関わりつづけた。アンは結婚後も母親と近しくしていたらしく、だからこそブロックマン家の文書のなかでグライド家の筆記帳も生き残るに至ったのに違いない。一六九九年にブレッチングリーで母と過ごした折にアン・ブロックマンの署名入りで綴じられていない紙に記されたレシピは、母娘がともにレシピ集の充実を図っていた様子を物語っている。[29]

ブロックマン家の女性たちは近しい親族以外にもレシピ情報を求めた。そのような例としては〝わが姉チャンドラーより。アン・グライドが証明〟との署名が付いた〝あらゆる傷に塗る〟レシピ、〝イーヴンズおば〟からの疲労を癒やすレシピ、〝いとこスミス〟からの〝消化水薬〟の作り方などがある。[30]数年後、母親が死去したのちも、アン・グライド・ブロックマンはイーヴンズ家とのレシピ交流を続け、一六九八年付で〝いとこアン・イーヴンズ〟のうがい薬のレシピが綴じられていないレシピ集のほうに残されている。[31]あらゆる親族から提供された個々のレシピがそのレシピ帳に記されているのだから、それぞれが一族のレシピ集作りの共同作業に参加し、貢献した記録でもある。このようにして、グライド家とブロックマン家の手によるレシピ帳は多様な役割を担っていた。家族の実践法のレシピを貯蔵する場所であると同時に、共同で知識作りに取り組んだ記録、家族のそれぞれが婚姻により連携先を得た証し、さらには家族の人脈の広がりを描きだした案内図でもあった。

社会的信用と恩義の記録台帳

ブロックマン家の綴じられていない紙の束のレシピ集には、〝ケント州カンタベリーのミスター・フェナーのコーヒーハウスにてロンゲージのスコット夫人に〟宛てたものとして、のちに〝一七一一年、ホルダー夫人、黄疸のため〟と付記された一枚が差し挟まれている。ルバーブ、サフラン、チコリー水、バラの糖蜜を調合する下剤と、卵殻、サフラン、ナツメグ、砂糖を使う〝卒倒〟に効くとされる粉末の作り方が同じ一葉の表と裏にまとめられている。いささか妙なのは、そうした二つのレシピの終わりに一見関係のない事柄が書かれている点だ。性別すら不明の記述者はこう続けている。

ミスター・リチャード・モーガンの妻は乳房の癌で死に、ハモンド夫人の夫も先日亡くなり、夫人に一年につき五百と新たな家を買えるだけの大金を遺し、夫人は馬車馬を二頭買い入れようとしている。ホルダー夫人曰く、いとこのハモンド夫人にはぜひ新たな権利を得たと考えて、再婚のためにもそうした計画は断念するよう望んでいるとのこと。[32]

読んでいるうちに一瞬にして、蒸留室や病床から邸宅での世間話の只中へ誘い込まれてしまう。十八世紀初頭の客間では、友人、家族、親族についての噂話が嬉々として好まれ、やりとりされていた。手紙のようでレシピでもあるこの文書は、家庭の知恵のやりとり、伝達、編纂の背景に様々な社会の仕組みが働いていたことを浮かび上がらせ、レシピがあらゆる知人たちの健康や〝新たな権利〟の最新情報とともに気軽にやりとりされていたことを示している。これまでの各章で社交がレシピの伝達に一役買っていた仕組みを紹介し、レシピが同時代の贈与と義務の経済に好んで活用されていたことを解説した。レシピを贈られれば、レシピやそのほかの厚意で報いなければならなかった。

またべつの例では、サー・ハンス・スローンが博物学者フランシス・ウィラビー（一六七二没）の娘カサンドラ・ウィラビーとの友情を結ぼうとした際に、まずは互いにとって共通の支援者であるモンタギュー公爵の用件で手紙を書き送った。そして、二通目では二つの厚意を明示している。スローンがカサンドラの弟トマスを王立協会の会員に推薦し認められた知らせと、カサンドラがモンタギューの家で賞味したカシュー砂糖のレシピだ。スローンによるカシュー砂糖のレシピの贈り物はカサンドラにとって幾重ものありがたみを感じさせるものだったに違いない——おもな原料のカシューナッツは二人がともに関心を寄せる希少で価値ある堅果だった。モンタギュー邸でともに味わった菓子のレシピとの添え書きも、自分たちが地位ある富裕な支援者を通じた間柄だということを改めて強調している。[33]

さらには、第三章で取り上げたコンウェーとハーリーとサー・ジョン・トレイシーのエールのレシピについての事例からもわかるように、レシピの提供は対話を繋ぎ、新たな協力関係や友情を育むきっかけとなる便利な手立てだった。だからこそ、近代初期の男女にとってレシピによる交流の経済活動を記録しておくことは欠かせず、手書きのレシピ帳がその役割を担っていた。

そうしたレシピ帳の重要な特徴の一つが、第1章でも触れたように、レシピの提供者、そして時にはレシピを入手した日時や場所も記されている点だ。邸宅主たちが記録すべき肝要事項と考えていたのはあきらかで、来歴を詳細に残そうと並外れて長く書き連ねられているものも多い。チェスターフィールド伯爵、フィリップ・スタノップの場合にも、痛風のある薬についてもともとは〝イタリア人医師〟のものとしながら、〝わがレディ・ハバートの知人で幾度も効果を得ているというランバーストリートのジェイン・ペロット夫人〟から自身が受けとったものだと付記している。[34] エリザベス・フレークの備忘録とレシピ集にも同じような例が見られる。一七〇七年に麻痺の水薬について〝いまはレディ・シンジョンとなったレディ・フレーク〟から与えられたものと丁重に記しつつ、もともとはレディ・フレークのドーセットに住まう祖母から受け継がれたレシピとも書き添えている。[35]

スタノップとフレークがレシピの〝著者〟をわざわざ記しているのは、ほとんどが紆余曲折を経て、何人もの媒介者を通してその編纂者のもとにたどり着いたレシピであることを物語っている。それ以上に重要なのは、媒介者の名も記すのが当たり前だったという点だ。そうせずにはいられなかったのには様々な事情が考えられる。まず、これまでの各章で見てきたように、レシピの作り手は提供者に問い合わせをする傾向があり、そのため情報元を知っておく必要があった。次に、繰り返し例示しているように、一族のレシピ集は代々受け継がれて使われていた。来歴を詳細に明示しておくのは、子孫や次の使用者たちにもともと信頼できる提供者から得たものであると伝える意味もあった。さらには、レシピがささやかな贈り物として——敬意や親愛の情や感謝のしるしに——頻繁にやりとりされていたことを考えれば、提供者を書き留めるのは、贈り物を受けとり、つまりは返礼を忘れないよう記録しておくことでもあったわけだ。当然ながら、どの程度の返礼をすべきかは、編纂者がレシピの効能や利用価値を見定めてから判断されたのだろうが。

個々のレシピをささやかなお礼のしるしと見るならば、一族のレシピ集は受けとった贈り物の台帳として読むこともできるだろう。いわば社交と知識の贈与経済の貸し借りを記録し、家族の人脈と協力関係を映しだしたものだからだ。[36] ゆえに、この家族の書を受け継いだ次世代の読者や使用者たちは、秘蔵の実用知識のみならず、一族が築いた人脈の記録を受けとり、地域社会での自分たち家族の位置づけを確かめられた。レシピを読み、使用する各家庭にとって、レシピ集は社会的責務の通知書であるとともに資産——いざとなれば頼れる専門家の名簿——でもあったのだ。そうだとすれば、邸宅のレシピ帳は、古典文学研究家たちがこぞって作成した『友人録（album amicorum）』や、ジョン・オーブリーの『ウィルトシャーの自然史（Naturall Historie of Wiltshire）』のような十七世紀の博物学者たちの〝文書〟など、同時代のほかの執筆物ときわめて類似性がある。科学史学者エリザベス・イェールは『ウィルトシャーの自然史』について、〝オーブリーが博物学者仲間との友情を記して残した場所〟と論じている。[37] 一家の人脈と協力関係という〝財産〟の記録として、レシピ帳は財務書類や法的文書と同等に大切にされ、このあと述べるようにたいがいはともに保管されていた。

文書の整理箱、情報の書

土地の譲渡証書、遺言書、借地や地代や科料の記録など公文書や法的文書とともに、ブロックマン家は大きな木製の整理箪笥に家系図や家族に関する記録も保管し、そこは所有資産のみならず、その所有者たちをもあきらかにする記録文書庫の様相を呈していた。それらの文書全体を通覧すると、一族の地所、不動産、その州での公的役割、邸宅の日常の出来事がすべて残されている。そうした一族の記録文書庫をこしらえていたのはブロックマン家だけではなかった。十七世紀以降、英国の上流階級は、家系図、法的文書、財務記録といったものを整理箪笥や専用の文書室に保管して個人の記録文書館作りに力を注ぐようになった。[38] 綴じられた筆記帳のなかにも、もう少し控えめにまとめられた記録文書庫が作られていた。こちらは子孫が何年後かに閲読することを見越して、法的文書や財務記録のほか、誕生と死去の記録、家族の日常的な交流録、希望や夢まで、有用な情報ばかりが丁寧に綴じられた文書に収められている。なかでも、シャンドス公爵夫人、カサンドラ・ウィラビーの〝ウラトンのウィラビー家の帳簿〟は手書きの二巻に及び、読みごたえがある。[39] 多くの場合に、そのような筆記帳は家族のレシピの貯蔵庫としても使われていた。近代初期の邸宅主たちにとって、レシピと家族の記録文書庫は切り離せないものだったらしい。

オックスフォードシャー、ホリウェルのネイピア家もそうした筆記帳を残している。革綴じで標題紙には最初の所有者エリザベス・パウエル（一五八四没）の頭文字が刻印された筆記帳だ。エリザベスがウィリアム・ネイピア（一六二二または一六二三没）に嫁いだ際にオックスフォードシャーに持参したものなのだろう。エリザベスの死後、この筆記帳は二人の息子クリストファーとエドムンド（一五七九―一六五四）に引き継がれ、孫息子ジョージ（一六一九―七二）の所有となったあと、曾孫娘マーガレット・ネイピア・ネヴィルの邸宅へと行き着いた。[40] パウエル家、ネイピア家、ネヴィル家の各世代がその筆記帳に軌跡を残している。エドムンド・ネイピアは〝エドムンドがクリストファー・ネイピアより譲り受けたわたしの書〟と明記している。同じ筆跡で自分と兄クリストファーの誕生日、エリザベス一世の戴冠式の日付が書かれ、のちに別人の筆跡でエドムンドの死去が記録されている。ほかの頁には、おそらくはエドムンドが妻とのあいだにもうけた子供たちと思われる十二人が一六一〇年から三一年に誕生した記録が残されている。そのうち、ウィリアムとエリザベスの二人は幼少期に亡くなった。そのほかの子供たちについては死亡日は書かれていないが、それぞれの誕生日と教父母については丁寧に記されている。[41] 次世代のエドムンドの息子ジョージ・ネイピアと妻マーガレット・アーデンは家族の人生における重要な出来事を記録した。その記述によれば、二人は一六四七年一月十三日に結婚し、一六四八年八月三十日木曜日に男児が生まれたが、残念ながら午前七時頃までしか生き延びられなかった。その後、マーガレット、メアリー、フランシスがそれぞれ一六四九年、一六五〇年、一六五二年に誕生した。[42] この筆記帳にはまたネイピア家の地所に関連した賃貸、地代、支出入など種々様々な財務と土地の情報、一七二〇年代から三〇年代にかけての手紙や図書目録も含まれている。[43] そうした財務情報と法的文書と家族史のなかには多くのレシピが織り込まれ、オレンジ、プラム、そのほかの果実の保存方法、マラリア熱やひきつけの治療法、加熱や陽光を使わずにインクを作りだす方法などが記されている。[44]

この筆記帳は一冊でネイピア家の数世代にわたる財務状況、私生活、社交、知的な活動の報告書となっている。規模は小さいながらもフィリス・ブロックマンが大量の文書を見つけた二つの整理箪笥と同じ役割を担っていた。ここで強調したいのは、ブロックマン家もネイピア家も、確実にレシピ集を家族の記録文書の一部と見なしていたことだ。ブロックマン家でレシピ帳が土地の譲渡証書や婚姻継承財産証書と同じ整理箪笥にしまわれていたように、ネイピア家ではレシピが支出勘定や家族史と同じところに併記されていた。

ネイピア家、そしてグライド家とブロックマン家の様々な情報が詰め込まれた家族文書は、イタリアの〝家族の書（libri di famiglia）〟や〝追憶の書（ricordanza）〟、もしくはフランスの〝日々の記録帳（livre de raison）〟など、つまり家長が家族に関わる日時や周辺地域の出来事を記し、財務と法的文書を差し挟んだ筆記帳を呼び起こさせる。[45] 一族の記録文書として、そうした筆記帳はしっかりと管理され、父方の直系に受け継がれ、一族の資産、あるいは〝家族の系譜、親の経歴、社会的地位、子供たちの教育、結婚、危機と死去〟が永久に残るよう文書にまとめられた。[46] 家族の歴史をとどめたものが受け継がれることで、親や年長者たちが一族の独自性を確立し、人脈やあらゆる財産を維持するための戦略を明示することもできた。かつてのイタリアの家族の書やフランスの日々の記録帳が父系のみに限定して伝達されたのに対し、十六世紀と十七世紀の英国では、女性がそうした情報の継承者となる例も多かった。[47] 近代初期イングランドの文化を研究するキャサリン・ホジキンによれば、近代初期の英国の紳士淑女は家族の歴史や家譜の記録を〝系図の構築と再構築により、望ましい形で土地の所有を継承し、名家との結びつきを誇示し、祖先の功績と高貴さを明示して、地位を確たるものとする〟手段に用いた。近代初期の英国では、女性も〝男性と同じように家系を引き継ぐことに熱心で、続々と一族の系図学者となり、一族の暮らしを追想し記録した〟風潮があったという。[48] 家族への協力者や貢献者の記録、社交の貸し借りの台帳、一家の人脈の案内図として、レシピ集も家族史の書き留め作業の一つにしっかりと組み込まれていた。こうした複雑な作業の担い手は、帳簿類などの邸宅のほかの書類仕事と同様に、家族それぞれの気質、生涯のなかで担う責任やその時々の必要性に応じて、男女のべつなく移り変わった。[49]

レシピと一族の文書作り

近代初期の邸宅主たちはレシピ帳に家族の歴史を記し築き上げていくなかで、書き写しや索引、誕生日と死去日の一覧表、詳細な記録の保持など、様々な事務作業や整理手法を用いた。第3章と第4章では、邸宅主たちが、複数の筆記帳の使用や、罫線での頁分割、試験と試用を重視したレシピ作りの一工程として新たな知識を評価し種類別に整理するための注釈表記方式など、情報管理戦略や文書整理術を駆使していたことを繙いた。そうした事例では、個々のレシピについてその時点での実用知識としての位置づけと評価を記すために、紙と要約筆記がいかに用いられていたかが明示されていた。そこで述べたように、当時の邸宅主と学者たちが用いた情報管理戦略と文書整理術は似かよっていた。フランシス・ベーコンやロバート・フックと同じように、ピーター・テンプルとエリザベス・ゴドフリーも下書き帳や雑記帳と清書用の筆記帳を使い分け、新たな知識についてのその時点での実用性を表記していた。つまり、邸宅での知識作りとそれに伴う表記作業も間違いなく学識豊かな人々のおもに科学における筆記の史学方法論により読み解くことができる。[50] 逆に言えば、事務作業と文書整理術は当時の大学を主とする学術分野以外でも重要な役割を果たし、近代初期のヨーロッパじゅうで、法令の制定や複雑な財務勘定の管理、さらには日常の暮らしの記述を通してアイデンティティを生みだし確立するためなど、より個人の生活に近いところでも役立てられた。[51] 現代の研究では、当時の筆記術が男性たちの取り組みに与えた影響に焦点が当てられがちだが、マーガレット・エゼルとヴィクトリア・バークら文学者たちは、近代初期の女性たちも熱心に筆記帳に記述し、みずからが生きる世界での役割をあきらかにするため同じように筆記術を用いていたと論じている。[52] というわけで、このあとは男女の垣根を越え、邸宅の人々が共同でレシピ帳を作るなかで用いられた文書整理術を詳しく見ていく。様々な事例を調べると、個々のレシピやレシピ帳には多くの意味が付与されていたので、邸宅主の男性も女性も家族と記録文書についてのそれぞれの計画を叶えようと〝一族の文書作り〟のもとで、あらゆる戦略を用いていたことがわかる。まずは一族の資産としてのレシピ、子供たちのためのレシピ帳作り、誕生と死去の記録のおもに三つの取り組みに焦点を当てて繙いてみよう。

一族の資産としてのレシピ

集大成となる〝家族の書〟を作り上げたのはモーリス・ジョンソンだけではない。ほかにも近代初期の邸宅主たち――おもに男性たちは蔵書票、レシピの再編、一族のレシピ大全作りなど、多様な文書整理術を用いていた。レシピ帳を重要な意味を持つ〝家族の書〟に変換させた、ゴドフリー家とフォーセット家、そしてチェスターフィールド伯爵家の二つの事例をご紹介する。

ゴドフリー家とフォーセット家のレシピ集は五冊の筆記帳と二束の文書から成り、現在ウェルカム医学史図書館に所蔵されている。[53] ヘッピントン荘園の邸宅で代々作り上げられたもので、一九九〇年代までそのままそこに保管されていた。ウェルカム医学史図書館、手稿七九九七、七九九九には〝ヘッピントン処方集、第一巻と第三巻〟の付票が貼られている。手稿七九九八の標題紙にも〝ヘッピントン処方集、第二巻〟の付票が貼られていた形跡はあるものの、いまは失われている。この全三巻から、ヘッピントン荘園を中心とした人々のレシピ作りが鮮やかに見てとれる。ただし始めからそのような標題が付けられていたわけではなかった。三巻のうち二巻には当初の編纂者と所有者、キャサリン・ゴドフリー（一六九九頃）とメアリー・ゴドフリー・フォーセット（一六九五―一七六一）が携わった形跡が残されている。第二巻の標題紙にはほんとうにうっすらと〝メアリー・フォーセットまたはゴドフリー、一七二一〟の署名が読みとれるし、第三巻の巻頭の見返しには〝キャサリン・ゴドフリーの書、一六九八／九九〟と〝メアリー・フォーセット、一七四一〟と記されている。[54] さらに三巻すべてにブライアン・フォーセット師（一七二〇―七六）の蔵書票が貼られている。母メアリーの書に貼られたブライアンの蔵書票は所有者を示す母の頭文字をほとんど打ち消してしまっている（図5－2）。

ブライアンは母が収集した医療と料理の実践法を大切にしていたのだろうが、母の貢献の証しの上に早々と自分の名を貼り、しっかりと所有権を主張したわけだ。[55] さらに言うなら、それらのレシピはゴドフリー家とフォーセット家の全員に属するものなのに、そのうちの誰かが（おそらくは蔵書票を貼ったブライアンだろう）六巻のうちの三巻に索引を付けている。〝ヘッピントン処方集の第一巻、第二巻と第三巻の索引〟と銘打たれ、情報の検索機能としての役割だけでなく、各レシピをゴドフリー家とフォーセット家の地所に、そして両家全体の共同作業として結びつけられる手掛かりにもなっている。それらの筆記帳に書かれた知識は一族のおもな資産の一部と見なされていた。ヘッピントンのような地所と周辺の土地はたいがい代々男性に引き継がれたので、ゴドフリー家とフォーセット家の女性たちによって取りまとめられた知識も両家の男性たちの資産となった。つまり知識の編纂に貢献した女性たちは脇役へと退けられ、レシピの所有権は女性から男性へ移行した。蔵書票と索引という、きわめて簡単なありふれた文書整理術が、近代初期の邸宅と史料の保存庫作りにおける性別による歪み（ひず）と力関係を浮き彫りにしている。

スタノップ家と結びつけられるレシピ集も、女性たちの努力が文書作業と知識の整理によって〝家族の書〟のなかに取りまとめられてしまった事例だ。[56] このレシピ集は初代チェスターフィールド伯爵、フィリップ・スタノップが関わった野心あふれるプロジェクトだった。このように銘打たれている。

本書は男性と女性のいずれについても数ある疾患の処方を記し、そのほとんどはわたし自身や、妻、母が試し、その当人たちにより承認され、実験済みとして臆せず推奨するものである。[57]

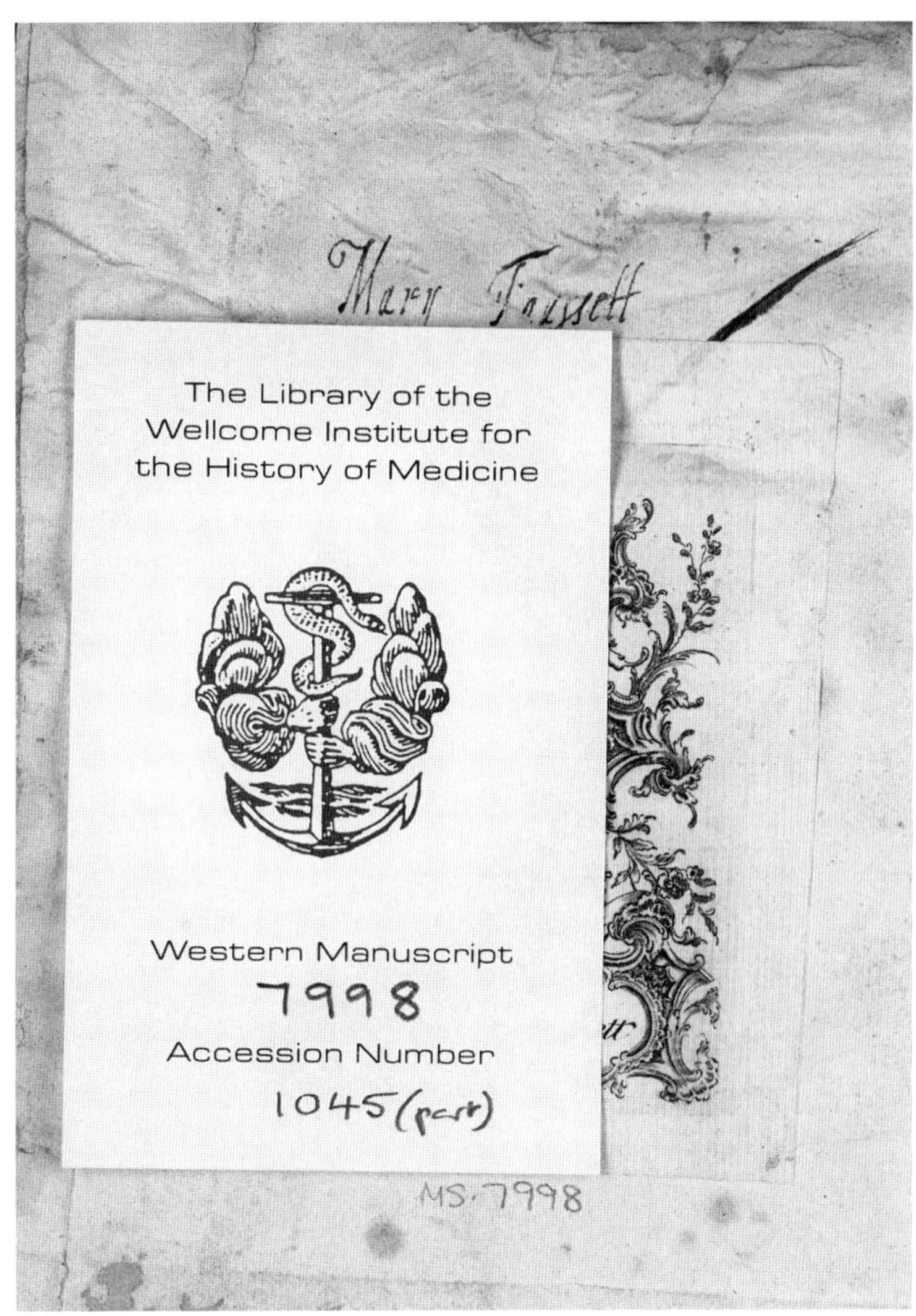

図5-2　ウェルカム医学史図書館ロンドン、手稿ウェスタン文書7998見返し

現存するのは壮麗に綴じられたフォリオ（二つ折り）判の二巻のみだが、それらがはるかに大きなプロジェクトの始まりに過ぎなかったことはあきらかだ。このレシピ集はアルファベット順に配され、現存する二巻ではAからCとDからGまでが記述されている。各アルファベットの見出しのなかでの配列にはこれといった法則はない。たとえば、Dの一頁目でも、浮腫、浮腫、分娩、浮腫、難聴というように各治療法のレシピが羅列されている。一族が実践法を収集しつづけるという前向きな観測のもとに、それぞれの項目には空白の頁が割かれている。加えて末尾には索引用の余白も取られているが、結局はDからGまでで途切れたままだ。この手稿にも数多くの人々が手を入れた形跡は見られるが、全体にとてもきれいで、本文のほとんどは明瞭な手慣れた二人の筆跡で書かれている。そのことからしても、この巻はスタノップ家で集められた医療知識を分類し整理するためのより大掛かりな計画の一部と推察できる。そもそもの構成や、もとの筆記帳がどのようなものであったのかは推測するしかないが、こちらの新たな取り組みでは、スタノップ家の女性たちもゴドフリー家とフォーセット家の女性たちと同様に、脇役にまわったようにしか思えない。たとえすでに本書で紹介したほかの女性たちのように自分たちの筆記帳を作成し、所有していたのだとしても、もはや一族の共同作業によるレシピ試験者たちの一人としか見なされていない。このような事例では〝家族の書〟を作るのは同時に、一族の名のもとに個々の調査を統括することでもあったのだ。

子供たちのために綴る

子孫に助言し、より良い人生を送ってもらおうと、近代初期の親たちは当時のあらゆる様式の文書で期待、願い、親としてのさりげない意向を示した。子供たちの信条や振る舞いを培おうと〝母の遺産〟とも呼べるものを活用した母親たちもいた。[58] 父親たちも備忘録を作成して将来の読み手に進むべき道しるべを与えた。そうした備忘録は作成者の経験を伝えるとともに、次世代への資料としても役立てられた。[59] それらの文書と同じように、レシピ帳も母親や父親がほかの知識とともに助言を託せる場所だった。その様子がよく表れているのが、フォルジャー・シェイクスピア図書館所蔵の手稿v.a.430の興味深い標題紙の記述だ。

アン・グランヴィル夫人の書
母メアリー・グランヴィルの本書をより良く活用してくれることを願う。[60]

この献辞の下には〝現在はアン・ドゥース／ブラッドレイ、一七四〇年九月八日〟とある。メアリー・グランヴィルの記述には自身の家事に対する関心の薄さ、あるいはおそらく家事能力不足への歯がゆい罪悪感がほのめかされている。けれども同時に、主婦となり邸宅の管理者となる娘を導いてやらねばという母親としての責任感も滲(にじ)みでている。

父親たちもまた娘たちが引き継いだ家庭の知恵をうまく活用してくれるよう願っていた。第3章と第4章に登場したバッキンガムシャー、スタントンブリーのサー・ピーター・テンプルも娘のために医療全般の指南書を編纂した。[61] テンプルが娘エリノアへ贈った筆記帳には薬のレシピ集のほか、利用の仕方と、提示した資料の使い方まで網羅されている。[62] 指示書きにはレシピの由来と著者の信頼性、一般的な調合法の基礎知識、その筆記帳の構成についての簡単な説明も含まれている。それぞれの治療法についての短い助言の添え書きや推奨の文言から、テンプルの粘り強い、もしくは多分に娘への励ましの声がいまにも聞こえてきそうだ。そうして娘へ贈るレシピ帳作りを通して、テンプルはエリノアが自身と家族の健康をどのように維持し、どのように邸宅を取り仕切るのかといった行動様式を形作り、影響を与えつづけた。このような事例では、家族のレシピ帳を受け継ぐことは、大切に培われた貴重な実践知識のみならず、親の期待や希望や暗黙の要求をも受けとることだった。

一六一〇年十月二日、またべつの父親、男やもめのヴァレンタイン・ボーンが、のちに医療知識や、家族と郷土の歴史を綴った雑録集となるものに自分の名を記した。[63] それから二十年以上、ボーンは医療、獣医学、料理のレシピにとどまらず、ジョバンニ・ダ・ヴィーゴ（一四五〇?—一五二五）の『外科医術の最上の仕事（The Most Excellent Workes of Chirurgerye）』（一五四三、ロンドン）からあらゆる痛みについての箇所を書き写したほか、度量衡の換算表、難解な医学用語集、尿検査についての論文、ガレノスの『食物の能力について（De Alimentorum Facultatibus）』からの抜粋、健康維持についてなど、有用な医療情報も記述しつづけた。[64] ネイピア家と同様に、ボーンも医療情報に加えて、家族と地域の歴史も記録した。一六三六年四月一日には、一五六六年の自身の誕生日から一六二六年の義父の死亡日まで、家族の誕生、死去、婚姻の日を記入している。この家族史は〝愛する娘エリザベス・ボーンのために記す〟と明示されている。[65] さらには一四〇三年から一六四八年のノリッジの代々の市長と判事、エリザベス一世の治世から一六六〇年にかけての州長官すべてが列挙されている。[66] レシピ集の部分には、各項目ごとに末尾に余白が取られているので、おそらくは娘が父の医療への関心を引き継いで新たなレシピを増やしていってくれることを願っていたのだろう。あるいはこの筆記帳はなお継続中の未完の計画だったということなのかもしれない。

〝わたしたちの子供たちの誕生の記念に〟

ほかにも多くの筆記帳の編纂者やその一族の人々が、秘蔵のレシピとともに誕生と死去の記録を保管していた。ブロックマン家の一冊のレシピ帳の後面にもひっそりと〝わたしたちの子供たちの誕生の記念に。一六五〇年九月二十二日〟と題した一覧表が記されていた。[67] そこに詳細に列記されていたのは、アン・グライドの八人の子供たち、ジョン、エリザベス、アン、リチャード、マーサ、ローレンス、エリザベス、アンの名前と誕生日だ。いずれについても誕生した年と日付と曜日まで丁寧に書き込まれている。それによれば一六五〇年から一六五八年までアンは休む間もなく身ごもっていて、グライド夫妻には毎年のように子が誕生していた。残念ながら、そのうちの二人、長女と次女のエリザベスとアンは数週間も生き延びられなかった。さらに、リチャードとローレンスも幼くして亡くなり、四女のエリザベスも生まれてわずか一日で死去した。アンの夫、リチャードも一六五八年、子供たちの成長を見届けられずに生涯を閉じた。これだけ多くの死が続いたのだから、アン・グライドが孫の誕生や末娘アンとウィリアム・ブロックマンとの婚姻まで記録しつづけたのも当然のことなのかもしれない。それぞれの子が亡くなるまでについても詳しく経緯を綴り、その時点での年齢も記録した。わが子、ジョンとマーサの成人してからの死に際しては、安らかに、清らかに、〝お役に立てるよう〟神に慈悲を願う思いをしたためた。孫たちが誕生すれば、その日付を記し、神へ感謝を述べて、その子たちの未来への期待を綴った。つまり、アン・グライド・ブロックマンが母の筆記帳を受けとることは、母の医療知識や家族の記録のみならず、母の子孫への希望や夢を引き継ぐことでもあったのだ。

誕生と死去の記録をレシピとともに残していたのはアン・グライドばかりではなかったが、ブロックマン家の文書からはグライド家がそうした情報を熱心に記していた様子が読みとれる。[68] ほかにも多くの家族が同じ形式を用いて、人生の重要な出来事に際して特別な記述を残した。またべつの貴婦人、フランシス・スプリンガット・エイシュフォードも子供たちの誕生について心を込めて書き留めた一人だ。レシピ集のなかに誕生と死去の一覧表が差し挟まれていて、フランシスの人生の記録帳としても使われていた。多くの近代初期の貴婦人たちと同様に、フランシスも結婚前からレシピ帳作りを始めていたので、筆記帳の標題紙には〝フラン・スプリンガット、一六八六〟〝フラン・スプリンガットの書〟と併記されている。のちに、フランシス本人かほかの誰かがそこにまた二種のインクでヤマシギの絵を描いている（図5－3）。

所有者を記した頁の裏面にはカタツムリの黒い粘液で接着させる〝cheny（チェニー）〟なるもののレシピの下に、〝ダニエルとフランシスのエイシュフォード家の子供たちの誕生〟と題して、九人ぶんが列記さ

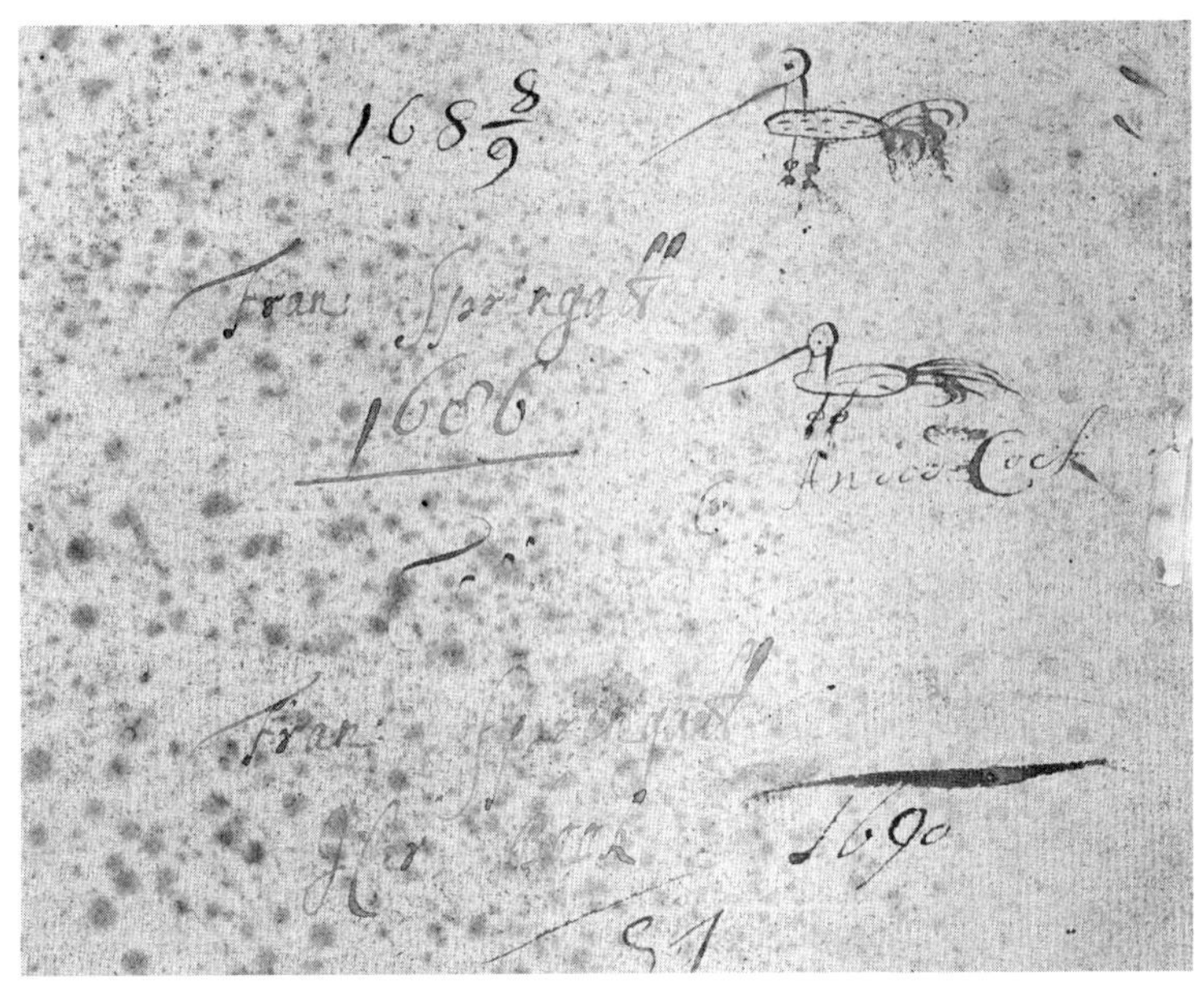

図5-3　ウェルカム医学史図書館ロンドン、手稿ウェスタン文書4683.fol.1r

れている。[69] アン・グライドと同じように、フランシス・エイシュフォードも十年にわたりほぼ絶え間なく身ごもり、母となっていた。第一子フランシスは一六九一年八月十二日に誕生し、時をおかず、アダム、エドムンド、スプリンガット、トマス、ジョン、メアリーと続き、一七〇一年七月一日にはダニエルが生まれた。末子は一七〇九年七月二十五日に誕生したリチャードだ。フランシス、エドムンド、メアリー、リチャードの脇にはどことなく陰鬱に薄い色のインクで〝死去〟と付記されている（図5－4）。

その誕生の記録に照応する死去の一覧もある。巻末の見返し頁の裏面に、ミスター・ジョージ・ウィルソンの〝抗リウマチチンキ〟への推奨文が書かれ、その下に〝ダンとフランのエイシュフォード家の子供たちの死〞と題した表が続く。四人のエイシュフォード家の子供たちの死が年代順に記されている。メアリーとリチャードは三歳の誕生日を迎えられず、フランシスはさらに幼くして亡くなり、エドムンドは二十歳で〝海にて〞命を落とした。[70]

エリザベス・バーティ・ウィドリントンもレシピ帳に子供たちの記録を書き込んだ。フォリオ判の二頁にわたり、美しい飾り文字で記された表は次のように題されている。

ウィリアム・ウィドリントン卿閣下の子供たちについての報告
全員、妻レディ・エリザベスが出産し、八日目に洗礼を受ける。[71]

こちらの一覧表は、一六五四年十一月十二日から一六七五年五月五日までに生まれた十四人の子供たちについて記録されている。ブリジット、ウィリアム、メアリー、エリザベス、アン、アン、ペリグリン、ドロシー、エリノア、ミスター・ヘンリー、ミス・ソフィア、ミスター・エドワード、ミスター・ロジャー、ミス・キャサリン。後半の五人は異なる筆跡で書かれ、〝ミスター・ヘンリー〞といった呼称から、おそらくエリザベス本人ではなく使用人によって記入されたものと推察される。近代初期の邸宅での記録は協力して行なわれた作業だったということだ。

現存する事例の多さからして、レシピ帳と家族史との兼用はたまたまだったとは考えづらい。[72] 近代初期の男女は家庭のレシピ帳作りと家族の誕生と死去の記録を関連する取り組みと見なしていた。一

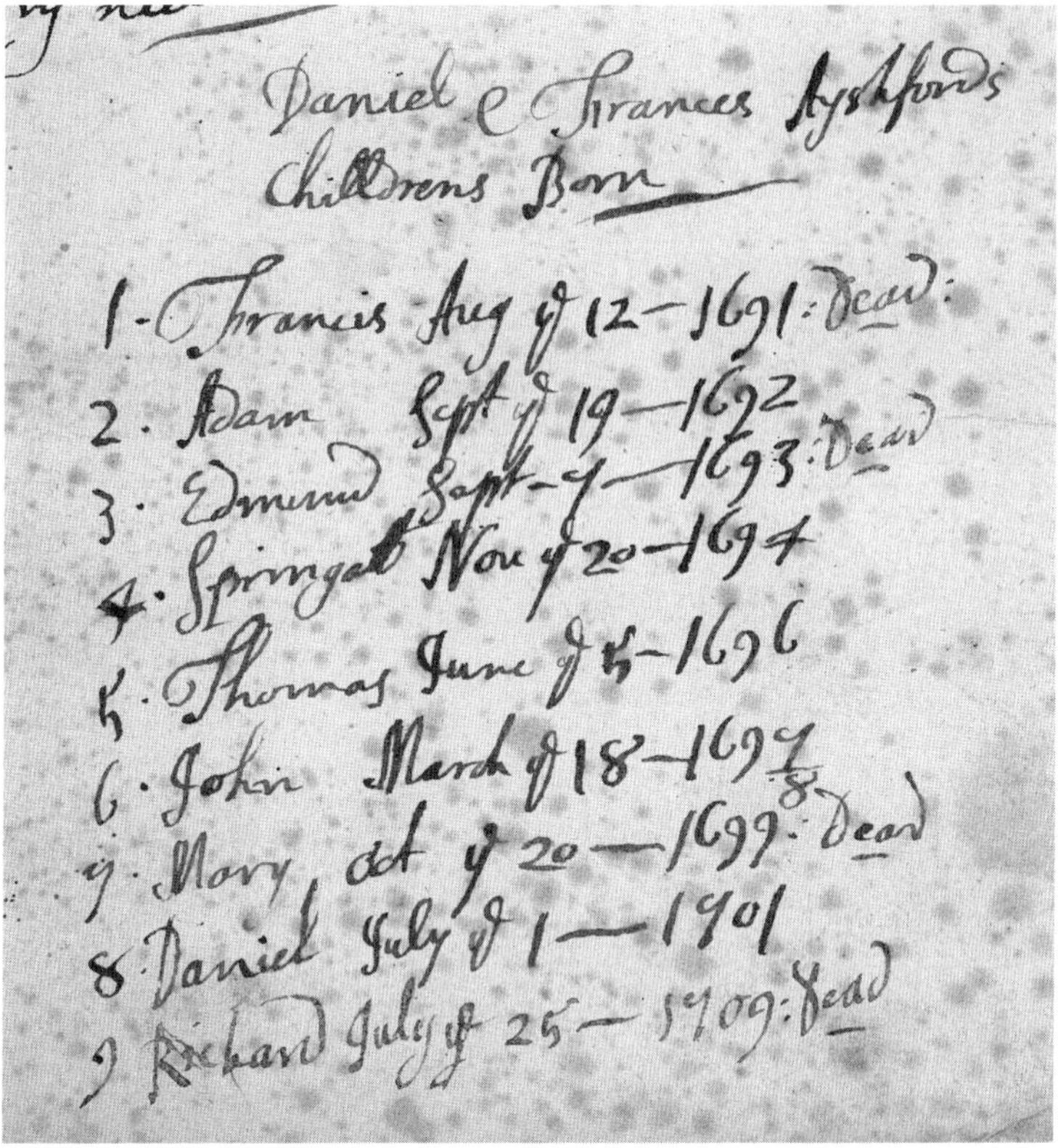

Daniel & Frances Ayshfords
Childrens Born

1. Francis Aug ye 12 — 1691: Dead:
2. Adam Sept ye 19 — 1692
3. Edmund Sept — 7 — 1693: Dead
4. Springall Nov ye 20 — 1694
5. Thomas June ye 5 — 1696
6. John March ye 18 — 1697/8
7. Mary Oct ye 20 — 1699: Dead
8. Daniel July ye 1 — 1701
9. Richard July ye 25 — 1709: Dead

図5-4　ウェルカム医学史図書館ロンドン、手稿ウェスタン文書4683,fol.1v

覧表を〝記念に〟や〝報告〟と題していたことからも、そうした記入作業が記憶に残し、また集計する役割も兼ねていたことがわかる。むろん、こうした情報とともに記されたのはレシピだけにかぎらない。女性たちによって編纂された現存する手稿の雑録集が、ほかの情報とともに家族の記録を書き込むのがごく一般的だったことを示している。十六世紀と十七世紀のイングランドでは、男女がともに系譜に関わる情報を管理している邸宅も多かった。[73] そのようにして書かれた一族の記録は帳簿や地代受領録、聖職者の説教の写しに交じって、あるいは一家の聖書、祈禱書、出産のための書物、暦書の余白にも見られる。[74]

結び

一九三〇年代にフィリス・ブロックマンがビーチバローで見つけたすばらしい史料に触発され、近代初期のレシピ帳作りと家族の軌跡の記述が切り離せないものだったことを解説した。フィリスが協力者たちとこじ開けた整理箪笥に入っていた数々の文書と同じように、ほかの邸宅の手書きのレシピ帳にも、一家の社交による連携、財産、資産、医療と料理への関心などが記され、一族の多様な軌跡が含まれていた。つまり、レシピの収集と記述は、そうした邸宅の様々な形態の記録管理のなかにもつぶさに見てとれる。また家族のそれぞれがレシピ帳を社会の人々との繋がりや婚姻による連携を確認し、記録し、いっそう強めるための場所と捉えていた。このようにレシピの収集と記述の背景を幅広く眺めれば、レシピ帳作りはより大掛かりな家族と記録文書の戦略の一部だったと考えられる。

本章で例示したレシピ帳作りのための多彩な工夫から、それらの筆記帳が家族史の記録と保存にも欠かせない役割を果たしたことがわかる。邸宅主たちは書き写したり、索引を付けたり、目次を作成したり、所有者を明記したりといった簡単な文書整理術を用いて、レシピ帳が一族の資産であることをきわだたせていた。親はその〝家族の書〟について、子孫を導いて期待を伝達する手段であり、さらには家族の大切な出来事を記憶にとどめる場と考えていた。歴史家たちは従来、レシピ集を母系に遺贈され、女性の家族、知人間でやりとりされるものと強調してきた。ジェニファー・スタインとサラ・ペネルも、そうした多くのレシピ集は結婚祝いの贈り物として、または女性が婚姻時に新たな邸宅へ持ち込んだものと論じている。[75] そのような事例も多かったのは間違いないが、譲渡の方式はそれだけにかぎらなかった。すでに取り上げた手稿からわかるように、男性たちも親からの知識を引き継ぎ、次世代へ繋げる医療レシピ作りに積極的に関わっていた。

子世代も男女のべつなく、〝家族の書〟に大きな価値を見いだしていた。多くが両親の取り組みを引き継ぎ、その筆記帳をレシピと家族について記録する場として使いつづけた。さらにこれまでの各章でも例示したように、知識のレシピの変化しやすく定まりづらい性質が、新たなレシピについて論じ合い検討する機会を広げた。ゴドフリー家とフォーセット家、スタノップ家の事例は、レシピ集が知識の所有権をめぐる緊張関係にさらされていたことも示していた。

アダム・スマイスは近代初期の自叙伝についての研究で、男性も女性も自己の確立のため関連する複数の文書で人生を書き記す手法を用いたと論じている。スマイスは古い格言、「何者であるかはその所有するものに拠る」を引き、財務勘定を記し残した筆記帳が人生の記録者にとって自我を形成する重要な場だったと指摘している。[76] この理論からすれば、家族に関わる文書とレシピを蓄積する行為は、その一家が何者であるかを形作る手段だったとも見なせるだろう。レシピの記述は家族のアイディアを書き留めることでもあった。

ここまでは邸宅と手稿文化のなかでの新たな知識のレシピ作りをおもに見てきた。けれども、近代初期のイングランドでは彩り豊かな出版物のレシピ集文化もまた隆盛だった。次章では、同時代の医療の出版物に視野を広げ、手稿と出版物がいかに活発に関わり合って邸宅独自のレシピを生みだしていたかを探る。

第６章　売りだされたレシピ

手稿文化と活字文化の交差点

一六五六年、英国の読書界に新たなレシピの書物がお目見えした。『身体と外科手術の選りすぐりの役立つ極意（Choice and Profitable Secrets both Physical and Chirurgical）』と題して、生涯に〝貴重なすばらしい治療薬〟を生みだしたことで知られる〝きわめて貞淑なレノックス公爵夫人により、とりわけ価値ある宝玉の数々として保存されていた〟医療レシピを多数紹介した本だ。制作者のジョン・スタッフォードは公爵夫人の肖像画を入れて、リッチモンド及びレノックスの公爵夫人、フランシス・スチュアートとの関連を印象づけた。[1] このレシピ集は、危機に際して〝突然の事故を救う〟情報と題した応急処置の手引きをはじめ健康に関わる幅広い情報から成り、一般的な草本の薬効も列記していた。スタッフォードはレシピ集の出版分野に〝当世には多くの選択肢と名作があふれている〟ことをじゅうぶん承知していた。[2] 現に『選りすぐりの役立つ極意』は、当時のあらゆる医療施術者からの極意を厳選したことを謳った、そのほかの目も眩むほど夥しい数の医療レシピ集とともに、書店の一般向け健康書の棚に並べられた。[3]

『選りすぐりの役立つ極意』以外にも貴族の女性たちの〝秘伝〟を提供する書物はいくつも書店の棚に見られた。ケント伯爵夫人、エリザベス・グレイ（一五八二―一六五一）に関連づけた『医術と手術の貴重な至上の奥義の選りすぐり処方集』（一六五三）、王妃ヘンリエッタ・マリアのレシピを紹介した『女王の開かれた小部屋』（一六五五）などだ。どちらもたちまち人気を博し、十八世紀に入っても書店の棚を飾り、読者の机上にとどまっていた。[4] 英国の出版市場にはまた内科医、外科医、〝施術の達人たち〟の実践知識を紹介する書物があふれた。医師ギデオン・ハーヴィーの『家族の医療と家庭の薬方』（一六七六）や、ハートフォードシャーの外科医トマス・ブルギスの『医術の心髄、すなわち人体の幾つかの部分についての学術的論説』（一六四〇）、さらにはフランシス・ディケンソンの『とっておきの貴重な二十の珠玉の極意』（一六四九）のような宣伝書もあった。[5]

本書でこれまでに取り上げた事例――シンジョン家、ブロックマン家、アーチデール・パルマー、ベネット家のレシピ帳――では、モーリス・ジョンソンが〝家族の書〟と称したもののみに焦点を当てていた。[6] そして手書きのレシピ帳を、各邸宅の歴史、社交と地域社会の人脈、個人の経験と密接に結びついた私的な記録文書と捉える必要性を説いた。だが当時の印刷業者や出版社が発行した多くのレシピ本は、出版物もまたレシピの伝達と知識の編纂に重要な役割を果たしていたことを示している。本章では、近代初期の邸宅の枠を越え、当時の手稿と印刷されたレシピ集との共通点と異なる点、その交差点を探索する。手稿と印刷されたレシピ集は同様の伝達手法と使用方法により、複雑に絡み合った知識作りの工程に組み込まれていた。

本章ではまず十七世紀の百年のあいだにイングランドで出版されたレシピ集を広く見渡す。その出版様式のおもな特徴、さらには多くのレシピ本が手稿にも見られた大らかな柔軟性を有していたことを解説する。レシピ収集の中心的な作業の一つである情報源の表示に着目し、出版物と手稿のレシピ集の大きな違いと、知識の伝達に通信媒体がどのような影響をもたらしていたのかをあきらかにする。後半では、読まれ方を分析することにより、出版物と手稿のレシピ集の交差点を探り、両者の大きく重なり合う部分を浮かび上がらせる。手稿と出版物にまたがる人気のレシピが発見できるのはもちろん、近代初期の読者や使用者たちが両方の媒体をほとんど同じようにレシピ作りに役立てていたことがわかる。そして最後に、この事例研究から現時点で導きだせる手稿文化と活字文化についての見解を述べる。

邸宅生まれのレシピの出版

イングランドで出版が始まった当初から、本の制作者と販売者は医療の書物に注力していた。当時の書店の棚は医学教本、薬学書、草本書、手術の手引き、新たな医学理論の解説書、食事療法の指南書などなど、健康関連の情報を提供する書物であふれていた。都市の住人たちは、子供の寄生虫病から白内障まであらゆる疾患を治せると謳った、すばらしい薬の広告が柱や壁に貼られているのを目にすることもつねだった。多くの研究で示されているように、近代初期には医療が続々と市場で提供されるようになり、一般向けの医療書の増加はそうした医療の備えの幅広い変化に密接に結びついていた。[7]医療の指南書の購入もほかの医療に代価を払うのと同様に必要なことと見なされ、医療市場で重要な役割を担った。[8]

一般向けの医療書が隆盛をきわめるなか、薬の作り方を指南するレシピ集は印刷業者の出版目録と書店の棚の中心を占めていた。[9]十七世紀のあいだに二百点以上の医療のレシピ集が出版され、そのうちおよそ六十点が復刊や再版以外の〝新刊〟だった。[10]書物としての形状も、十二折り判の小さなものから、きれいな装丁のクォート（四つ折り）判の書籍、二十四種のレシピのみの薄い冊子など、多種に富んでいた。大きさや厚さや綴じ方、紙の質などにより平均して六ペンスから一シリング六ペンスくらいで売られていたようだ。[11]レシピ集の出版物の価格は劇作と同程度と言えるが、より薄く安く、広く流通していた暦書などに比べれば三倍に相当する。[12]あとでまた触れるが、中古本市場もまた活気があり、そうした書物の多くが何世代にもわたり読み継がれた。[13]

十七世紀の前半、なかでも一六一〇年代と一六二〇年代には、レシピ本の市場はひと握りの人気作に独占されていた。ジョン・パートリッジの『便利な極意の宝典（The Treasurie of Commodius Secrets）』（一五七三）と『未亡人の宝物（The Widowes Treasure）』（一五八二）、ヒュー・プラットの『貴婦人たちのお気に入り』（一六〇〇）と続編『貴婦人と淑女の小部屋（The Closet for Ladies and Gentlewomen）』（一六〇二）などだ。さらに長く人気を誇ったトマス・ラプトンの『種々様々な分野の多数の重要なこと（A Thousand Notable Things, of Sundry Sortes）』（一五七九）とともに、この時代に出版された医療のレシピ本の大部分を占めていた。その多くが数十年にわたり書店に並び、ラプトンの『種々様々な分野の多数の重要なこと』は十九世紀まで多様な体裁や増補版で再版されつづけた。[14] 一六三〇年代と四〇年代にはまた、フィルバート・ガイバートの『慈善の医師と慈善の薬剤師（The Charitable physitian with the Charitable Apothecary）』（一六三九）、B．M．の『貴婦人たちの開かれた飾り棚（The Ladies Cabinet Opened）』（一六三九）と『健康の秘訣のアルファベット順事典（An Alphabetical Book of Physicall Secrets）』（一六三九）など数冊の新装版が加わっている。[15]

ほかの分野の多くの一般向け書籍と同様に、ピューリタン革命後に印刷物の検閲が緩和されたことにより、医療のレシピ本の出版も急増した。[16] 一六四〇年代に十数点、一六三〇年代と一六六〇年代にはおよそ二十点だったのに対し、一六五〇年代には五十点以上も出版されている。[17] 販売実績のある書物の再発行がなお市場の大半を占めていたが、大幅に内容を変更しての再版だった。ほかの学者たちも指摘しているように、一六五〇年代には新世代のレシピ本がお目見えし、多くは貴族の女性たちにより書かれたものとして売りだされた。[18] パートリッジの『便利な工夫と秘訣の宝典（Treasurie of Commodius Conceits and Hidden Secrets）』と『未亡人の宝物』、それにとりわけ人気を博した『貴婦人と淑女の小部屋』はどれも一六五〇年代に再版を終えている。それらに代わって『医術と手術の貴重な至上の奥義の選りすぐり処方集』と『女王の開かれた小部屋』などの新刊がベストセラーリストに躍り出て、十七世紀を席巻していた時代の風潮について、本章でこれからさらに詳しく述べる。一六六〇年代と七〇年代には、『選りすぐり処方集』と『女王の開かれた小部屋』がなお大きな売れ行きを占めていたものの、そこにほとんどが貴族の紳士淑女の〝極意〟としてレシピをまとめた一六五〇年代の風潮を引き継ぐ人気作が加わった。〝紳士で旅行家〟のウィリアム・ラヴェルの『新たに解体された公爵の書斎（The Dukes Desk Newly Broken Up）』（一六六〇）や『承認されたレシピ、女王の表象（Approved Receipts, or the Queens Representation）』（一六六三）などだ。[19] サー・ケネルム・ディグビーの家令を務めたジョージ・ハートマンもこの分野の著名作家となった。ハートマンはディグビー家の三冊のレシピ集とみずからの名を冠した二冊『本当の健康保持者と快復者（The True Preserver and Restorer of Health）』（一六八二）と『家庭医（The Family Physitian）』（一六九六）を含む五冊を出版した。同じ頃に同分野の作家として名を馳せたのが、ハナ・ウーリー（あるいはウォリー）だ。[20] 教師の妻だったウーリーは『淑女の辞書（The Ladies Dictionary）』（一六六一）と『料理の手引き、料理法の珠玉のレシピ集（The Cook's Guide : or Rare Receipts for Cookery）』（一六六四）をはじめ、一六六〇年代から数多くの本を出版したが、なかでも最も成功を収めたのが『女王のような小部屋（The Queen-like Closet）』（一六七〇）で、第二版の『女王のような小部屋の補遺（Supplement to the Queen-like Closet）』は一六七四年に発行され、延べ四度にわたり再版された。そうしたレシピ本の多くが邸宅主たちに根強く愛され、熱心に読まれ注釈が書き込まれ、有用と認められたレシピは〝家族の書〟に書き換えられた。

十六世紀初めから頻繁に再版されたレシピ集の多くは女性の読者、それも裕福な〝淑女や貴婦人〟向けだった。たとえば、ヒュー・プラットの『貴婦人たちのお気に入り』『医術と手術の貴重な至上の奥義の選りすぐり処方集』『女王の開かれた小部屋』『貴婦人と淑女の小部屋』、ジョン・パートリッジの『便利な工夫と秘訣の宝典』と『未亡人の宝物』、さらに『洗練された淑女のお気に入り（The Accomplish'd Ladies Delight）』などだ。そのほかに医療を受ける余裕のない人々向けのものも出版された。たとえば、『病人のための豊富な貯蔵庫あるいは宝典（A Rich Store-house or Treasury for the Diseased)』の出版者ラルフ・ブロワーは〝医者にかかる余裕のない、あまり豊かではない人々に（健康維持のため）欠かせない便利な〟本だと記している。[21]それは十七世紀中頃に作られた本で繰り返し謳われていた決まり文句で、ランスロット・コーエルソンの『貧者の内科医と外科医（The Poor-mans Physician and Chyrurgion）』（一六五六）、ジーン・プレヴォーの『貧者の薬剤、庶民の医術（Medicaments for the Poor, or Physick for Common Peopl）』のニコラス・カルペパー版（一六五六）、エイブラハム・マイルズの『田舎者の友（The Countrymans Friend）』（一六六二）などにも見られた。そのような出版姿勢を取った背景には慈善以外のもくろみもあった。医療を受けられない人々、なかでも医者にかかれない人々へ処方集を売りだすことにより、商業主義との汚名を避け、既存の医療体制に脅威を感じさせずにすんなりとそれらの出版物を取り込ませようとしたのだ。同時に、レシピ集の制作者たちはより幅広い市場に参入することで、人々の知識の入手機会を広げる役割を担ったとも言えるだろう。ニコラス・カルペパーといった著名な医師の知識もそのおかげで誰もが入手できるものとなった。[22]医史学者のメアリー・フィッセルによれば、一六四〇年代から六〇年代には一般向けの医療書のうち相当に高い割合で著者がその執筆理由に〝公益〟を謳っていた。十八世紀初めには、そうした常套手段が〝商業本〟（著者の技量を高く見せるような本）とも称せるものに取って代わられたのだという。[23]この〝公益〟を謳って売り込む手法は一六五〇年代から数多くのレシピ集の書籍に見受けられる。ラルフ・ウィリアムズの『身体の異変（Physical Rarities）』（一六五一）でも社会の利益になるよう出版されたと繰り返し強調していた。[24]

当時のロンドンの出版界の組織や作業方法を反映して、ほとんどの医療のレシピ本が、新たな情報を加えたり、著作者を書き換えたり、既存の本文を題名を変えて再版したりして発行されていた。そうした権限をおおかた有していた多数の書籍制作者たちによる共同作業の跡がそれぞれの書籍の来歴から見てとれる。本章の始まりを飾ったレノックス公爵夫人の『身体と外科手術の選りすぐりの役立つ極意』がとてもわかりやすい事例だ。ロンドンの書籍発行者ジョン・スタッフォードがその標題で一六五六年に売りだしたときにはすでに初めて公開されるレシピ集ではなかった。それどころか、この書籍は改訂され、書名を変え、わずかにレシピを増やすなどして、数十年にわたり書店の棚を飾りつづけた。そこに収録されたレシピはもともと一六三九年にオーウェン・ウッドによって書かれ、『健康の秘訣のアルファベット順事典』として出版された。五百のレシピがアルファベット順に列記され、〝現在の医術で使われているすべての薬草、植物、種子、香辛料の便覧〟となっている。[25]ウッドの身元についてはほとんど不明だが〝医療に通じている〟とだけ記され、その本の出版をみずから働きかけたような形跡は見当たらない。むしろ、その本の制作者ウォルター・エドモンズが〝本稿を埋もらせておくのはもったいないと尽力した〟とある。[26]おそらくはこの本に箔を付けるためエドモンズは当時の医師で手術について幅広く本を著していたアレクサンダー・リードに序文を依頼したのだろう。[27]エドモンズはこの『健康の秘訣のアルファベット順事典』を再版することはなく、これ以降そのほかの医療書やレシピ集もいっさい出版していないが、十二年後に同じレシピ集がべつの印刷業者T．B．により『最も経験豊かで優れた内科医と外科医による役立つ極意要覧（An Epitomie of Most Experienced, Excellent and Profitable Secrets appertaining to Physick and Chirurgery）』（一六五一）として出版された。書名はいかにも前作の〝厳選〟集のように読みとれるが、内容は『アルファベット順事典』とほぼ変わらなかった。それでも潜在購入者たちに少しでも新たな情報が入っているように見せかけたかったのか、最初の十のレシピまでは順番を入れ替えている。こちらも再版できるほどには売れなかったようだ。

それゆえ、ジョン・スタッフォードは同じレシピ集を『身体と外科手術の選りすぐりの役立つ極意』として体裁を変えて出版した際、一六五〇年代半ばの飽和状態の市場で足掛かりを得るため先達者たちをともかく真似た。T．B．がレシピの並びを少し入れ替えただけなのに対し、スタッフォードは徹底的により斬新な変更策に打って出た。著者を替え、新たに七十のレシピを織り込んで、スティーヴン・ブラッドウェルの〝突然の事故〟に備えた小冊子を添付した。[28] 読者から好評を得たらしく、一六五八年に第二版が発行されている。スタッフォードは一六六〇年にまた英国の読者に新たなレシピ集『最も経験豊かで優れた内科医と外科医による役立つ極意便覧（A Manual of Most Experienced, Excellent and Profitable Secrets appertaining to Physick and Chirurgery）』を売りだした。いまではむしろよくあることなので、そこに掲載されたレシピが一、二度、または三度程度はすでに収載されていたものだったのも意外ではないだろう。大幅な変更はなく、前書きには第五版と記されているので（おそらく一六五八年版から数えて）新たに刷り直したものなのかすら定かでない。つまりは二十年以上にわたって、同じレシピ集が三人の出版者により少なくとも二人の著者名を使い、四種の書名で七度も再版されたということだ。[29]

このレシピ集の出版歴は、十七世紀中期にイングランドで発行された一般向け医療書の流動性と変容性を物語っている。本の制作は共同作業の割合が高く、著者、植字工、校正者、印刷業者、書籍販売者のすべての関わりにより完成される。[30] 本の制作者たちは本を作るとともに、市場の需要に応じて重版し、また体裁を変えて再版もする。著者を指定したり新たに書き換えたり、同じ内容に異なる書名を付けたり、もとの内容を増やしたり修正したり、原版をそのまま再発行したりと、当時は好き勝手な策を講じるのもめずらしいことではなかった。[31] 邸宅と印刷所それぞれの共同作業を両者の類似点と見ることもできるだろう。どちらも共同での知識作りで、複数の手が関わることにより、著作権に対する考え方が鷹揚になっている。

ジョン・スタッフォードが『選りすぐりの役立つ極意』を新たな著者〝レノックス公爵夫人〟で売りだした事例も、一六五〇年代の医療のレシピ本分野での最も重要な変化の一つ、つまり女性の編纂者や著者を書名に打ちだしはじめた風潮を浮き彫りにしている。[32] 一六四〇年代と五〇年代をピークに十七世紀後半には女性による書物が急増した。政治に関する小冊子から小説、医療レシピ、広告に至るまで、幅広い分野で続々と女性の著者名が印字されるようになった。[33] レシピ集の分野では前述のようにケント伯爵夫人エリザベス・グレイと、王妃ヘンリエッタ・マリアの名を冠した一六五〇年代の出版物が人気を博した。[34] ほかに貴族の女性を前面に打ちだしたレシピ集には、アランデル伯爵夫人アレシア・タルボット・ハワード（一五八四頃―一六五四）の〝実験〟と称された『自然の摘出（Natura Exenterata）』（一六五五）[35]、さらに『身体の神秘に関するエリザベス女王の小部屋（Queen Elizabeths Closset of Physical Secrets）』（一六五六）にはわざわざ次のように記されている。

さらなる二冊の医術書、一冊は偉大なる探検家が自身の実験により集積したものをみずからわれらが亡きエリザベス女王のため著したもの、もう一冊は修道院の解散により発見された古代の手稿から医師みずから厳選した医術集で、私見と実験結果も付記されている。[36]

ここで言及されているエリザベス一世の医師が誰のことなのかは推測するほかないが、収載されているレシピのいくつかはレシピの蓄積者として名を馳せたサー・ウォルター・ローリーのレシピ集から引いたものと思われる。つまり、表紙には華やかに女性を掲げつつ、中身は学識豊かな男性が実験し、著したものだったわけだ。このように貴族の女性と学識ある男性をともに著者として掲げる手法はスタッフォードの『身体と外科手術の選りすぐりの役立つ極意』の改訂版にも見られる。掲載したレシピは〝然るべき手立てで吟味され、誉れ高い医師たちにより承認され（公益のため）……ひいては国家のため出版に値するとのお墨付きを得た〟と記し、医師たちの関与をしっかりと明示している。[37]スタッフォードはそうした〝誉れ高い〟医師たちの名を臆せず記した。オーウェン・ウッド、アレクサンダー・リード、ジョンソン医師、そして〝突然の事故〟に備えた付録の小冊子の執筆者スティーヴン・ブラッドウェル。このように、スタッフォードは出版物にほんの数行を付すことで、その一連の極意が貴婦人と関連し、学識豊かな医師たちに裏づけられた実践知識であると印象づけたのだ。

そうしたレシピ集が実際に伯爵夫人、王室の女性たち、公爵夫人によって書かれ、出版されたものではなく、貴婦人たちの死後に関連づけられて出版されていたのが特筆すべき点だ。貴婦人たちの試みを出版するとなれば、エリザベス・グレイやエリザベス女王、謎めいたレノックス公爵夫人の本来の意図はさておき、すべて制作者の思惑どおりに本を作るというわけにはいかない。当時の多くの人々が女性の筆記をもとにしたものと見なしていた『医術と手術の貴重な至上の奥義の選りすぐり処方集』と『自然の摘出』ですら〝いかなる意味でも〟標題紙に名が記された女性たちが書いたと言えるものではなかったのだろう。そうした書物も邸宅の手稿のレシピ帳のいわば活字版で、第1章で引いた事例のように、その名を冠された貴婦人への贈り物として編纂されたレシピの便覧だったのかもしれない。[38]

イングランド共和国時代に貴族の女性たちと関連させたレシピ集の出版が急増したのには、むろん政治的な背景も作用していた。他分野の多くの一般向け書物と同じように、一六四〇年代と五〇年代の政変により医療書の出版にも拍車がかかった。近年、学者たちは、一六五〇年代に本の制作者たちがありふれたレシピ集を反論の道具に使い、『女王の開かれた小部屋』などの書物は護国卿政治時代の王室をつねに思い起こさせる役割を果たしたと論じている。[39]そうした書物は読者たちに、上手な邸宅の管理術から、国家の〝長たる〟スチュアート家の君主復古を連想させた。[40]同時に、かつて著名な女性が手にしていたものとして本を売りだすことで、書籍販売者たちはレシピ集のもとの編纂者（と掲げられた）人々の社会的影響力を見込んで、あたかもその女性たちの邸宅で使われていたレシピであるかのように印象づけた。エリザベス・グレイやフランシス・スチュアート、アレシア・タルボット・ハワードの名を付された書物を買うことで、読者たちもまた貴族の邸宅内で行なわれていた家事を垣間見ていたのだ。

このように特定の邸宅の活動やレシピの使用に関心が注がれていた事実は、経験から得られる知識に重きが置かれていたことを如実に表している。これまでの各章で取り上げた手書きのレシピ帳と同じように、個人の観察と経験がその信頼性を確立するためになにより大切な要素だった。『身体の神秘に関するエリザベス女王の小部屋』でも、〝探検家なる医師はみずからの手でエリザベス女王にレシピを献上し、みずからの手でその貢献を記し、みずから観察し実験した〟ことを補足している。『医療の処方四十選の新薬局方注解（A New Dispensatory of fourty Physicall Receipts）』（一六四九）の著者サルヴァトル・ウィンターは読者に、自分のレシピ集は〝ヨーロッパ、アジア、アフリカを広く旅してまわり、観察し、学んだ多くの極意〟から成ると仰々しく記している。[41]『自然の摘出』では前書きで〝フィリアトロス〟と名乗る著者が〝実際の観察は仮説より役立ち、あいまいな言葉は病人を助けるよりむしろ恐怖を生じさせる。（経験に基づき）行動する人々は反論を唱える人々より望ましい〟と説いている。〝フィリアトロス〟は〝お喋りな医者は死より厄介〟だと嘆き、著作のレシピは〝何度も実行したからこそ〟推奨できると述べている。[42]すなわち、そうした治療法の信頼性は書物から学んだことよりも様々に試し確かめたことに根拠が置かれていた。こうした経験による知識の重視は当時のヨーロッパじゅうの一般向け医療書に広く見られた。[43]ここでもまた、経験主義を重視している点で、いまなお継続中の近代初期のロンドンにおける医学についての論議に出版物も当てはめることができる。

多くの学者たちが言及しているように、十七世紀中期には大学で学んだ医師たちが当時の多様で複雑な医療市場で権威を得て維持していかなければと奮闘していた。[44]医師会は医療と医学書の出版に統制力を発揮しようといくつかの取り組みを打ちだし、医療規制と医学論の両方の改革について論争を引き起こした。占有権を守りたい医師会の思惑から生じた論争であれ、医療分野の人々の意識の変化、つまり古来の医学文献の研究のみに基づいていた論理が経験主義の実験に凌駕されかけていたことの表れでもあった。[45] そうした論争のなかでの変革への要求や医師会の反応が出版物によって伝達された。〝フィリアトロス〟やそのほかの人々が経験に基づく知識の重要性を主張したのには、そのような背景があったことを踏まえておく必要がある。

『選りすぐりの役立つ極意』の著者名が何度も変更されているのは、少なくとも書籍の制作者と販売者側は、標題紙が購入者にとって収載されたレシピについての重要な評価基準になると見ていたことを示している。『健康の秘訣のアルファベット順事典』と『選りすぐりの役立つ極意』のような例はめずらしくなかった。マーガレット・エゼルはハナ・ウーリーの料理本についての研究で、〝標題紙に掲げられた名前（と顔）〟の重要性を論じている。[46] 実際に書籍制作者たちは標題紙に掲載する著者名に重きを置くあまり、個々のレシピの著者についての情報を省略することが多かった。『アルファベット順事典』も掲載した五百九十に及ぶレシピのうち二つについてしかレシピの提供者名を記していないし、『選りすぐり処方集』では三百以上ものレシピのうち提供者がわかるのは十数程度に過ぎない。[47] こうした個々のレシピの著者や提供者の表示を省略する風潮は、当時出版されていたレシピ集のほとんどに窺える。ジョン・パートリッジの『便利な工夫と秘訣の宝典』は掲載した七十のレシピのうち一つについてしか著者の情報を記していないし、『洗練された淑女のお気に入り』は百九のレシピ中、著者として名前が付記されているのは四人だけだ。同じように、ニコラス・カルペパーの『カルペパーの医薬教室（Culpeper's School of Physick）』とジャーヴェイス・マーカムの『イギリスの主婦』の制作者たちは、個々のレシピについて著者名を付記する必要性を感じてはいなかったらしい。どちらの本もカルペパーとマーカムの人気が売り上げを後押ししたのは間違いない。

もちろん、そうした世の中の風潮にも例外はある。貴族の編纂者と宮廷文化に関連づけられた三冊は個々のレシピの提供者について充実した情報を提供している。『女王の開かれた小部屋』、『自然の摘出』、オズワルド・ゲッベレーヒェンの薬方書で『最も栄誉ある高名な公爵閣下であらせられるローデウェイク卿に望まれ……なかでも承認された選りすぐりの治療薬の医術書（The Boock of Physicke wherein throughe commaundement of the most illustrious, and renoumned Duke and Lorde, Lorde Lodewijcke...Most of them selected and approved remedyes）』と題された翻訳書（一五九九）の三冊だ。[48] どれも元来は貴族の邸宅で作られ、手書きの〝家族の書〟として前世を過ごしたレシピ集で、そこに含まれる名高いレシピ提供者たちが売り文句になると書籍制作者は判断したのだろう。なかでも『女王の開かれた小部屋』は巻頭に引用元の名簿を付けてレシピ提供者たちを際立たせた。[49] それでもレシピ提供者の名が記されたレシピは全体の五分の一に過ぎない。ローデウェイク卿に望まれた治療薬と謳った『医術書』はとりわけ興味深い。ゲッベレーヒェンが著したドイツ語版は、ルートヴィヒ・フォン・ヴュルテンベルク公の宮殿秘蔵の手書きによるレシピ集を書籍として売りだしたもので、広く人気を博した。[50] ところが、イングランドではドイツほど人気は得られなかった。ドイツ人はヴュルテンベルク家の宮殿で伝承されたレシピに惹かれたかもしれないが、英国の読者はあまり興味を示さなかったようだ。

前述の三冊を除けば、出版されたレシピ集の制作者たちは個々のレシピの提供者に対して関心を払っていなかったのはあきらかだ。ほとんどのレシピ本で強調されていたのは、そのレシピ集全体の著者や編纂者だった。当然ながら手書きのレシピ帳とはまったく対照的な制作手法だ。これまでの各章では、手書きのレシピ帳の作成には一族、近隣の人々、社会の人脈がいかに重要であったかを見てきた。そこでは家族史の記録として、もしくは社会の信用と恩義の台帳としてであれ、情報元の表示が肝要な役割を果たしていた。第1章で取り上げたアーチデール・パルマーやベネット家の筆記帳には個々のレシピをどこで、いつ、誰から入手したのかについての詳しい豊かな情報が詰まっていた。手書きのレシピ帳の作成者や所有者にとって、レシピの起源を書き留めるのは新たな知識の蓄積に欠かせない作業だったのだ。

　そうだとすれば、同時代に流通したものでありながら、活字と手書きの医療のレシピ集はそれぞれ情報元の表示という重要な部分にあきらかな違いが見られた。[51] 市場の需要と政治的野心の兼ね合いから作られた活字のレシピ本は信頼性の証しとして編纂者を際立たせようとする傾向があった。かたや長い時間をかけて協力して編纂され、代々の所有者も記録されていた手書きのレシピ帳は個々のレシピの著者をより大切にしていた。そのような違いは流通の仕方や、それぞれの媒体を形作る社会的・経済的背景と結びついている。

　手書きのレシピ帳の編纂者たちは概して、書き写しや書き換えを制限することにより自分たちのレシピ集の公開範囲を管理していた。[52] 印刷されたレシピ集は新刊、古本にかぎらず誰でも購入できた。そうして広く流通し、誰彼なしに入手できてしまうことをロバート・ボイルのように案じた著者もいた。一六九二年に出版されたボイルの『医薬実験、おおよそごく簡単に用意できる最適で安全な治療薬集（Medicinal Experiments, or a Collection of Choice and Safe Remedies, for the Most Part Simple and Easily Prepared)』には、数十年にわたり作成された百のレシピが収載されている。当初は五十のレシピで一六八八年に『アメリカの友人へ送る、おおよそ簡単に伝えられる医療のレシピ（Some Receipts of Medicines, for the Most Part Parable and Simple, Sent to a Friend in America)』として出版されたものだ。[53] どちらもほかの多くのレシピ本と同様に、レシピの提供者の名は省かれている。ボイルはその人々の医業の収益を守るため貢献者の名は差し控えた、と歴史学者マイケル・ハンターは論証している。[54]

代わりに、ボイルは一六八八年版のレシピ本で、みずから考案した二つの手法をレシピの表記に用いたと読者に提示した。一つはレシピを三段階に分けて掲載する手法だ。「A」と付されたレシピは〝きわめて高い効能が認められる〟として最も信頼し推奨できるレシピ、「B」はそこまでは至らないもの、「C」は最下位に位置づけられるものだ。[55] ボイルはさらに〝短く表記することが必要と思われるため、みずから然るべき実験を試み、使用し処方し、もしくは進んでそれらを試した人々、あるいはわたしの求めに応じて使用してくれた人々からの報告をもとに、治癒したと見なせるもの、大いに緩和されたものについて表示、記述した〟として、レシピを実験した証しを記している。それでもなお著者の表記や詳しい例証は控えられているので、一つ目の手法に加えて、各レシピをみずからが知るかぎり何度試されたかを×印や星印で示すとしているものの、ミシェル・ディメオが指摘しているように、この二つ目の手法は『アメリカの友人へ送る――医療のレシピ』『医薬実験――最適で安全な治療薬集』ともに表示例が見当たらない。[56] どちらの手法もほかのレシピ本の制作者に広く普及するには至らなかったが、第3章と第4章で解説した邸宅主たちが試用と試験の結果を示した手法と重なり、レシピの試験への期待は知識を探究する人々に共通するものだったことがわかる。

手書きと活字のレシピ集がそれぞれ作られ、使われた社会的・経済的背景もまたレシピの著者の表記に影響を及ぼしていた。これまでの各章で述べたように、手書きのレシピ帳は邸宅でいくつもの役割を担っていた。家族史であるとともに、贈り物のやりとりの記録であり、社会での信用と恩義の台帳でもあった。だからこそ、その知識が誰から誰へ伝えられたかという情報はとても重要だった。加えて、レシピのやりとりという社交が専門知識や信頼性を示すため以外にも名前を記す必要性を与えた。友人や隣人がレシピ帳に目を通し、その内容を吟味する際、そこに表示された名前がレシピ帳の所有者の社会環境を引き立たせ、社会的地位を高めたに違いない。一族の誰かが、それも次世代や離れて暮らす親族ならなおのこと、その〝家族の書〟を開いたとき、表示されている名前が一族の誰かの思い出（好ましいものであってもなくても）を呼び起こし、現世代の家族の財産を豊かにするためにも引き続き培っていかねばならない一族の人脈を再認識させたのはまず間違いない。

そのように〝家族の書〟には社会的意義が深く刻み込まれていたのだから、手書きのレシピ帳と印刷されたレシピ集では当然ながら読まれ方も流通の仕方も異なっていた。他分野の多くの文書類と同じように、〝家族の書〟も広さの程度の差はあれ、ほとんど同じ社会集団のなかにとどまりつづけた。[57] 編纂者たちは個々のレシピを外へ広く探したとしても、レシピ帳は一族内で引き継がれ、なかには同じ邸宅内だけで代々伝達されたものもある。それゆえ、レシピ帳を相続するのは、同時に人脈を受け継ぐことでもあり、そこに記されたレシピの著者名は次世代にも読み継がれた。とはいえ名前が記されていても交流についての詳細が受け継がれなければ、印刷されたレシピ本の購入者と同じように、もとの編纂者がどのような経緯で得た知識なのかをたどり知ることはできようがない。その場合には名前の表示に意義はないのも同然なので、個々のレシピが生みだされた社会環境から切り離されてレシピ本として出版されたとたん、もとの手稿に多くの理由から表示されていた名前の価値は失われる。

ロンドンの書店で売られたレシピ集の本には、手書きのレシピ帳に付与されていた社会的意義は欠けていた。手書きの〝家族の書〟のようにそれぞれの一族や邸宅の人々の興味や必要性から作られた唯一無二のものとは違う。第1章で解説した〝原本〟にも似た役割で、レシピ集の書籍は手軽に使える実用情報を提供し、懐に余裕のある人なら誰にでも売られた。これまでの各章で見てきたように、手書きのレシピ帳作りでは家族と社会的信用が新たな知識の入手条件だったとするならば、出版物の世界では、その入手手段は現金だった。このような恩義から貨幣への経済方式の移行が、知識のレシピへの関わり方と読まれ方をも変化させた。

活字版レシピ集の読まれ方と使われ方

レシピ集の出版物は、草本全書、薬物解説書、薬草書、一般医療の手引き、食事療法の指南書など、ほかの一般向け医療書とともに、邸宅主たちにとってつねに情報源となっていた。情報を入手しやすくすることで、書籍はレシピの収集者たちの視野を大幅に広げた。ここでは邸宅主たちが活字版のレシピ集をどのように読み、さらなる知識のレシピ作りに駆り立てられていたのかをたどる。

歴史家も文学者も長きにわたり読書をする人々に関心を注いできた。そうした読書史の研究では、読書はきわめて個人的な文化的慣習による行為で、だからこそそれぞれに意義あるものとなるのだと論じられている[58]。当時の読書がどのようになされていたのかは、書庫を再現する、中古本の売り上げを分析する、余白の書き込みを解析する、備忘録のような筆記帳を調べるなど、多方面から繙くことができる。人々の読書録からは、どのような本を手にしたのかが浮かび上がり、その時々の読書形態や、そこで得た経験を記録するために用いた方策も見えてくる。読書と要約筆記に関する最近の多くの論述では、おもに学識分野に焦点が当てられている。リサ・ジャーディーンとアントニー・グラフトンはガブリエル・ハーヴィーの世界へわたしたちを案内してくれたし、ケヴィン・シャープはウィリアム・ドレイクについて書き、ウィリアム・シャーマンはジョン・ディーの筆記帳を読み解いている[59]。それらの事例研究では、近代初期の多くの学識豊かな読者たちが〝活動のために読み〟、なかには支援者のため文章を読解する〝プロの読書家〟もいたことがあきらかにされている[60]。いっぽうで高度な教育を受けていない読書人たちの読書にはほとんど関心が向けられていなかった[61]。ハイジ・ブレイマン・ハッケルとローリ・ハンフリー・ニューカムは女性たちの読書と娯楽の読書について調べることで見事にその隔たりを埋め、読者たちがサー・フィリップ・シドニーの『アーケイディア』やロバート・グリーンの『パンドスト』などの文学作品から得た影響を叙述している[62]。邸宅主たちが一般向け医療書とレシピ集をどのように活用していたのかを調べることにより、近代初期の学識者や文学作品以外の読書についても理解を深められる。同時に、日常使いの書籍と手書きのレシピ帳の読み方に焦点を当てることで、読書と家庭での科学についての近年の研究成果をさらに充実させられるはずだ。[63] レシピが邸宅の日々の管理に実際に生かされる知識であったとするならば、日常書や手書きのレシピ帳を読む行為は〝実践のための読書〟と捉えることができるだろう。

読者として邸宅主たちは活字版のレシピ集にもすでになじみある手法で携わっていた。[64] 本にも自分たちの名を記して所有権を明示し、余白には×印やチェックマークなどの符号を付し、長文を抜き書きし、または要約して筆記帳に書き写しもした。これまでの各章で取り上げた手稿での知識作りや情報管理戦略と詳しく対照しながら調べると、手稿文化と活字文化には密接な繋がりがあることがあきらかにわかる。そうした繋がりを明確に例示し、繙くために、三つの交差点について詳しく見ていく。それぞれの余白の注釈、手稿と活字版の相互活用の痕跡、重なり合うレシピだ。

活字版レシピ集への書き込み

注釈や余白への付記の研究は、近代初期に日常行なわれていた読書を知るための豊富な手掛かりを与えてくれる。余白への書き込みを精査して読み解くことにより、史料に登場する人々の特定の分野との関わりやその時々の読書の目的を垣間見ることができる。[65] 活字版のレシピ集の余白への書き込みを調べることは、邸宅主たちのそうした本への携わり方をあきらかにし、印刷物と手稿の両方の文化の結びつきと密接な関係を繙くにはとりわけ有益だ。現存する多くのレシピ集の書籍には読み込まれた形跡がある。[66] そうした形跡は大きく三種類の書き込みに分類される。所有者の表示、選別の印づけ、訂正や修正だ。

手書きのレシピ帳にも麗しく署名されていたように、レシピ集の書籍の所有者たちも多くがそこに自分の名を記した。そのうちの一人、ウィリアム・ミルンはラルフ・ウィリアムズの『身体の異変』の一六六六年版に複数回にわたり名前を書き入れているし、『洗練された淑女のお気に入り』の一六七五年版を購入したナルキサス・ラットレルも自分の名を記している。[67] そうした所有者の署名には、読者とレシピ本について二つの傾向が見てとれる。一つは、所有者の名が書き入れられている本の多くが初版の刊行日から長く大切にされていたことがわかる。ウィリアム・ミルンは出版されてから七十五年以上も経ていた『身体の異変』に名を書き込んだ。[68] ほかの例でも、メアリー・モットが一六五五年に出版された『自然の摘出』に名を記したのは一七〇三年六月二十九日だし、ドロシー・ホーキンズは一六六八年に『貴婦人と淑女の小部屋』の一六三〇年版に名を記している。[69] もう一つは、ラットレルの例でわかるように、書籍制作者の大半の予想とは異なり、活字版のレシピ集に興味を惹かれたのは上流婦人だけではなかったということだ。やはり女性の読者向けに制作された『女王の開かれた小部屋』も男女の両方から支持された。フォルジャー・シェイクスピア図書館に所蔵されているこの本の一六九八年版には、一七〇四年にジョン・フランシス、一七二六年にサミュエル・ル（ロイ？）ミスの名がそれぞれ書き込まれている。[70]

さらに手書きのレシピ帳と同様に、活字版のレシピ集も所有者が移り変わり、ほとんどに複数の署名が見てとれる。『著名な医師フィリップス・アウレオールス・テオフラストス・パラケルススの百十四の実験と治療法（A Hundred and Fourtene Experiments and Cures of the Famous Phisitian

Philippus Aureolus Theophrastus Paracelsus)』(一五八三)の一冊は現在、ボドリアン図書館のタナー・コレクションに所蔵されている。トマス・タナー(一六七四―一七三五)がこれを入手するまでには二人の手を経ていた。一五八七年八月十日にロバート・クックが、その後ロバート・エストレイクも名を記している。[71]また、レシピ集の書籍も一族内で共有されていた。『ピエモンテのアレクシス導師の極意(The Secretes of the Reverend Maister Alexis of Piemont)』の一五六二年版にも〝メアリー・ホームズが一六四〇年に所有す〟〝ジョージ・ホームズが所有す〟〝ジョン・ホームズが一六四〇年に所有す〟と複数の署名が見てとれる。[72]サー・ケネルム・ディグビーの『実験済み厳選医療レシピ(Choice and Experimented Receipts in Physick)』もまた所有者が何度も替わっている。現在ボドリアン図書館に所蔵されているこの本の一冊はかつてジョン・ロックの蔵書に含まれていたのだが、一七七八年一月十八日にウィリアム・エイリオットの手に渡っていた。[73]フォルジャー・シェイクスピア図書館にあるもう一冊は、一六九五年にトマス・ヘイウッドが、一六七二、九二、九九年にはフランシス・ヘイウッドが署名していて、ヘイウッド家の人々の手を渡り歩いた。[74]トマスとフランシスの署名は年代が重なっているので、ひょっとして二人のあいだで争奪戦があったのかもしれない。手稿でも印刷物でも、レシピ集は長く愛蔵された。

そこに記された注釈や余白のメモ書きは、多くの活字版のレシピ集が使い込まれていたこともまた示している。トマス・ブルギスの『医術の心髄、すなわち――』にはいくつかのレシピに〝これを作った〟との添え書きが見られ、書き入れた読者の薬作りの試みが記録されている。[75]それらの書き込みから、この人物が乾燥させたバラのシロップとダマスクローズのシロップのレシピをどちらも試したことが読みとれる。[76] さらにコンラッド・ゲスナーの『健康の新たな至宝(The Newe Jewell of Health)』には多くのレシピの標題に〝これを蒸留〟あるいは〝これを蒸留した〟との添え書きがあり、〝黄金の水〟や〝わたし自身が生涯使えるすばらしい水〟を作りだすことに成功したようだ。[77]

そのほかの符号からも、当然と言えるのかもしれないが、本の使用者でありレシピの収集者たちが手書きのレシピ帳とまったく同じように活字版を利用していたことが読みとれる。つまり、ロンドンの書籍制作者が提供したレシピについても頻繁に、第3章と第4章で述べたのと同じ何段階もの試験と試用が行なわれていた。レシピを試すたび未来の読者に結果を報告し、あるいは注意を促すために、ごく一般的な用語で効き目を表示していた例も見られる。第3章で取り上げたオケオヴァー家と同じように、『貴婦人と淑女の小部屋』のある読者はそれぞれのレシピの脇にbやgと記し、おそらくは良い悪いを示していた。[78] トマス・ラプトンの『種々様々な分野の多数の重要なこと』の一五七九年版の読者は、レシピの最後に〝これは本当〟〝これは信じて間違いなし〟とたびたび付記している。[79] ほかにもトマス・ブルギスの『医術の心髄、すなわち――』の一冊には、疫病や痘瘡の飲み薬のレシピに〝これは多くの人々によって品質が確かめられている〟と書き添えられている。[80] そして『ピエモンテのアレクシス導師の極意』の一冊には〝証明済み〟もしくは同意のラテン語〝probatum〟による効能の承認表示が至るところに使われている。[81]

手稿と同じように、書籍の読者たちもそれぞれの好みにより分量を調整し、材料を置き換え、製造方法を変えた。前述の『医術の心髄、すなわち――』の読者は〝疫病、痘瘡、麻疹、その他の感染症の治療薬〟のレシピで、あきらかに好みから、マデイラワインのうち最も甘い〝マルムジー〟を〝ムスカテル〟に替え、〝解毒剤〟を加えた。さらに、ブルギスが著していた分量を二匙から三匙に増やした。[82] 書籍の読者たちはレシピを試した結果を踏まえ、新たな指示を追記してもいた。『女王の開かれた小部屋』の一冊には、カーネーションのシロップのレシピに、カーネーションを二十四時間水に浸したあとで漉すという手順が加えられている。また〝豚をさばく〟レシピでは、もとの指示書きどおりに皮を剝ぐ前に、切り分けるよう未来の読者のために注釈が付けられている。[83] 同じように薬類についても時には説明が加えられた。『選りすぐり処方集』の一冊では、ケント伯爵夫人の粉末薬として有名なレシピの〝lapis contra parvam（コントラジェルバの根に真珠、珊瑚、琥珀、ザリガニの胃石なども合わせたもの）〟の部分に下線が引かれ、余白に×印が付けられている。[84] 見開きの二頁にわたり材料の〝lapis contra parvam〟について説明と由来が続く。それによれば、当初スペインの船で発見されたときにはスペインの国王のため作られたものと表示されており、サー・フランシス・ドレイクによりイングランドに持ち込まれたものなのだという。これは蛇に咬まれたときの解毒剤として広く用いられた。そしてもちろん、書籍の読者がレシピへの疑念を表記することもあった。たとえば『ピエモンテのアレクシス導師の極意』のある読者も、〝晩に明かりを灯す〟との処方に〝こんなものを実践するのは愚か者だけだ〟と記すなど、特定のレシピについてみずからの考えを表明している。[85] そのように書籍に見られる書き込みは、所有者たちが再読したり再使用したりと、そこに収載されたレシピに繰り返し取り組んでいたことを示している。そうした書籍が邸宅の人々の家事や日常の読書に組み入れられていたのだとしたら、その頁から邸宅で交わされていた会話の形跡もまた読みとれるかもしれない。書籍の所有者たちが余白に考えを記したのは、自身の備忘録としてのみならず未来の読者のためでもあったのだろう。

活字版のレシピ集の読者たちはその本に情報を補塡（ほてん）してもいた。見返しの白紙部分に新たに入手したレシピが書き留められている例も多く、まれだが本文中にレシピが差し挟まれているものもある。[86]さらには白紙頁を綴じ入れて本を拡張していた。そのような例では、手稿のレシピ帳でも用いられていた〝原本〟として活字版のレシピ集を捉えることもできるだろう。トマス・エリオットの『健康の城（The Castell of Helth）』（一五七二）の一冊には所有者の邸宅のレシピで埋め尽くされた数頁が補塡されている。[87]またべつの例では、格別に熱心な編纂者がトマス・ブルギスの『便覧――手術の手引き（Vade Mecum : or, a campanion for a chyrugion）』に白紙頁を次々と付け足し、そこにニコラス・カルペパーによる『ピエモンテのアレクシス導師の極意』から引いた読書メモを書き込んでいた。[88]そうすることにより、それぞれの興味や必要に応じた個別の医学便覧を作り上げていたわけだ。

このように読者たちは気に入ったレシピ集の書籍を手稿のレシピ帳とまったく同じように活用していた。書籍そのものとそこに収載されている知識の両方について自分の名を記すことにより所有権を明示した。書籍に残る複数の署名は、手稿の〝家族の書〟にもレシピが多くの人々に受け継がれた記録が残されていたのと同じように、その歴史を表している。レシピについては、活字であれ手稿であれ、もともと追記や拡充をしやすい柔軟性が備わっていた。活字版のレシピ集を読んで使った人々はそこに収載されているレシピを選択し、試験し、改良し、新たに収集した知識を付け足しもした。手稿やほかの書籍から得たり、家族や知人から教えられたりしたレシピを加えることにより、人々はその書籍をそれぞれの必要に応じた独自のレシピ集に作り上げていたのだ。

手稿と書籍の相互活用

数多くの邸宅主たちが自宅の図書室にあるレシピ集の書籍に注釈を書き込むだけでなく、書籍からほんの一部を、あるいは広範囲に選択したものを手稿のレシピ帳に組み入れていた。古典文学研究家たちがあらゆる形で読書録をとって生かしていたように、レシピ本の読者たちも要約や抜粋、見出しごとの分類、外付けの索引式にまとめるなど、多様な手法で読書録を残していた。[89]

現存する邸宅のレシピ帳の作成者たちはほとんど上流層の男女だったので、医療書を購入する金銭的余裕があり、多くが一族のレシピ帳と併用していた。その顕著な例が、第1章に登場した、十七世紀後半にコーンウォールに暮らしていた貴婦人、マーガレット・ボスコーエンが遺した史料だ。マーガレットとその後を引き継いだ娘ブリジット・フォーテスキューは様々な形状と大きさのレシピ帳を数冊こしらえ、さらに綴じられていない紙の束にも相当数のレシピを残している。この入り組んだ手稿の文書とともに、母娘がエリザベス・グレイの『選りすぐり処方集』や『女王の開かれた小部屋』、ニコラス・カルペパーの『ロンドン薬局方解説』の翻訳版、アレクサンダー・リードの『人体に生じる多くの病気と不調の最も優れていると承認された薬と治療法』など幅広い医療書を読み、参照して、一族のレシピ貯蔵庫の拡充に役立てていたのはあきらかだ。[90]ボスコーエンがそうした書籍を活用していた痕跡はフォリオ判の大型の帳面、あるいは庭造りや植物の保存についての情報が記された縦長の薄い〝植物〟帳など、多くの筆記帳に見てとれる。ボスコーエンの読書録はおおむね、書名、レシピの標題、頁番号、みずから試した結果のみが記されている。その好例が〝すばらしい水〟の目録で、〝多くの治療に最適な霊水。アランビックで蒸留。44〟や、〝目の衰えを癒やし視力を保つ水。49。レディ・ケント。ふつうのバラ水でいつでも蒸留可能〟あるいは〝ロンドンの薬局ではシナモン水を作る方法が三、四種類ある。140〟という具合に付記されている。[91]情報量が乏しいように感じられるかもしれないが、書籍がボスコーエンのレシピの実践に役立てられていたことが読みとれる。バラ水やアランビックなど具体的に必要な物を勧めているのは、そうした水を実際にこしらえた経験を表している。そしてこの目録を手書きのレシピ帳に差し挟んでいたのは、書籍の知識を日常使える医療の一部と考えていたからだろう。つまるところ、そうした情報量の乏しい注記は、おそらく参照した四冊の書籍がボスコーエンの図書室に並んでいて、必要なときに目当てのレシピに手早く当たれるよう書かれたものであることを示唆している。

ボスコーエンは読書録を医療書の別記の索引として使っていたが、おそらくさほど頻繁に書籍を開かなかった人々はより長い読書録をとっていた。エリザベス・フレークもジョン・ジェラードの『大本草誌（The Great Herball）』から選択したものだけながら、しっかりとメモを残している。ほとんどが薬効や使用する薬草についてで、医療のレシピ帳の申しぶんのない補完資料となっている。[92]十八世紀の氏名不明の読者も『選りすぐり処方集』の独自の要約版を作り上げていた。書籍から数十個のレシピを選び、必要順に薄い筆記帳に整理されている。[93]どちらの事例でも書籍の内容をただ書き写すだけでなく、レシピを読んで、さらにはきっと紙上で評価し、それぞれの家族に適していて試す価値ありと認めたものを選びとっていた。そうした書籍の使い方は、第1章で取り上げたレシピの〝収集〟の手順に類似していると言えるかもしれない。アーチデール・パルマーのような邸宅主たちが晩餐の食卓や旅籠屋の食堂でレシピを収集していたのに対し、そのほかのより本好きであったり、田舎に住んでいたりした人々は書籍から新たな着想を得ていた。

レシピ本の読者たちのなかには読書録を類別し整理し、その情報にあとでまたすぐに当たれるよう工夫して、身体と健康について持論を記しておく人々もいた。その様子がよくわかる手稿が二つある。一つは氏名不明なものの〝いとこグリーンウェイ〟の親族が書いたと思われるもので、もう一つはトマス・シェピーが関わったものだ。グリーンウェイとシェピーはともにラザール・リヴィエールの『医術の実践（The Practice of Physick）』（一六五五）や、一六四九年に『医薬要覧（A Physical directory）』として出版されたのち一六五三年に『ロンドン薬局方注解』として改訂された『ロンドン薬局方解説』のニコラス・カルペパーによる翻訳版など、数多くの医療書から綿密な読書録をとっていた。[94] どちらも収載された情報を繋ぎ合わせ、同時代の備忘録でよく見られた要約筆記術、つまり主題ごとに新たな整理方式を設けて独自の一冊を作りだしていた。[95] ただし見出しは病名と身体の部位で、次世代の読者が情報を見つけやすいよう構成されている。新たな見出し付けによりレシピを選びだし再編することで、もとの書籍の内容は分解されてべつの一冊に作り直され、編纂者の関心と必要に応じてつねに改良されつづけた。

ここまでに紹介した数多くの事例では、書籍に収載されたレシピが手書きのレシピ帳に生かされていたが、その反対の例もあきらかに見てとれる。印刷業者と出版者たちの言葉をそのまま受けとるなら、著名な多くのレシピ集はもともと手稿から生まれたものだった。たとえば、ジャーヴェイス・マーカムも『イギリスの主婦』に収載したレシピは〝本王国の高潔なる偉人で同等の階級の人々のなかでも傑出した女性が一時期所有していたことが幸いにも判明し、記述された多くの作用が信頼に足る手稿〟をもとにしたと明記している。[96] 同様に、一六五五年に『女王の開かれた小部屋』を世に送りだしたW・M・も、その前書きで収載したレシピのほとんどはかつてみずからの手で王妃ヘンリエッタ・マリアの書に書き換えたもので、〝もとの文書〟の多くを保持していると述べている。くだんのレシピ集の手稿を国外で二つも目にして、偽物やまがい物が出回らないよう〝原本〟の写しを先駆けて出版しようと決意したというのだ。[97] どちらの事例でも、むろん制作者たちにとってその書籍のもととなった手稿の価値を明示すれば大きな利益を生むのは言うまでもなく、売り上げを増やそうとのもくろみが働いたのは致し方のないことだろう。とはいえ、多くの活字版のレシピ集が印刷物という新たな媒体にふさわしく改変される前から手稿として存在していたらしいことは留意すべき点だ。

このように印刷物から手稿へ、またはその反対にも記述が転用されていた痕跡を少したどるだけでも、相互活用の道筋がしっかりと出来上がっていたことがわかる。邸宅主たちはロンドンの書籍制作者たちからもたらされた様々な情報を活用し、それぞれの知識のレシピ集を補塡し、拡充させていた。数多く売られていたレシピ集の出版物のみならず、薬草の効能が明示された本草書や、薬の具体的な使用例を解説した症例集など、関連分野の書物も手にして調べた。そうした印刷物と手稿の活発な相互利用は、邸宅主たちが紙と書籍を用いて、商業的に編纂された医療情報も進んで暮らしに取り入れていたことを裏づけている。

重なり合うレシピ

近代初期の邸宅主たちが書店で売られたレシピ集をいかに熱心に読んでいたかは、レシピ史料群にあきらかに重なり合うレシピが多数見られることにも表れている。ケント伯爵夫人の粉末薬とパラケルススの膏薬の二つのレシピはレシピの収集者たちにとりわけ人気が高く、名称も独特なだけに、書籍と手稿のどちらでも収録の経緯をたどりやすい。ケント伯爵夫人の粉末薬が初めてお目見えした書物は『貴重な至上の奥義の選りすぐり処方集』だった。そこに収載されたケント伯爵夫人の粉末薬の実践法は、本の読者とレシピ帳の作成者のどちらにも殊更よく知られ、人気を博した。その粉末薬はフランス病、痘瘡、麻疹、疫病、熱病、鬱病をはじめ〝悪性、伝染性のあらゆる病気〟にも有効だとされ、真珠、ザリガニの胃石、琥珀、牡鹿の角、珊瑚、蟹の爪先、東洋ヤギの胃石、サフラン、アンバーグリス（マッコウクジラの腸内結石）、コントラジェルバの根など希少な材料から作られる。[98] 当時の多様な分野の知識層に広く知られた薬だった。一六五四年にはサミュエル・ハートリブがサー・ケネルム・ディグビーから多くの〝奇跡〟を起こしているらしいといたく勧められたことを記述している。ディグビーはチャールズ一世が天然痘を患ったときに〝王立医師会の誰からもこの粉末を摂るよう勧められ、摂取するや誰もが感嘆する症状の改善が見られた〟と報告している。[99] 列記された材料からすれば、ほとんどの邸宅主たちにとっては自宅で作って日常使うには高価すぎたはずだが、それでも多くの〝家族の書〟に記述が見られる。

同時代にこのレシピを自分なりに工夫してレシピ帳に加えた多くの人々の一人が、アン・グライドだ。[100] アンは〝アン・グライドの証明済み〟と筆記帳に付記して、ほかの数多くのレシピと同じようにみずから実践した治療薬であることを示している。ほかにも、ジョアンナ・シンジョン、メアリー・デイカー、スザンナ・パッケらがケント伯爵夫人の粉末薬をそれぞれのレシピ帳に取り入れていた。[101] とはいえ、書籍に収載されていたレシピを活用する際には必ずしもそのまま書き写していたとはかぎらない。ピーター・テンプルはケント伯爵夫人の粉末薬をマラリア熱に効くと推奨し〝わたし自身もたびたび効果を得ている。P．T．〟と添え書きしているが、作り方についての記述はない。[102] 作り方はすぐに見られるべつのところに書き留めていたのか、薬屋から出来合いの粉末薬を買ったのかもしれない。

もう一つ、同じくらい高い評判を得たレシピが、パラケルススの膏薬だ。もとはラテン語から翻訳されたものとされ、書籍では『女王の開かれた小部屋』に収録されているのと同じレシピがいくつかの手書きのレシピ帳にも見られる。書籍には〝パラケルススがみずからの名を冠した硬膏治療薬で、ラテン語から英語に訳出され、下記のとおり多くの病気に効く〟と題されている。その数段階にわたる作り方の手順には、四種の樹脂（ガルバヌム、オポパナックス、アンモニアカム、ブデリウム）とワインビネガー、オリーヴオイル、蜜蠟、没薬（ミルラ）、乳香などいくつもの高価な材料が必要となる。[103] そうした材料をすべて揃えて手順どおりに作れば、痛みをやわらげ、膿瘍と腫れ物の膿を出し、〝潰瘍と瘻、帯状疱疹や聖アントニー熱〟にすばらしく効き、〝あらゆる痛みをすばやくこのうえなく楽にし、どんな疼（うず）きや傷も癒やし……脱臼にも何にもまして格別な効力を発揮する〟という具合に薬効が記されていた。[104] これだけ幅広い疾患に効くというのだから、アン・ブロムウィッチとフェアファクス家のレシピ帳、ジョンソン家、オケオヴァー家の〝家族の書〟、ジョアンナ・シンジョンのレシピ集といった、本書ではすでにおなじみの手書きの筆記帳に同じレシピが含まれていたのも意外なことではない。[105]

活字版のレシピ集から拾い集めたレシピを書き加えて、きわめて信頼性の高い〝家族の書〟を作りだしていただけでなく、指示書きを要約してわかりやすくしたり、改良したりしていた邸宅主たちもいる。それが最もよく表れている例が、フォルジャー・シェイクスピア図書館所蔵のスザンナ・パッケが携わったレシピ帳にあるガスコンの粉末薬のレシピで、これも『選りすぐり処方集』から書き写されたものだ。ケント伯爵夫人の粉末薬と同様に、真珠、珊瑚、ザリガニの胃石、琥珀、牡鹿の角など贅沢な材料が必要で、熱病を治すとされていた。パッケのレシピ帳では、同じレシピがいくつかの点で簡略化されている。最も大きな変更は、『選りすぐり処方集』に紹介されている二種のレシピを組み合わせ、東洋ヤギの胃石を使うレシピだけにしている点だ。作り方も短縮し、色づけにサフランを加えるとしている。さらに、書籍では十から十二グレインを〝テンナンショウ水かアザミ水、その他のコーディアル水〟で飲むと勧めているが、パッケは患者の体力に応じて子供には六、八、十グレイン、大人には三十グレインがより望ましいと指示している。コーディアル水で服用するようにとは書いていないが、熱病や悪性の熱性疾患の初期に服用するよう付け加えている。[106]

これまでの各章で詳しく見てきたように、頻繁な改良や好みに応じた作り替えは近代初期の邸宅のレシピ作りには欠かせなかった。ここでたどった二つのレシピは手書きのレシピ帳に取り入れられた際に独自の〝方式〟に書き換えられたことが明示されている。オケオヴァー家が携わったレシピ集では〝パラケルススの膏薬〟にレディ・ダルシー著と記され、ジョアンナ・シンジョンの筆記帳の〝レディ・ケントの粉末薬〟には著者としてウィリス医師と、〝アーチャー夫人〟が付記されている。[107] 人気のレシピは独自に改良され取り入れられると、またそれぞれの手書きのレシピ帳へ伝達された。レディ・ケントの粉末薬がシンジョン家では、ジョアンナ・シンジョンの〝至上の処方集〟とジョアンナの娘アン・チャムリーによって書き写されたらしいべつの一冊の両方にそれぞれ書かれているのが顕著な例だろう。[108] あるレシピの二種類の別版が同時期に伝達されていた事実は、人々がよく知られた治療薬を独自に作り替えたものに価値を見いだしていたこと、そしてレシピが印刷物から手稿へつねに活発に取り込まれていたことを示している。

結び

医術、手術、貯蔵、保存、料理、焼き菓子の至極のレシピ三百五十余りを厳選し収載したものであり、いずれもかつて書籍にて出版されたことはなく、様々な家庭へ筆記により後代へ指示するため伝達されてきた。それらの貢献者たちを次頁に記す。[109]

このように始まる氏名不明の人物によって十七世紀後期に編纂されたレシピ帳が、米国国立医学図書館に所蔵されている。おそらくは贈呈されたものと見られるフォリオ判のこの筆記帳には端正な同じ筆跡で何百ものレシピが記述されている。標題で示唆されているとおり、次頁には〝わたしがこのレシピ集を作成するにあたり力添えいただいた高潔なる人々〟の名簿が見てとれる。社会階級順に、五人の称号を有する紳士（うち三人は医師）、さらに九人の医師、十人の紳士階級、十六人の貴婦人の名が記されている。[110] そのあとに、当時汎用されていた度量衡、〝手始めの根〟、〝緩和薬草類〟、大きさや種蒔き時期や適温について様々な種子の情報が列挙されている。[111] 本文のレシピは、医療、続いて砂糖漬けと保存、最後に料理と焼き菓子の三部構成となっている。このように美しく整った書式は、まず貢献者たちを階級順に紹介し、本文を医療レシピの〝至宝の実践法〟と、菓子類レシピの〝女王の歓喜〟、料理のレシピを集めた〝完璧な料理〟の三部構成とした『女王の開かれた小部屋』にあきらかに倣ったものだ。[112] そのように書籍を真似たところで、〝いずれもかつて書籍にて出版されたことはなく、様々な家庭へ筆記により伝達されてきたもの〟と著者が掲げていなかったなら、ありきたりの手稿となっていたことだろう。つまり出版物として日の目を見てはいないものの、体裁や提示方式は一般向けの医療書に基づいているからこそ、この手稿に収載されているレシピの価値が高められている。この執筆者の巧みな構成に、手稿と出版物とレシピの複雑な関わりが要約されている。

近代初期の英国の読者たちは幅広い種類のレシピ集の書籍を入手することができた。女王までも含めた貴族の女性たちの世界を垣間見せることを売りにしたものや、長くヨーロッパじゅうを巡り歩いた旅から得た知識を提供するもの、何十冊もの医療の学術書を読みやすく要約したと謳ったものまであった。[113] レシピ集の書籍と手書きのレシピ帳は、邸宅のレシピ資料庫に欠かせないものとして厨房、蒸留室、図書室に並んで置かれていた。多くの邸宅主たちは手稿と書籍の両方を家庭の知恵のレシピ作りとその伝達に上手に生かしていたのだ。

人々の読書の様子と二つの媒体の交差点を調べると、手稿文化と活字文化のあいだではつねに活発な対話が行なわれていた。レシピ集の書籍は、博物学といったほかの自然探究の叙述分野とは異なり、手書きのレシピ帳と同様の開かれた柔軟性を備えていた[114]。その特質はあらゆる観点から見てとれる。第一に、書籍制作者たちはレシピ帳の作成者たちとほぼ同じようにレシピ文を修正し、増やし、統合していた。ただし、レシピ帳の作成者たちが家庭のレシピの蓄積を社交の人脈や家族戦略の仕組みのなかで行なっていたのに対し、レシピ集の書籍の制作者たちはおおよそ商業利益をより考慮して、望ましいレシピを構成して人気作となる新版を生みだした。そして第二に、より重要なのは、レシピの読者と使用者がレシピ集の手稿と書籍の両方を適宜修正できるものと考えていたことだ。両方の媒体に類似する注釈や印が付記されているのは、使用者たちがレシピを選別して試験し、それぞれの必要と嗜好に合わせて改良していた証しだ。手稿にしろ印刷物にしろ、新たな知識のレシピは活用され、試され、書き換えられ、再活用される指示書きだった。

そうした共通性はあるものの、初めに引いた事例に立ち戻れば、氏名不明ながら少なくとも一人は〝かつて書籍にて出版されたことはなく〟手稿による伝達でしか入手できなかったレシピに価値と威信を見いだしていた執筆者がいた。多くの学者が論じているように、その価値とは、手稿の伝達範囲が制御され、限られた人にしか行き渡らないからこそ得られるものでもある[115]。手書きのレシピ帳の価値は、その物としてのみならず、社会での協力関係と家族史の記録として社会的・文化的意義がおのずと付与されていたことに少なからず起因している。活字のレシピ集から出典の表示が省かれているのは、利用価値はあるにしろ、当の書籍を所有すること自体にはそれほど深い意義が含まれなかったからとも受けとれる。けれども邸宅主たちは購入した活字版のレシピ集にも愛着を示していた。書籍にも自分の名を記し、新たに綴じ込んだ頁に実証したレシピを列記するなど、むしろ頻繁に活用していたことがわかる。さらにまた活字版のレシピ集は同時代についてのべつの論点も浮き彫りにしている。先に述べたように、そうした書籍は男女の役割と労働分担についての規範的な考えを助長した。一六五〇年代に女性によって書かれたレシピ集が急増したのは、それがまさしく近代初期の女性たちに期待された仕事だったからだ。[116] そのうえ、活字版のレシピ集は数多くの研究が示しているとおり、特定の政治姿勢を後押しする手段となった。広く流通したことに嘆く向きもあっただろうが、そのほかの人々にはレシピ以上に多くのものを広める機会を与えたのは間違いない。

このようにレシピの事例は近代初期の手稿文化と活字文化のさらなる考察への意欲を掻き立ててくれる。手稿文化と知識作りに重点を置いた本書は、ローレン・カッセル、デボラ・ハークネス、エリザベス・イェールによる近年の研究と同列を成す。[117] サイモン・フォアマンの事例集、クレメント・ドレイパーやヒュー・プラットの筆記帳、十七世紀の博物学者たちの記録文書と同様に、近代初期の邸宅主たちの手書きのレシピ帳は活発な知識作りの場だった。そうした事実をあきらかにすることにより、手稿と筆記文化も、すでに研究が盛んな近代初期における科学の活字文化と同列に位置づけたい。とはいうものの本章で示したように、手稿と印刷物はそれぞれの価値と意義を有しながらも、相互に関わり合う仕組みのなかで新たな知識を生みだし伝達していた。近代初期の知識についての今後の研究により、そうした絡み合った繋がりはさらに解明されていくだろう。

おわりに　邸宅を飛びだしたレシピ

ハーディマンへ

あなたの手紙に書かれていたとおりのものをすべて受けとりました。旦那様は今週リディアードに滞在するとのことですが、まったくの予定外というわけではないので火曜日にも向かうと思います。ドゥエル夫人か新たに雇った料理人に鹿肉のパスティを用意させてもらえるでしょうか。パーキンズ夫人の手を煩わせたくはないのですが……。同封したレシピの水をミスター・ゴラムに蒸留してもらってください。田舎では、薬局でも、手に入らないようなものなので、ウルフォードのおかみさんがご存じのフランス産の薬草や何かを揃えてもらわなくてはなりません――流し場の紙袋に牡鹿の角がなければ、モールバラで買うように……わたしが借りていたガラスの蒸留器はジャイルズ・パーキンズ夫人に。チーズのお礼と、あなたのお母様のご親切にも感謝を、それから、ミスター・ジェイコブの葬儀での労にねぎらいを。

ジョアンナ・シンジョン夫人より親愛を込めて

今回蒸留するものをこちらに届ける必要はありません。書かれているとおりなら、最初の二、三回で数パイント抽出され、アザミと赤いバラ水を調達できれば、もっと容易に糖蜜水が準備できるようになるでしょうし[1]……。

本書の締めくくりには、ジョアンナからハーディマンへ宛てた手紙の末尾の一枚がふさわしいだろう。サー・ウォルターが食す鹿肉のパスティについて気を揉み、パーキンズ夫人にガラスの蒸留器の替えを調達し、糖蜜水のレシピを同封するなど、この手紙には日頃ジョアンナの頭を占めていた幅広い懸案事項が凝縮されている。新たな知識とそのレシピは日常生活の複雑な懸案事項を背景に生みだされていた。近代初期の邸宅を維持するにはあきらかに、身体、社交、政治、財務といったあらゆる意味での〝健康〟を守ることが求められた。食卓に料理を並べ、邸宅の人々の健康を保つのは、ジョアンナが抱える多くの問題のごく一部に過ぎなかった。ジョアンナにとって邸宅の維持とは、地所を管理し働き手たちを指揮して貴重な蒸留水や、鹿肉や、〝ささやかな贈り物〟となるフランス産やポルトガル産のメロンを生みだし、リディアードの装飾庭園をつねにシンジョン家の洗練された趣味を感じさせるものに保つことでもあった。そのためには適切な材料、器具、専門家の協力者や技術者、そしてなにより肝心な知識をいつでも手に入れられなければならなかった。ジョアンナが国王の望む熱帯原産の家鴨(アヒル)や、大法官エドワード・ハイドの訪問に備えて豚肉やチーズを調達しようと慌ててしたためた手紙を振り返れば、邸宅を維持するための努力は政治的・社会的野心に伴うものだったと見てよいのではないだろうか。レシピはそうした邸宅の維持と管理の企てのなかで中心的かつ多様な役割を果たした。とっておきの実践知識であると同時に、親愛と敬意の印であり、家族史や社交の人脈とも結びついていた。

本書では、知識のレシピ作りの場であった邸宅が、あらゆる面に影響を及ぼしていたことを例示した。近代初期の邸宅で文化を形成していた主要な仕組み、つまり家族と社交が様々に関わり合って新たなレシピを作りだしていた。多くの父親や母親にとって、レシピを記すのは家族史を紡いでいくことでもあった。親族から引き継がれ、また苦労して獲得したレシピは次世代への希望と夢とともに遺贈される家宝だった。さらにレシピ帳は一族の社交の記録であり、最も特筆すべきは、帳簿や、責務と感謝の台帳でもあった点だ。レシピを提供されれば返礼は欠かせず、旧知であれ新たにであれ、連携を結ぶ第一手段だったことを事例から学んだ。どのようなレシピがどのように書き留められるのかは、そうした社交と家族戦略の情況が大きく関わっていた。筆記は家庭の経済活動のまさに要（かなめ）だった。

さらにまた日常、家庭、そして社交という要素は知識習得の過程にも深甚な影響をもたらした。対人関係を築き維持するためにレシピによる交流が重要な役割を果たしたのは、レシピが求められ、受領され、多種多様な人々から様々な理由で収集されたからでもある。そのようにレシピが鷹揚にやりとりされる性質のものだったからこそ、多くの邸宅主たちが〝まずは家に持ち帰り、どうするかはそれから決めよう〟とレシピの収集に取り組めた。そうした知識の生成方式では、レシピを評価し、試験し、試用することが中心となる。エドワード・コンウェーのような人物が図書室の書籍を調べ、みずから観察し、知己の専門家に尋ねるなど、入手した実践知識を評価するためにあらゆる策を講じたのも当然と言えるだろう。ピーター・テンプルがレシピ帳の随所に〝疑義あり〟と付記していたのも意外なことではない。レシピ帳の編纂は複雑な作業だった。

今回の研究から浮かび上がったのは、邸宅でのレシピ作りの環境と背景が、並外れて開かれた柔軟性のある文書を生みだしたのではないかということだ。多くが数世代にわたり作成され使われた邸宅のレシピ帳は走り書きされ、印づけされ、削除線が引かれ、書かれては書き換えられた。だからこそ、読書と要約筆記の活気ある歴史学の分野で用いられている方法論により、深く解明することができた。余白の注釈、付記された間投詞、×印、そのほかの走り書きを精査し、知識作りの手法をたどり、その成り立ちを繙いた。なかには〝レシピの救出〟のように邸宅ならではと思われる手法も見られたが、本書はそのほかの環境にも当てはめられる知識編纂の見取り図を提示できたのではないかと思う。男性も女性も何段階にもわたって情報を整理し、あらゆる面からレシピを試験した手法は、職人たちの作業場のほか、ロンドン王立協会の商業史プログラムや、フランス科学アカデミーの医学志向の会員たちによる鉱物温泉水の初期研究といった、より実用志向の学識者による知識考察の場での取り組みとすら類似性を有していた。[2]

レシピの試験を探ることにより、近代初期の邸宅が活発な知識生成の場であったことが例証された。好奇心と信頼できる実践知識の切なる必要性から、邸宅主たちはつねに新たなレシピを試験しつづけた。そうするなかで自然界と物質界を探究し、わたしたちの史料群の登場人物たちは効能のみならず、材料が状況によってどのように変化するのかを注意深く観察し、人により薬の身体への反応が異なることを知り、目当ての薬をできるだけ容易に安く作ったり、簡単に目薬を差したりできる方法を見いだした。そうした事例から得られる詳しい経緯は、日常での知識の習得について改めて考えるきっかけを与えてくれる。レシピの試験は、邸宅主たちが病気と健康、人体、自然と人工物の製造過程、材料について深く理解するための大切な行程だったのだ。

本書の各章を通して、最終的には紳士淑女が暮らしの知識を書き留めたにせよ、幅広い実務の経験と専門知識を持つ男女の一団に支えられていたこともまた幾度となく思い知らされた。初めに引いたジョアンナの手紙によれば、ミスター・ゴラムが蒸留を担い、ウルフォードのおかみさんが材料の問い合わせを受け、ガラスの蒸留器はジャイルズ・パーキンズ夫人に返されていた。つまり、特別な蒸留器具は現代のわたしたちがちょうどよい大きさのケーキ型や菓子皿を一時拝借するのと同じように貸し借りされていたわけだ。酪農女中のベスや庭師のルドラーについて書かれた手紙からは、リディアードにはほかにも植物の生態や家畜の生活環に精通する使用人たちがいたこともわかる。この人々は邸宅での労働を通して、日々自然に関する知識を蓄えていた。これこそ家庭の科学と呼べるのではないだろうか。

それらの人々の逸話に立ち戻り、本書はそうした多彩で時には厄介な仕事も知識作りの物語に加えたい。それにより、近代初期の科学に関わり貢献した歴史の立役者たちを広く見渡せる。彼らはもう〝姿なき技術者たち〟ではなく、れっきとした、自然についての知識を生みだし、書いて、伝達した人々だ。これらの人々の試みや発想を知ることにより、ロバート・ボイルとロバート・フックのような男性たちが事を成したその場所や状況がわかりやすく解き明かされるだけでなく、近代初期における自然探究への視野が広がり、科学革命についての現在の研究分析もさらに深まる。あらゆる点から見て、そうした人々は男性も女性も身の周りの世界への好奇心と問題意識にあふれ、だからこそ相互に関わり合う様々な手法で調べ、追究した。[3]本書は、作り、行動し、読み、書く活動をもとに、邸宅でのレシピ作りが、自然界と物質界、製造の技術と過程、社会と家族の連携戦略、そして健康と人体に関わるあらゆる種類の知識が複雑に絡み合うなかで行なわれていたことをあきらかにした。このようにレシピの探訪は、近代初期の男女の暮らしと〝生活の知恵〟作りを覗かせてくれる。

謝辞

共同での知識作りと知識との遭遇の記録についての本書で、多様な学術分野の研究者たち、研究機関、友人たちに感謝とお礼をお伝えできるのはこのうえない喜びです。長年にわたる友人や同僚たちとの公私での会話が、膨大でとりとめのない史料を繙き、ここでご覧に入れた物語を紡ぐ力を与えてくれました。オックスフォード大学では、マーガレット・ペリングに着想を得るきっかけを与えられ、研究プロジェクトへと進めることができました。彼女の果てしない支援と的確な意見のおかげで、近代初期のイングランドにおける医療についてのわたしのアイディアは意義深いものに形作られていったのです。わたしはいまだに索引カードの箱が並んだ彼女の研究室をなつかしく振り返り、見習い期間があまりに短すぎたと惜しんでいます。何年も前にウェルズリー大学で医療と科学の歴史にわたしを導き、近代初期の女性たちの物語を調べるよう勧めてくれたのは、ケイティ・パークでした。彼女の教えと賞賛すべき学識に多大な恩恵を受けています。

本書の長い構想期間と現代の学究生活の移ろいやすさから、いくつかの研究機関や部門で研究と執筆に申しぶんのない環境に身を置く幸甚に恵まれました。オックスフォード大学の医学史ウェルカム・ユニット、レスター大学とウォーリック大学の史学科、ケンブリッジ大学の科学史・科学哲学科の同僚たちには格別に感謝しています。ウェルカム・トラスト、リーヴァーヒューム・トラスト、オックスフォード大学リンカーン・カレッジ、ウェルズリー大学、フォルジャー・シェイクスピア図書館、ハンティントン図書館には長年にわたる資金援助に感謝申し上げます。

二〇一二年にわたしはマックス・プランク科学史研究所（ＭＰＩＷＧ）に所属し、そこで本書の大部分を執筆しました。マックス・プランク協会に、わたしの研究グループ〝近代初期ヨーロッパにおける読み書きの性質〟への資金提供を感謝します。同分野の多くの学者たちと同様に、わたしもまたロレイン・ダストンにお世話になっています。研究部門にわたしを導き、迎え入れ、鋭い指摘で奮い立たせてくれるとともに、まさしく適切な時に思慮深い助言をくださいました。長年にわたり、ＭＰＩＷＧの同僚たちや客員研究者たちがなにげない会話や、じっくりと語り合うなかで、このプロジェクトの視野を広げ、科学史における知識のレシピ作りの場所について深く考えるきっかけを与えてくれました。まずは親愛なる同僚、クリスティーン・フォン・エルツェンに感謝を。彼女の作業部会〝Beyond the Academy（規範理念を越えて）〟に招かれたことが、わたしをベルリンへ、そしてジェンダー、科学、技術についての論議へ、さらには比類なき知性あふれる学者たちの一団に導いてくれました。ほかにもＭＰＩＷＧの三つの作業部会、〝Structures of Practical Knowledge（実用知識の構造）〟〝Testing Drugs and Trying Cures（薬物試験と治療薬の試用）〟〝Working with Paper（紙の作業）〟が、重要な節目ごとにこのプロジェクトを形作ってくれました。本書のみならず、これらの作業部会がものした出版物を読む機会を得た人々には、そうした熱意あふれる有意義な議論にわたしがいかに助けられたのかを容易にご理解いただけるでしょう。それらの作業部会のすべてのメンバーと

MPIWGの過去と現在の同僚たちに感謝するとともに、カーラ・ビッテル、ダン・ブク、モンセラット・カブレ、スヴェン・デュプレ、シーツカ・フランセン、ウルスラ・クレイン、サリー・コールステッド、ニーナ・ラーマン、アンナ・マールカー、エレナ・セラーノ、パメラ・スミス、クラウディア・スティン、ヴィクトリア・ツカヤズク、マッテオ・ヴァレリアーニ、サイモン・ウェレット、エリザベス・イェールにはさらに深く謝意を表します。

この研究の学際的な性質により、数多くの学究社会の人々と触れ合うことができました。本書の大部分の章とアイディアには、過去十年に大西洋の両岸で開かれたセミナー、ワークショップ、カンファレンスでの議論や意見が生かされています。招待し温かく受け入れてくださった主催者の方々と、会議室やカフェやパブでわたしの話に真摯に耳を傾けてくれたみなさんに感謝します。リン・ボテーリョ、ロレイン・ダストン、ミシェル・ディメオ、メアリー・フィッセル、アマンダ・ハーバート、キャシー・マクリーヴ、クリスティーン・フォン・エルツェン、アリーシャ・ランキン、リサ・スミス、サイモン・ウェレット、エリザベス・イェールはみな本書に目を通し、意見を述べ、各章をより良いものにしてくれました。ローレン・カセルは本書の多数の草稿を読んでくれました。時間を割いていただいたこと、ご尽力に心より感謝申し上げます。的確な意見と励ましを与え、つねに背中を押しつづけてくれたローレンは、その時からいまこの時に至るまで、わたしが本書を完成させるために欠かせない存在でした。

二〇一二年にリサ・スミスがレシピ研究の学術活動ブログの立ち上げを提案してくれました。五年後には数百の投稿が集まり、〝The Recipes Project〟はレシピ調査の学際的協力拠点となったのです。

この〝レシピ・プロジェクト〟に携わり、レシピに関わるあらゆることについて熱い意欲をもって議論し、それぞれの調査結果を提供し、時や地理の境界をまたぎ、知識分野を越えた繋がりを見いださせてくれたすべての人々に感謝します。また、手書きのレシピをより広く読まれるようにするというわたしの夢を共有し、男女同権論者の学者たちの強さで奮起させてくれたEarly Modern Recipes Online Collective（近代初期レシピ集サイト）のメンバーたちにも謝意を表します。

カレン・メリカンガス・ダーリングと彼女が率いるシカゴ大学出版局のチームにも感謝を。カレンはわたしに初めて著者となる機会を与え、静かに忍耐強く出版までの道のりを支えてくれました。お名前は差し控えますが、さらに二人が本書の草稿を丁寧に読み、精査してくれました。その鋭い疑問の投げかけと指摘はアイディアを明確にし、論証を深く掘り下げる助けとなりました。制作工程の後半には、アリス・ベネットが細心の注意を払ってわたしの原稿の編集作業にあたってくれました。本書の読みやすさはこうした人々の尽力によるものです。

書籍と手稿についての調査（読書においては殊に）では、図書館と文書館の協力者たちへの感謝なしにはこの謝辞を終えられません。ウェルカム医学史図書館、ボドリアン図書館、大英図書館、フォルジャー・シェイクスピア図書館、ハンティントン図書館、ニューヨーク公共図書館、ニューヨーク医学アカデミー図書館、グラスゴー大学図書館の図書館員たちがつねに笑顔で手稿や書籍を次々と提示してくれたのです。ほとんどはその方々のおかげで、図書館はいまわたしにとって、そしてたぶんこれからもずっと〝幸せの場所〟でありつづけるでしょう。この六年、光栄にもＭＰＩＷＧの司書の方々とも働く機会に恵まれたので、ウルス・シェプフリン、エスター・チェン、そしてふたりが率いるチームのエレン・ガースク、ルース・ケッセンティーニ、ウルテ・ブロウクマンには殊に感謝します。同様に、わたしの研究を補助してくれた学生たち、ジュリア・ジェイグル、ダニエル・グロンビッツツア、マライケ・ヘニーズの数年にわたる協力のすべてに言い尽くせないほど感謝しています。

わたしの学究生活の内外の友人たちすべてに、友情と元気を与え、レシピについての長話にいつも耳を傾けてくれたことを心からありがたく思っています。なんてすばらしい人たちなのでしょう！最後に、レオン家とフェリーズ家の人々にも感謝します。まずは両親とヴィッキーに、わたしの歴史学者になるという夢をゆるぎなく支えてくれたことに果てしない感謝を。そしてまた、リリアン、ピーター、ルークスクにも、長年わたし（とわたしの研究）に誠実でいさせてくれてありがとう。本書はこの道のりのいかなる時もそばにいてくれたアレックスとニコラス・フェリーズに捧げます。アレックスは本書の草稿のすべてに目を通し、研究調査や執筆に行き詰まったときには必ずわたしに話しかけ、そしてきっとなにより肝心なのは、いちばん必要としていたときに気分転換させてくれたことです。ありがとう、ほんとうにありがとう。ニコラスはいまだにチーズケーキのレシピが話題にのぼるたびにくすくす笑っていて、この本がパーシー・ジャクソンの冒険シリーズみたいに楽しめるはずはないとわかっていても、読みたいと言ってくれています。言うまでもなく、至らない点はすべてわたしのせいですし、面白く読めるのはみなさんのおかげにほかなりません。

訳者あとがき

ひと口にレシピと言っても、料理、健康、手芸、部屋の片づけなど、いまや暮らしを彩る何かを形作るために誰もがまず頼るものとして当たり前のように使われているけれど、その始まりは古代にまで遡る（さかのぼ）という。それほどの昔から、人々は自分の備忘録として、必要としている誰かに伝えるために、さらには後世への伝承のためにも、作り方や方式をレシピとして残してきた。本書は、そうしたレシピを研究する歴史学者がとりわけ史料の豊富な、おもに十七世紀英国の膨大な量の手稿と書籍のレシピから人々の暮らしを読み解いた記録だ。

むろんこれまでも、英国伝統の菓子や料理や作法のレシピ本といったものは日本でも数多く紹介されているが、あらゆる邸宅で好きなものを味わいたくて、あるいは家族の不調を治そうと総出でレシピを活用した本書の〝実録〟は親しみやすい生活感にあふれ、人生の機微をも映しだしている。小説や映画やＴＶドラマで優美に描かれていた大きな屋敷の女主人が実際に使っていたレシピ帳には、豪華な料理を食卓に並べるだけでなく、一族や使用人たちの健康を守り、庭園を華やかに彩ろうとする努力や、贈り物のレシピを活用して夫を出世させようとする野望までもが記録されていた。

しかも当時の英国で日々の暮らしにレシピ帳を役立てていたのは女性たちばかりではない。男性たちも、旅先の旅籠屋でエールを飲みながら、または訪問した親族宅の晩餐の席で耳寄りな情報を集めてきては、私邸の図書室や厨房を試験室にしてレシピ作りに励んだ。のんびりと狩猟や社交を楽しんでいたように思われがちな上流紳士たちが、じつは美味なエール醸造への好奇心から、時には自身や家族の薬作りのためにも、調査と実験と記録にせっせと取り組んでいた奮闘ぶりには目を瞠るものがある。

本書で紹介される情報満載のレシピ帳の作り手たちはことに多彩な顔ぶれだ。王室と関わりが深く、フランス語やイタリア語が堪能で翻訳者としても活躍した第二代モンマス伯爵ヘンリー・ケアリー、いまも絵画に残るケント、ブラックリーの麗しき邸宅スレンデンハウスに住んでいた准男爵サー・エドワード・デリング、アン女王時代の著名な政治家で著述家の初代ボリングブルック子爵ヘンリー・シンジョンの祖母にあたり、広大な所領リディアード・パークの女主人ながら園芸家、植物学者だったとも言われるジョアンナ・シンジョン、大使の夫に同行して各国の料理を見聞し、未完のレシピながらアイスクリームの作り方をヨーロッパで最初に記録したとされるレディ・アン・ファンショーなどなど。研究意欲あふれるこの人々はまた、発明家としても名を馳せていたロンドンの商人ヒュー・プラットや、現代の日本ではアロマテラピー検定でもすっかりお馴染みの本草家たち、ジョン・ジェラードやニコラス・カルペパーらの当時人気を博した書籍からも知識を得ていた。

そして、当時レシピ帳を作成した人々が料理にもまして医療情報の収集や家庭薬作りに熱意を傾けていた様子を見ると、その時代背景も考えずにはいられない。一六六五年にペストの流行に襲われたロンドンの惨禍を描いたダニエル・デフォー『ペスト』（二〇〇九年、中公文庫）の訳者、平井正穂氏の解説によれば、一六八三年に出たある冊子には過去百年のあいだにおよそ二十年に一度のわりでロンドンにペストが流行し、そのたびに市民の五分の一が命を落としたと書かれていたという。そのように身分や貧富のべつなく、裕福な上流層でもつねに疫病の脅威に晒されていた時代に、本書に登場する大邸宅の住人たちが懸命に医療のレシピを模索し、生きられる喜びを表現するかのようにレシピとともに家族史も綴っていた姿は、奇しくもいま世界じゅうで誰もが同じ感染症を恐れなければならない現状のわたしたちの胸に静かに響く。数百年の時を越えて、著者が年月をかけ繙いた研究成果から、時代も国も社会環境も異なる人々が現代のわたしたちと同じように日々を慈しんでいた暮らしぶりをご覧いただければ幸いだ。

最後に、本書を翻訳する機会と的確なご助言をくださった原書房編集部の相原結城氏に、この場を借りて深く感謝申し上げます。

二〇二〇年六月

村山美雪

◆著者　エレイン・レオン　Elaine Leong
ドイツのマックス・プランク研究所ミネルヴァ・リサーチ・グループリーダー。2006年オックスフォード大学にて近代史博士号取得。医学、科学知識の変遷と生産を研究主題としている。

◆訳者　村山美雪（むらやま・みゆき）
英米文学翻訳家。東京都出身。外資系商社、出版社勤務を経て翻訳者となる。19世紀の英国を舞台にしたヒストリカル・ロマンス小説の訳書多数のほか、ノンフィクションを含め、出版翻訳をおもに手掛けている。

英国(えいこく)レシピと暮(く)らしの文化史(ぶんかし)
家庭医学(かていいがく)、科学(かがく)、日常生活(にちじょうせいかつ)の知恵(ちえ)

2020年7月27日　第1刷

著者……………………エレイン・レオン
訳者……………………村山美雪(むらやまみゆき)
ブックデザイン………永井亜矢子（陽々舎）
発行者…………………成瀬雅人
発行所…………………株式会社原書房
〒160-0022 東京都新宿区新宿 1-25-13
電話・代表　03(3354)0685
http://www.harashobo.co.jp/
振替・00150-6-151594
印刷・製本……………図書印刷株式会社

©Miyuki Murayama 2020

ISBN 978-4-562-05778-8 Printed in Japan

略語

BL　大英図書館　ロンドン
Bodleian　ボドリアン図書館　オックスフォード
CUL　ケンブリッジ大学図書館　ケンブリッジ
Folger　フォルジャー・シェイクスピア図書館　ワシントンＤＣ
Glasgow　グラスゴー大学図書館　グラスゴー
Huntington　ヘンリー・Ｅ・ハンティントン図書館　カリフォルニア州サンマリノ
NLM　米国国立医学図書館　メリーランド州ベセズダ
NYAM　ニューヨーク医学アカデミー図書館　ニューヨーク州ニューヨーク市
NYPL　ニューヨーク公立図書館　ニューヨーク州ニューヨーク市
OED　オックスフォード英語辞典オンライン版　Ｊ・シンプソン、Ｅ・ウィーナー編（2003年、オックスフォード）
Oxford DNB　オックスフォード英国人名辞典オンライン版　Ｈ・Ｃ・マシュー、Ｂ．ハリソン編（2004年、オックスフォード）
RCP　英国王立内科医協会図書館　ロンドン
RCS　英国王立外科医師会図書館　ロンドン
STC　英国初期印刷文献簡略書名目録　Ａ・Ｗ・ポラード、Ｇ・Ｒ・レッドグレーヴ共編　1475年から1640年にイングランド、スコットランド、アイルランドで出版された書籍と、その他の地域で出版された英語の書籍の書誌目録のＫ・Ｆ・パンツァーによる改訂２版、全３巻（1976－91年、ロンドン）。
Wellcome　ウェルカム医学史図書館　ロンドン
Wing　英国初期印刷文献簡略書名目録　Ｄ・ウィング編　1641年から1700年にイングランド、スコットランド、アイルランド、ウェールズ、英領アメリカで出版された書籍と、その他の地域で出版された英語の書籍の書誌目録、改訂２版、全３巻（米国現代語学文学目録委員会、1972－94年、ニューヨーク）。

原注

序章　レシピ、家庭、生活の知恵

1. Huntington, HM MS 41536, fol. 163v.
2. 同書 fol. 165v.
3. デリングの冒険心に富むレシピ作りの試みは第3章で詳しく述べる。
4. 17世紀の英国におけるレシピ集の手稿と出版物の実例一覧と図書目録は Elaine Leong,"Medical Recipe Collections in Seventeenth-Century England: Knowledge, Text and Gender"(PhD diss., University of Oxford, 2006), appendixes A and B.
5.両事例について詳しい解説は Mary Floyd-Wilson, Occult Knowledge, Science, and Gender on the Shakespearean Stage (Cambridge: Cambridge University Press, 2013), chaps. I and 4.
6. 邸宅の経済と管理については第2章でさらに詳しく解説する。ほかの概説に Karen Harvey, The Little Republic: Masculinity and Domestic Authority in Eighteenth-Century Britain(Oxford: Oxford University Press, 2012); and Amanda Herbert, Female Alliances: Gender, Identity and Friendship in Early Modern Britain (New Haven, CT: Yale University Press, 2014), chaps. 2 and 3. ドイツの事情については Alisha Rank,"The Housewife's Apothecary in Early Modern Austria: Wolfgang Helmhard von Hohberg's Georgica curiosa (1682)," Medicina e Storia 8, no. 15 (2008): 59-76.
7. Mark Greengrass, Michael Leslie, and Michael Hannon, The Hartlib Papers (Sheffield, UK: HRI Online Publications, 2013), http://www.hrionline.ac.uk/hartlib, 13/206B-207A.
8. Mary Fissell, "Women, Health and Healing in Early Modern Europe," Bulletin for the History of Medicine 82 (2008): 1-17; Margaret Pelling, "Thoroughly Resented? Older Women and the Medical Role in Early Modern England," in Women, Science and Medicine, 1500-1700: Mothers and Sisters of the Royal Society, ed. Lynette Hunter and Sarah Hutton (Thrupp, Stroud, Gloucestershire, UK:Sutton, 1997), 63-88. 近代初期の家庭が医療行為の場であったことを例証した最近の研究に Hannah Newton, The Sick Child in Early Modern England, 1580-1720 (Oxford: Oxford University Press, 2012); Alun Withey, Physick and the Family: Health, Medicine and Care in Wales, 1600-1750 (Manchester: Manchester University Press, 2011); and Olivia Weisser, Ill Composed: Sickness, Gender and Belief in Early Modern England (New Haven, CT: Yale University Press, 2015).
9. 概説は Andrew Wear, Knowledge and Practice in English Medicine, 1550-1680 (Cambridge: Cambridge University Press, 2000), esp. chap. 2. ルシンダ・バイエルの Josslin家についての評論がとても役立つ事例を提示している。
"In Sickness and in Health: A Seventeenth Century Family's Experience," in Patients and Practitioners: Lay Perceptions of Medicine in Pre-Industrial Society, ed. Roy Porter (Cambridge: Cambridge University Press, 1986), 101-28. ほかの参考文献に Elaine Leong, "Making Medicines in the Early Modern Household," Bulletin of the History of Medicine 82, no. 1 (2008): 145-68と Seth LeJacqの "The Bounds of Domestic Healing Medical Recipes, Storytelling and Surgery in Early Modern England," Social History of Medicine 26, no. 3 (2013): 451-68.

10. ここでの"生活の知恵"という表現は Michel de Certeau, The Practice of Everyday Life, trans. Steven Rendall (Berkeley: University of California Press, 1984)を参照した。また、近年の知識の歴史についての論議も参考にした。以下の文献も概念を叙述している。Peter Burke, What is the History of Knowledge? (Cambridge: Polity, 2015); and Lorraine Daston, "The History of Science and the History of Knowledge," KNOW: A Journal on the Formation of Knowledge 1, no. 1 (2017): 131-54. Wissengeschichte（歴史を知る）との関連を含め、新興分野の歴史学的概観は以下を参照。Johan Ostling et al., "The History of Knowledge and the Circulation of Knowledge: An Introduction," in Circulation of Knowledge: Explorations in the History of Knowledge, ed. Johan Östling et al. (Lund, Sweden: Nordic Academic Press, 2018), 9-33.

11. 例として評論 Elaine Leong and Alisha Rankin, eds., "Testing Drugs and Trying Cures," Bulletin of the History of Medicine, special issue, 91 (2017).

12. ハナ・ウーリー The Cook's Guide, or Rare Receipts for Cookery (London, 1664), バルトロメオ・スカッピOpera dell'arte del cucinare (Venice, 1570). ほかに Deborah L. Krohn, Food and Knowledge in Renaissance Italy: Bartolomeo Scappi's Paper Kitchens (Farnham, UK: Ashgate, 2015); and Gilly Lehmann, The British Housewife: Cookery Books, Cooking and Society in Eighteenth-Century Britain (Totnes, Devon, UK: Prospect Books, 2003).

13. Deborah E. Harkness, The Jewel House: Elizabethan London and the Scientific Revolution (New Haven, CT: Yale University Press, 2007), chaps. 5 and 6.

14. George Starkey, Alchemical Laboratory Notebooks and Correspondence, ed. William R. Newman and Lawrence M. Principe (Chicago: University of Chicago Press, 2004); and William R. Newman and Lawrence M. Principe, "The Chymical Laboratory Notebooks of George Starkey," in Reworking the Bench: Research Notebooks in the History of Science, ed. Frederic L. Holmes, Jürgen Renn, and Hans-Jörg Rheinberger (Dordrecht: Kluwer, 2003), 25-41.

15. レシピ分野全般の文献は急速に拡充していてすべてはとても列記しきれない。まず先駆的な研究として John K. Ferguson, Bibliographical Notes on Histories of Inventions and Books of Secrets, 2 vols. (1898; repr., Staten Island: Pober, 1998); and William Eamon, Science and the Secrets of Nature: Books of Secrets in Medieval and Early Modern Culture (Princeton, NJ: Princeton University Press, 1994). 概説に Elaine Leong and Alisha Rankin,eds.,Secrets and knowledge in Medicine and Science, 1500-1800 (Farnham, UK: Ashgate, 2011)。ほかに Michelle DiMeo and Sara Pennell, Reading and Writing Recipe Books, 1550-1800 (Manchester: Manchester University Press, 2013)がある。その関連書に Pamela Smith "In the Workshop of History: Making, Writing, and Meaning," West 86th: A Journal of Decorative Arts, Design History, and Material Culture 19 (2012): 4-31.

16. Eamon, Science and the Secrets of Nature; William Eamon, The Professor of Secrets: Mystery, Medicine and Alchemy in Renaissance Italy (Washington, DC: National Geographic Society, 2010). 女性、秘術の書、錬金術についての最近の研究として Meredith Ray, Daughters of Alchemy: Women and Scientific Culture in Early Modern Italy (Cambridge, MA: Harvard University Press, 2015).

17. Pamela Smith, "Science on the Move: Recent Trends in the History of Early Modern Science," Renaissance Quarterly 62 (2009): 345-75; David Edgerton, The Shock of the Old: Technology and Global History since 1900 (London: Profile Books, 2006); Francesca Bray, Technology, Gender and History in Imperial China: Great Transformations Reconsidered (Abingdon, UK: Routledge, 2013), introduction. 加えて Francesca Bray, "Gender and Technology," Annual Review of Anthropology 36 (2007):37-53.
18. 参考評論として Matteo Valleriani, ed., The Structures of Practical Knowledge (Heidelberg: Springer, 2017).
19. Londa Schiebinger, The Mind Has No Sex? Women in the Origins of Modern Science (Cambridge: Cambridge University Press, 1989); Margaret Pelling, Medical Conflicts in Early Modern London: Patronage, Physicians, and Irregular Practitioners, 1550-1640 (Oxford: Clarendon Press, 2003), chap. 6; Susan Broomhall, Women's Medical Work in Early Modern France (Manchester: Manchester University Press, 2011); ほかに評論 Sharon Strocchia, ed., "Women and Healthcare in Early Modern Europe," Renaissance Studies, special issue, 28, no. 4 (2014): 579-96.
20. Tara Nummedal, "Anna Zieglerin's Alchemical Revelations," in Secrets and Knowledge in Medicine and Science, 1500-1800, ed. Elaine Leong and Alisha Rankin(Farnham, UK: Ashgate, 2011), 125-42; Alisha Rankin, Panaceia's Daughters: Noblewomen as Healers in Early Modern Germany (Chicago: University of Chicago Press, 2013); Ray, Daughters of Alchemy; Sheila Barker, "Christine de Lorraine and Medicine at the Medici Court," in Medici Women: The Making of a Dynasty in Grand Ducal Tuscany, ed. Judith C. Brown and Giovanna Benadusi(Toronto: Centre for Reformation and Renaissance Studies, 2015), 155-81. 自然に関する知識作りにおける女性たちの活動については Alix Cooper, "Picturing Nature: Gender and the Politics of Natural Historical Description in Eighteenth-Century Gdańsk/Danzig." Journal for Eighteenth-Century Studies 36, no. 4 (2013): 519-29; and Mary Terrall, Catching Nature in the Act: Réaumur and the Practice of Natural History in the Eighteenth Century (Chicago: University of Chicago Press, 2013).
21. Christine von Oertzen, Maria Rentezi, and Elizabeth Watkins, eds., "Beyond the Academy: Histories of Gender and Knowledge," Centaurus 55, no. 2 (2013): 73-80; Erika Lorraine Milam and Robert A. Nye, eds., "Scientific Masculinities," Osiris special issue, 30 (2015); Donald L. Opitz, Staffan Bergwik, and Brigitte Van Tiggelen, Domesticity in the Making of Modern Science (New York: Springer, 2016); Nina E. Lerman, Ruth Oldenziel, and Arwen Mohun, eds., Gender and Technology: A Reader (Baltimore: Johns Hopkins University Press, 2003).
22. "知識習得術"については John V. Pickstone, Ways of Knowing: A New History of Science, Technology and Medicine (Manchester: Manchester University Press, 2000).
23. Harkness, Jewel House, Lauren Kassell, Medicine and Magic in Elizabethan London: Simon Forman, Astrologer, Alchemist, and Physician (Oxford: Oxford University Press, 2005).
24. ジョアンナ・シンジョンとジョン・ロックが友人関係だったことを示す書簡が現存している。そのなかで最古のものが 1693年 4 月 28日付の手紙で、ジョア

ンナがロックに対し、先日ロンドンを訪れた折、バタシーに立ち寄ってくれなかったことに不満を述べている。二人の書簡は世間話や噂話であふれているが、特筆すべきは医療の問題についてジョアンナがロックにセカンドオピニオンを求めている点だ。 Bodleian MS Locke c. 18, fols. 60r-6Iv.

25. 同様に近代初期のドイツでの共通性について取り上げているのが J. Andrew Mendelsohn and Annemarie Kinzelbach, "Common Knowledge: Bodies, Evidence, and Expertise in Early Modern Germany," Isis 108, no. 2 (2017):259-79.

26. ベーコンについては Graham Rees, "An Unpublished Manuscript by Francis Bacon: Sylva Sylvarum Drafts and Other Working Notes," Annals of Science 38, no. 4 (1981): 377-412; and Doina-Cristina Rusu and Christoph Lüthy, "Extracts from a Paper Laboratory: The Nature of Francis Bacon's Sylva Sylvarum," Intellectual History Review 27, no. 2 (2017): 171-202. ドレイパーとプラットについては Harkness, Jewel House, chaps. 5 and 6; and Ayesha Mukherjee, "The Secrets of Sir Hugh Platt," in Secrets and knowledge, ed. Leong and Rankin, 69-86.

27. 概説は Gianna Pomata and Nancy G. Siraisi, eds., Historia: Empiricism and Erudition in Early Modern Europe (Cambridge, MA: MIT Press, 2005).

28. Ursula Klein and Wolfgang Lefèvre, Materials in Eighteenth-Century Science: A Historical Ontology (Cambridge, MA: MIT Press, 2007), 23.

29. 哲学の変遷を重視した科学史学者たちについては Harold J. Cook, "The History of Medicine and the Scientific Revolution," Isis 102, no. (2011): 102-8.

30. Pamela Smith, The Body of the Artisan: Art and Experience in the Scientific Revolution (Chicago: University of Chicago Press, 2004); Pamela Smith, "What Is a Secret? Secrets and Craft Knowledge in Early Modern Europe," in Secrets and Knowledge, ed. Leong and Rankin, 47-66. See also Pamela O. Long, Artisan/Practitioners and the Rise of the New Sciences, 1400-1600 (Corvallis: Oregon State University Press, 2011).

31. Smith, "In the Workshop of History," 26-27,24.

32. 参考文献に Vallerianiの評論 Structures of Practical knowledgeがある。

33. 科学史の最近の動向と、科学の定義がより広がる流れについての概説は Smith, "Science on the Move." 邸宅を自然探究の場と捉えることについては Alix Cooper, "Homes and Households," Early Modern Science, edited by Katharine Park and Lorraine Daston, vol. 3 of The Cambridge History of Science (Cambridge: Cambridge University Press, 2006), 224-37; Alix Cooper, "Picturing Nature,"519-29, Lynette Hunter and Sarah Hutton, eds., Women, Science and Medicine, 1500-1700: Mothers and Sisters of the Royal Society (Thrupp, Stroud, Gloucestershire, UK: Sutton, 1997); Steven Shapin, "The House of Experiment in Seventeenth-Century England," Isis 79, no. 3 (1988): 373-404; Paula Findlen, "Masculine Prerogatives: Gender, Space and knowledge in the Early Modern Museum," in The Architecture of Science, ed. Peter Galison and Emily Thompson (Cambridge, MA: MIT Press, 1999), 29-57; Deborah E. Harkness, "Managing an Experimental Household: The Dees of Mortlake and the Practice of Natural Philosophy," Isis 88, no. 2 (1997): 247-62; さらにごく最近のものに Terrall, Catching Nature in the Act.

34. Thomas Brugis, The Marrow of Physick (London, 1640), 86-87. 1711年に作成されたエリザベス・フレークの

目録には、やかん、鍋類、乳鉢と乳棒、漉し器、ナイフ、大釜、白目の蒸留器、蒸留器頭部、“marrabath head”(二重鍋)など、ほかにも様々な物が記されていた。(BL, MS Additional 45718, fol. 93v or 180). ジョアンナ・シンジョンは家令トマス・ハーディマンにリディアードのパーキンズ夫人へガラスの蒸留器を返すよう指示している。本書第2章と終章参照。

35. 参照評論として Frederic L. Holmes and Trevor H. Levere, eds., Instruments and Experimentation in the History of Chemistry (Cambridge, MA: MIT Press, 2000).

36. Steven Shapin, “The Invisible Technician,” American Scientist 77, no. 6 (1989):554-63; Shapin, “The House of Experiment.”

37. Shapin, “House of Experiment,” 378.

38. Harkness, “Managing an Experimental Household”; Findlen, “Masculine Prerogatives”; Terrall, Catching Nature in the Act, Terrall, “Masculine Knowledge, the Public Good, and the Scientific Household of Réaumur,” Osiris 30 (2015): 182201. それ以前の時代背景の研究に Gadi Algazi, “Scholars in Households: Refiguring the Learned Habitus, 1480-1550,” Science in Context 16, no. 1-2 (2003):9-42.

39. Shapin, “Invisible Technician.” 同様の事例を挙げているものに Terrall, Catching Nature in the Act, and Harkness, “Managing an Experimental Household.”

40. 観察史の概観は Lorraine Daston and Elizabeth Lunbeck, Histories of Scientific Observation (Chicago: University of Chicago Press, 2011). 近代初期ヨーロッパにおける自然の事象への関心については Anthony Grafton and Nancy G. Siraisi, Natural Particulars: Nature and the Disciplines in Renaissance Europe (Cambridge, MA: MIT Press, 1999).

41. Naomi Tadmor, Family and Friends in Eighteenth-Century England: Household, Kinship, and Patronage (Cambridge: Cambridge University Press, 2001).

42. Shapin, “Invisible Technician.”

43.筆者 Elaine Leong “Collecting Knowledge for the Family: Recipes, Gender and Practical knowledge in the Early Modern English Household,” Centaurus 55, no. 2 (2013): 81-103で詳しく検証している。Alun Witheyもまたその評論でレシピ集への男性の関心について論じている。“Crossing the Boundaries: Domestic Recipe Collections in Early Modern Wales,” in Reading and Writing Recipe Books, 1550-1800, ed. Michelle DiMeo and Sara Pennell (Manchester: Manchester University Press, 2013), 179-202.

44. 近年、英国のレシピ集、なかでも手稿のレシピ帳についての研究が盛んになってきた。先駆けのものを挙げる。Lucinda McCray Beier, Sufferers and Healers: The Experience of Illness in SeventeenthCentury England (London: Routledge and Kegan Paul, 1987), chap. 8; Doreen Evenden Nagy, Popular Medicine in Seventeenth-Century England (Bowling Green, OH: Bowling Green State University Popular Press, 1988), chap. 5; Jennifer Stine, "Opening Closets: The Discovery of Household Medicine in Early Modern England" (PhD diss., Stanford University, 1996); Lynette Hunter, “Women and Domestic Medicine: Lady Experimenters, 1570-1620,” in Women, Science and Medicine, 1500-1700: Mothers and Sisters of the Royal Society, ed. Lynette Hunter and Sarah Hutton, 89-107; Lynette Hunter, “Sisters of the Royal Society: The Circle of Katherine Jones, Lady Ranelagh,” in Women, Science and Medicine, 1500-1700: Mothers and Sisters of the

Royal Society, ed. Lynette Hunter and Sarah Hutton (Thrupp, Stroud, Gloucestershire, UK: Sutton, 1997), 89-107, 187-97; and Elaine Leong and Sara Pennell, "Recipe Collections and the Currency of Medical Knowledge in the Early Modern 'Medical Marketplace,'" in Medicine and the Market in England and Its Colonies c. 1450-C. 1850, ed. Mark S.R.Jenner and Patrick Wallis (Basingstoke, UK: Palgrave Macmillan, 2007), 133–52. 女性によって書かれたとされるレシピ集の分析に重きを置いた研究では Sara Pennell, Perfecting Practice? Women, Manuscript Recipes and knowledge in Early Modern England, in Early Modern Women's Manuscript Writing: Selected Papers from the Trinity/Trent Colloquium, ed. Victoria Burke and Jonathan Gibson (Aldershot, UK: Ashgate, 2004), 237-358; Laura L. Knoppers, "Opening the Queen's Closet: Henrietta Maria, Elizabeth Cromwell, and the Politics of Cookery," Renaissance Quar terly 60 (2007): 464-99; Margaret J. M. Ezell, "Domestic Papers: Manuscript Culture and Early Modern Women's Life Writing." in Genre and Women's Life Writing in Early Modern England, ed. Michelle M. Dowd and Julie A. Eckerle (Aldershot, UK: Ashgate, 2007), 33-48; Catherine Field, "Many Hands Hands': Writing the Self in Early Modern Women's Recipe Books," in Genre and Women's Life Writing, ed. Dowd and Eckerle, 49-69; Monica Green, Making Women's Medicine Masculine: The Rise of Male Authority in Pre-Modern Gynecology(Oxford:Oxford University Press, 2008), 301-10:; Elizabeth Spiller, "Introduction," in SeventeenthCentury English Recipe Books: Cooking, Physic and Chirurgery in the Works of Elizabeth Talbot Grey and Aletheia Talbot Howard: Essential Works for the Study of Early Modern Women, ser. 3, part 3, vol. 3, edited by Elizabeth Spiller (Aldershot, UK: Ashgate, 2008), ix-li; Elizabeth Spiller, "Recipes for Knowledge: Maker's Knowledge Traditions, Paracelsian Recipes, and the Invention of the Cookbook, 1600-1660," in Renaissance Food from Rabelais to Shakespeare: Cultural Readings and Cultural Histories, ed. Joan Fitzpatrick (Aldershot, UK: Ashgate, 2010), 55-72; Elizabeth Spiller, "Printed Recipe Books in Medical, Political, and Scientific Contexts,"in The Oxford Handbook of Literature and the English Revolution, ed. Laura Knoppers (Oxford: Oxford University Press, 2012), 516-33; Wendy Wall, Recipes for Thought: Knowledge and Taste in the Early Modern English Kitchen, Material Texts (Philadelphia: University of Pennsylvania Press, 2016); and Kristine Kowalchuk, Preserving on Paper: Seventeenth-Century English women's Receipt Books (Toronto: University of Toronto Press, Scholarly Publishing Division, 2017).

45. 第2章でより詳しく解説する。さらなる参考文献として Herbert, Female Alliances 102–16.

46. レシピ集を社会的人脈の案内図と見ることについては Pennell, "Perfecting Practice?" 近代初期の贈与経済についての参照文献として Natalie Zemon Davis, The Gift in Sixteenth-Century France (Madison: University of Wisconsin Press, 2000); Felicity Heal, The Power of Gifts: Gift Exchange in Early Modern England (Oxford: Oxford University Press, 2014); Paula Findlen, "The Economy of

Scientific Exchange in Early Modern Italy," in Patronage and Institutions: Science, Technology and Medicine at the European Court, 1500-1750, ed. Bruce T. Moran (Rochester, NY: Boydell Press, 1991), 5-24; Ilana Krausman Ben-Amos, The Culture of Giving: Informal Support and Gift-Exchange in Early Modern England (Cambridge: Cambridge University Press, 2008); and Herbert, Female Alliances.
義務の経済については Craig Muldrew, The Economy of Obligation: The Culture of Credit and Social Relations in Early Modern England (Basingstoke, UK: Palgrave Macmillan, 1998).

47. Daniel Woolf, The Social Circulation of the Past: English Historical Culture, 1500-1730 (Oxford: Oxford University Press, 2003).

48. 現在はウェルカム図書館所蔵のＭＳウェスタン文書 4338に含まれる手稿と思われる。これまでのところ筆者は該当する料理のレシピ集は確認できていない。

49. Wellcome, MS Western 4338, fols. 3r-7r.

50. 同書 fols. 14r-18v.

51. 同書 fols. 25r-37r.

52. このようなレシピ集に記述されている幅広い疾患については Leong, "Medical Recipe Collections," 89-97, and Sally Ann Osborn, "The Role of Domestic Knowledge in an Era of Professionalisation: Eighteenth-Century Manuscript Medical Recipe Collections" (PhD diss., University of London, 2015), chaps. 3 and 4.

53. Wellcome, MS Western 4338, fol. 1r.

54. 当時レシピとともに収められていた様々な文書については Leong, "Medical Recipe Collection," 33-37.

55. 知識のレシピの相続による伝達については第３章で深く掘り下げる。共同編纂されるレシピの性質についての考察は Michelle DiMeo, "Authorship and Medical Networks: Reading Attributions in Early Modern Manuscript Recipe Books," in Reading and Writing Recipe Books, 1550-1800, ed. Michelle DiMeo and Sara Pennell (Manchester: Manchester University Press, 2013), 25-46; and Leong, "Collecting Knowledge for the Family."

56. 古代世界から 13世紀にわたるレシピの詳しい歴史については Tony Hunt, Popular Medicine in Thirteenth-Century England: Introduction and Texts (Cambridge: Brewer, 1990), 1-16; and Gianna Pomata, "The Recipe and the Case: Epistemic Genres and the Dynamics of Cognitive Practices," in Wissenschaftsgeschichte und Geschichte des Wissens im Dialog - Connecting Science and knowledge, ed. Kaspar von Greyerz, Silvia Flubacher, and Philipp Senn (Göttingen: V&R Unipress, 2013), 131-54. レシピ研究の文献は幅広い。その例として Laurence Totelin, Hippocratic Recipes: Oral and Written Transmission of Pharmacological knowledge in Fifth- and Fourth-Century Greece (Leiden: Brill, 2009); Michael McVaugh, "The Experimenta of Arnald of Villanova," Journal of Medieval and Renaissance Studies 1, no. 1 (1971): 107-18; Michael McVaugh, "Two Montpellier Recipe Collections," Manuscripta 20, no. 3 (1976): 175-80; Montserrat Cabré, "Women Healers? Household Practices and the Categories of Health Care in Late Medieval Iberia," Bulletin of the History of Medicine 82, no. 1 (2008): 18-51; Carla Nappi, "Bolatu's Pharmacy Trade in Early Modern China," Early Science and Medicine 14, no. 6 (2009): 737-64; Marta Hanson and Gianna Pomata, "Medicinal Formulas and Experiential Knowledge in the Seventeenth-Century Epistemic

Exchange between China and Europe," Isis 108, no. 1 (2017): 1-25; and Hilary Marland, "The Doctor's Shop': The Rise of the Chemist and Druggist in Nineteenth-Century Manufacturing Districts,"in From Physick to Pharmacology: Five Hundred Years of British Drug Retailing, ed. Louise Hill Curth (Aldershot, UK: Ashgate, 2006), 79-104.

57. M. L. Cameron, "The Sources of Medical Knowledge in Anglo-Saxon England," Anglo-Saxon England 11 (1982): 135-55; M. L. Cameron, "Bald's Leech book: Its Sources and Their Use in Its Compilation," Anglo-Saxon England 12 (1983): 153-82; J. N. Adams and Marilyn Deegan, "Bald's Leechbook and the Physica Plinii," Anglo-Saxon England 21 (1992): 87-114; and Audrey L. Meaney, "Variant Versions of Old English Medical Remedies and the Compilation of Bald's Leechbook," Anglo-Saxon England 13 (1984): 235-68.

58. そのほかの例として Rossell Hope Robbins, "Medical Manuscripts in Middle English," Speculum 45, no. 3 (1970): 393-415; Warren R. Dawson, ed., A Leechbook or Collection of Medical Recipes of the Fifteenth Century (London: Macmillan, 1934); Faye M. Getz, Healing and Society in Medieval England: A Middle English Translation of the Pharmaceutical Writings of Gilbertus Anglicus (Madison: University of Wisconsin Press, 1991); Margaret Sinclair Ogden, ed., The "Liber de Diversis Medicinis" in the Thornton Manuscript (MS Lincoln Cathedral A5.2) (London: Humphrey Milford, 1938); and Peter Jones, "The Tabula Medicine: An Evolving Encyclopaedia," in English Manuscript Studies, 1100-1700, vol. 14, Regional Manuscripts 1200-1700, ed. A. S. G. Edwards (London: British Library, 2008), 60-85

59. 序章で引用したレシピ集の出版物は特に記述がないかぎり、すべてロンドンで発行されたもの。日付はすべて初版の発行日。

60. 出版物のさらなる詳細は Leong, "Medical Recipe Collections," chap. 1. For a list of titles, see ibid., appendix B. そのほかに Mary Fissell, "The Marketplace of Print," in Medicine and the Market in England and Its Colonies, c. 1450-c 1850, ed. Mark Jenner and Patrick Wallis (Basingstoke, UK: Palgrave Macmillan, 2007), 116.

61. アレッシオ・ピエモンテーゼの De'secreti のさらに詳しい研究は Eamon, Science and the Secrets of Nature, esp, chap. 4. プラットの The Jewell House の研究については Mukherjee, "Secrets of Sir Hugh Platt"; and Harkness, Jewel House, chap. 6.

62. Frederic L. Holmes, Jürgen Renn、Hans-Jörg Rheinberger, eds.,Reworking the Bench: Research Notebooks in the History of Science (Dordrecht: Kluwer, 2003), vii.

63. この点に関しては、本書とはべつに、マンスフェルトのドロテア、ザクセンのアン、ロッホリッツのエリザベスについて、ドイツ宮廷の書庫に保管されていた数多くの手紙、財産目録、帳簿類、その他の文書類をもとにした、アリーシャ・ランキンのすばらしい豊富な事例研究など同系列の研究成果がある。ランキンの研究については Panaceia's Daughters, chaps. 3-5.

64. この調査範囲についてさらなる詳細は筆者の "Medical Recipe Collections," 20-27.フォルジャー・シェイクスピア図書館やウェルカム図書館などの機関はコレクションを増やしつづけているので、この数では網羅しきれていない。そうしたコレクションの目録作りの計画は進

行中だ。たとえば 2015年 9 月 22日開設の "The Manuscript Cookbooks Survey"や "The Recipe Project"の "Resources"部門がある。 http:// recipes.hypotheses.org/

65. 最近の概説に Leong and Rankin, Secrets and Knowledge; and DiMeo and Pennell, Reading and Writing Recipe Books. 学際的な共同研究ブログ The Recipes Project (http://recipes.hypotheses.org)でも資料情報が豊富に提供されている。

66. 中世の先例については上記参照。18世紀のイングランドの数々のレシピ文書については Gilly Lehmann, The British Housewife: Cookery Books, Cooking and Society in Eighteenth-Century Britain (Totnes, Devon, UK: Prospect Books, 2003); and Osborn, "Role of Domestic Knowledge."

67. Harkness, Jewel House.

68. Michelle DiMeo and Sara Pennell, "Introduction," in Reading and Writing Recipe Books, 9-10.

69. "物としての文書" に明確に焦点を当てた最近のものに James Daybell, "Introduction," in The Material Letter in Early Modern England: Manuscript Letters and the Culture and Practices of Letter-Writing, 1512-1635 (London: Palgrave Macmillan, 2012). 近代初期の欄外への書き込み、書物への読者の符号について最近の概観は William H. Sherman, Used Books: Marking Readers in Renaissance England (Philadelphia: University of Pennsylvania Press, 2008).

70. Kassell, Medicine and Magic; and Harkness, Jewel House.

71. 例として Sherman, Used Books; and Ann Blair, Too Much to Know: Managing Scholarly Information before the Modern Age (New Haven, CT: Yale University Press, 2010). つねに活用されつづけていたレシピについては Smith, "In the Workshop of History"; and Pennell, Perfecting Practice."

第 1 章　近代初期のイングランドにおけるレシピ帳作り

1. アーチデール・パルマーはウィリアムとバーバラ・パルマーの息子で、ケンブリッジ大学シドニー・サセックス・カレッジで学んだのち、1636年頃に父の跡を継いでワンリップ荘園の領主となった。パルマーはレスターの街から北へ 5 マイルほどのソアー川沿いにあるこのワンリップ荘園で、大家族とともに暮らした。そこは 1610年代に父ウィリアムが購入したものだった。アーチデールのレシピ帳の編集者グラント・オーデンは、パルマーがピューリタン革命中に議会派議員だったことを示すものはあるが、内戦で重要な役割を果たした形跡はほとんど見受けられないと記している。1673年 8 月 6 日に死去した際には、ワンリップの聖ニコラス教会の記録によれば、遺族は妻マーサと 5人の息子たち、2人の娘たちだった。アーチデール・パルマーのレシピ集は現在、レスターシャー郡記録局に所蔵されている。グラント・オーデンによって編集された複写版には 1985年に印刷された手稿のタイプ打ち原稿も含まれている。オーデン著 "Historical Introduction": Archdale Palmer, The Recipe Book 1659-1672 of Archdale Palmer, Gent. Lord of the Manor of Wanlip in the County of Leicestershire, ed. B. G. Grant Uden (Wymondham, UK: Sycamore Press, 1985), ix-xxiiにはパルマーの略歴が紹介されている。以下はすべてオーデンの複写版から参照した。もとの手稿では本文の初めに付けられていた索引は複写版では再現されていない。

2. ニューヨーク公立図書館ホイットニー料理書コレクション手稿 9 (以下 MS

Whitney 9)。

3. MS Whitney 9, recipe 183. その繋がりは親類として言及されているシュート家の多数の貢献者たち、さらにはブルートン、キルマーズドン、ウェルズなどサマセットの町が頻出していることからも確認できる。1672年の訪問記録には、このレシピ集に関わったと思われる３家族が記載されている。"いとこのシュート"の言及が多数見られることから、この手稿がブルーハムのフィリップ・ベネットとメアリー・シュート・ベネットの子供たちの１人のものであったらしいことがわかる。息子のほうのフィリップ・ベネットはアン・ストロードと結婚し、メアリーはサマセットのウェスト・ペナードのジョン・ウォルターと結婚し、マーサはウィルトシャー、ミアのジョン・クレメントと結婚した。G. D. [George Drewry] Squibb, Edward Bysshe, and the Harleian Society, The Visitation of Somersett, and the City of Bristol 1672: Made by Sir Edward Bysshe, Knight, Clarenceux King of Arms/Transcribed and Ed. G. D. Squibb (London: Harleian Society, 1992), 16-17 (以下 Squibb, Visitation of Somersettと表記)参照。

4. MS Whitney 9, fol. 82rで最初に引用されているレシピで番号が振られていない。Palmer, Recipe Book, 97, 148-49で A New Almanack (London: Company of Stationers, 1730)と記載されているフランシス・パーキンズによるレシピと思われる。口承文化と記述文化の交点については Adam Fox, Oral and Literate Culture in England, 1500-1700 (Ox ford: Clarendon Press, 2000).

5. 時系列による構成は近代初期の要約筆記全般、なかでも読書録や同様の情報についての収集の手始めには広く見られる。学識豊かな人々の要約筆記についての概観は Blair, Too Much to Know, chap. 2参照。近代初期のレシピ編纂者たちは特に収集した情報を容易に見つけられるようにいくつかの手法を用いた。索引、目次、アルファベット順での列記、筆記帳の前と後ろの両方から書き始める（それぞれ医療と料理というように）などの方策がよくとられていた。症状や病気により、または薬の種類別に分けたり、a capite ad calcem、つまり頭から足の順に並べたりといった技法、さらには中世の分類方式に立ち返ったものも見られた。より詳しい分析については筆者の "Medical Recipe Collections," 30-33を参照。

6. R. W. Dunning, ed., "Brewham,"in Bruton, Horethorne and Norton Ferris Hundreds, vol. 7 of A History of the County of Somerset (Oxford: Oxford University Press, 1999), 6-15. 1667年の訪問記録によれば、モンペッソン家はベイトカムに住み、娘の１人フロレンティアもその系譜に含まれていた。 Squibb, Visitation of Somerset, 47参照。

7. これらのレシピの日付は 1697年４月24日と1698年７月23日となっている。MS Whitney 9, recipes 70, 71, 72, 75, 76.

8. MS Whitney 9, recipes 71,72.

9. Wellcome, MS Western 160. アン・ブロムウィッチについての詳細をたどることはできなかった。けれども、ローダ・ハッシー・フェアファクス（1616/17-86）はヘンリー・フェアファクスの弟フェルディナンドの妻で、ロンドンのトマス・チャップマンの娘であり、リンカンシャーのトマス・ハッシーの未亡人だったことが Andrew J. Hopper, "Fairfax, Ferdinando, second Lord Fairfax of Cameron (1584-1648)," in Oxford Dictionary of National Biographyで示されている。この筆記帳はトマス・ハッシーと結婚したときにはあきらかにローダが所有していて、フェルディナンドが死去する二年前の 1646年に嫁ぐ際にフェアファクス家に持参した。その後、ノーサ

ンプトンシャー、アインホーのジョン・カートライトと結婚した娘アースラに引き継がれた。ドロシー・カートライトと記載された女性はアースラ・フェアファクス・カートライトの娘と見られる。J. W. Clay, ed., Dugdale's Visitation of Yorkshire with Additions (Exeter, 1901), 190参照。ローダ・ハッシー・フェアファクスによる追記は二度目の結婚ではなく、最初の夫の家族に関わるものと見られる。レディ・ハッシーからのレシピが数多くあり、そのうちの一つはローダがフェルディナンド・フェアファクスと結婚してから40年近く経った1684年にも書き込まれている。

10. Wellcome, MS Western 160, 171, 180,170 頁と 171頁のあいだに差し挟まれた紙に書かれたレシピ。カトリン医師についての情報はたどれなかった。

11. Wellcome, MS Western 7113, fol.3r. ほかの例は BL, MS Sloane 1289の " Mad. Jones の書から転記したレシピ 1681" " Madam Porter の書から転記したレシピ 1681" "主としてわがバークリー卿の家でわが母が得たレシピ"と題された項目に含まれている。fols. 651,76r, 80r.

12. MS Whitney 9, recipe 166a.

13. Lisa Smith, "The Relative Duties of a Man: Domestic Medicine in England and France, ca. 1685-1740," Journal of Family History 31, no. 3 (2006): 237-56.

14. Andrew J. Hopper, "Fairfax, Henry (1588-1665)," in Oxford Dictionary of National Biography.

15. これらのレシピには標題とラテン語名、必要な材料の分量のみが書かれている。Arcana Fairfaxiana Manuscripta: A Manuscript Volume of Apothecaries' Lore and Housewifery Nearly Three Centuries Old, Used and Partly Written by the Fairfax Family、ジョージ・ウェッデルによる序文あり (Newcastle-upon-Tyne, UK: Mawson, Swan and Morgan, 1890), 9-58, 75-96.

16. Arcana Fairfaxiana, 1, 2,5-7, 194-98,8.

17. 同書 38.

18. 同書 63.

19. 同書 65.

20. 同書 150.

21. 同書 151-53 .

22. Sara Pennell, "Perfecting Practice?" 241-42.

23. MS Whitney 9, recipe 130.

24. 同書 recipe 149.

25. 同書 recipe 137a.

26. このレシピの標題は "わが娘キャサリンがとても元気がなく、顔色が悪いときにフローレンス・モンペッソン夫人から 1697年4月 24日に得たレシピ"とされている。MS Whitney 9, recipe 70.

27. MS Whitney 9, recipes 189 (1709年に入手したレシピ), 219, 220 (1713年に入手したレシピ).

28. キルマーズドンのエドムンド・トローブリッジは 1672年のサマセットの訪問について "断られた"と明記している。ベネット家が Squibb, Visitation of Somersettで言及しているのはトローブリッジ家だと思われる。ローランド・コットンは Munk's Roll[訳注/ロンドン王立内科医協会名簿] には見当たらないものの、Foster[訳注/オックスフォード大学の同窓生名簿] と Venn and Venn [訳注/ケンブリッジ大学同窓生名簿] には 3名の該当者がいる。1人は 1641年4月にケンブリッジ大学トリニティ・ホールに自費生として入学を認められている。もう1人は 1682年7月にトリニティ・ホールに入校を認められ、1686年に正式に入学し、1687年に文学士号を授与され、ニューカッスル・アンダー・ライムの代表議員となり、1753年4月29日死去している。John Venn and John Archibald Venn, Alumni Cantabrigienses: A Biographical List of All Known Students, Gradu. ates and Holders of office at

the University of Cambridge, from the Earliest Times to 1900, vol. 1 (Cambridge: Cambridge University Press, 1922-54), 403. Fosterに記載されているローランド・コットンは 1660年 10月にベリオール・カレッジに入学を認められ、1664年に聖メアリー・ホール・カレッジで文学士号を得ている。Joseph Foster, Alumni Oxonienses, 1500-1714, vol. 1 (Oxford: Oxford University Press, 1891), 334.

29. これについては Ronald C. Sawyer による "Patients, Healers, and Disease in the Southeast Midlands, 1597-1634" (PhD diss., University of Wisconsin-Madison, 1986), 182に提示されている論証がとてもわかりやすい。Ronald C. Sawyerは、近代初期には病気になって最初に頼るのはほとんどが親族と友人だったと論じている。

30. Whitney, recipes 158a, 159a, 160a.

31. このほかにはブルーハムのマージェリー・ランドから得た "ピンと蜘蛛の巣 " という標題の日付のないレシピがあり、ベネット家はこの件についての一連の収集を 1718/19年 1 月 21日付のアン・ヒグドン夫人から得た "体液を巡らせる目薬"のレシピで打ち切っている。MS Whitney 9, recipes 161a, 164a.

32. このレシピは "1662年 4 月 9 日にパジェットから得た、"わが妻の憂鬱の飲み薬 "として記録されている。 Palmer, Recipe Book, 42.

33.同書 113-15.

34. これらはパルマーではなく、あきらかに "新たな"人物の手で記述されている。同書 93-99.

35. Paul Slack, The Impact of Plague in Tudor and Stuart England (Oxford: Oxford University Press, 1985), 30-34.

36.同書 62.

37. ミクレウェイト医師とは 17世紀中期にロンドンで医者を開業していたサー・ジョン・ミクレウェイト(1612-82) と思われる。内科医協会会員で監査官、出納官、会長を務めた。Willian Birken, "Micklethwaite, Sir John (bap. 1612, d. 1682)," in Oxford Dictionary of National Biography.

38. BL, MS Additional 45198, fol. 5r.

39.同書 fol. 95r.

40. Palmer, Recipe Book, 100, 25-26.

41. BL, MS Additional 45718, fol. 122r.

42. Palmer, Recipe Book, 42-48. エリザベス・パルマーについての情報は同書 239.

43. 同書 78.

44. ヘンリー・チャムリーからのレシピは幅広い病気に及び、この一冊を通して随所に書き留められている。ヘンリー・フェアファクスの手で書かれた主要部分は『フェアファクス奥義集』(Arcana Fairfaxiana) の 138-41に見られる。

45. 同書 56.

46. 同書 146.

47. Wellcome, MS Western 160, 111.

48. Tadmor, Family and Friends, chap. 4.

49. 同書 150.

50. "わがいとこペンラドック"はアランデル・フレーク・ペンラドックの親族だと思われる。"トレゴネルおば"はドーセット、ミルトン・アバスのジョン・トレゴネルと結婚したアン・フレーク・トレゴネルを指している。アンの妹フランシスとジュディスはそれぞれ、サー・ジョージ・ノートンとサー・ロバート・オースティンと結婚した。Ralph Freke, John Freke, and William Freke, A Pedigree, or Genealogye, of the Family of the Freke's, Begun by R. Freke, Augmented by J. Freke, Reduced to This Form by W. Freke, July 14th 1707 (London: Typis Medio-Montanis, 1825), 4-5.

51. Tadmor, Family and Friends, 165.

52. イアン・アーチャーによるサミュエル・ピープスの社会環境についての研究では、家族と遠い親戚を含めた様々な社交の集まりについて殊にあきらかにされ

ている。ピープスは親類と連絡を取り合うだけでなく、その人々への責任を感じてもいた。イアン・アーチャー "Social Networks in Restoration London: The Evidence from Samuel Pepys's Diary", in Communities in Early Modern England, ed. Alexandra Shepard and Phil Withington 共編 (Manchester: Manchester University Press 2000), 87-89.

53. 近代初期における英国紳士の社交訪問の重要性についてさらに詳しい情報は Jane Whittle and Elizabeth Griffiths, Consumption and Gender in the Early Seventeenth-Century Household: The World of Alice Le Strange(Oxford: Oxford University Press, 2012), 192ffと Felicity Heal, Hospitality in Early Modern England (Oxford: Clarendon Press, 1990).

54. Palmer, Recipe Book, 66-67.

55. "父スミス"とはアーチデールの義父でロンドンの商人トマス・スミスを指している。同書 61。父スミスについては 236.

56. Palmer, Recipe Book, 8-9.

57. 同書 7.

58. 同書 130.

59. 同書 76.

60. 同書 151-52.

61. Mark Goldie, "Tyrell, James (1642-1718)," in Oxford Dictionary of National Biography.

62. Wellcome, MS Western 4887, fols. 1v, 13r. ハートリブの収集文書から得たものは fols. 2r-12v. ロックの収集文書からのレシピは fols. 13r-39r. この筆記帳は上下逆の後ろ側からはラテン語による宗教的な小冊子にもなっていて、つまりティレルの心と身体両面の療法が収められている。

63. ハートリブを取り巻く人々についてさらなる詳細は George Henry Turnbull, Samuel Hartlib: A Sketch of His Life and His Relations to J. A. Comenius (Lon. don: Oxford University Press, 1920);George Henry Turnbull, Hartlib, Dury and Comenius: Gleanings from Hartlib's Papers(Liverpool: University Press of Liverpool, 1947); Charles Webster, The Great Instauration: Science, Medicine and Reform, 1026-1060 (London: Duckworth, 1975)。より最近のものでは Mark Greengrass, Michael Leslie, and Timothy Raylo, eds., Samuel Hartlib and Universal Reformation: Studies in Intellectual Communication (Cambridge: Cambridge University Press, 1994)。ハートリブの日記(Ephemerides) については Richard Yeo, Notebooks English Virtuosi, and Early Modern Science (Chicago: University of Chicago Press, 2014), chap. 4.

64. Leigh T. L. Penman,"Omnium Exposita Rapinae: The Afterlives of the Papers of Samuel Hartlib" Book History 19, no. 1 (2017):1-65.

65. Wellcome, MS Western 4887, fols. 4v-6r. これらはハートリブ文書 14/5/8A-14/5/9B and 66/8/1A-Bと符合する。

66. 同書 fols. 8r-11v. マッケロウ医師からのレシピは folio 8r、ウッドなる人物からのレシピは folio 10v。ロンドンの商人からのレシピはロックの文書から抜粋したものと似た色のインクで書かれており、このことから 1690年代に書き加えられたものと推測される。

67. 同書 fols. 15v (Clark), 19v (Higgins), 16r and 20r (Jep), 25v (Sydenham), and 26r (Boyle).

68.同書 fols. 39v-40r. このレシピ集にはまたコンバーミアのサー・ロバート・コットンから得た馬用の選りすぐりの治療薬も含まれており、あまり手慣れていない人物の筆跡なのだが、ティレルにより注釈が付けられている。同書 fols. 40v-45v. コットン家もまたチェシャーの名門で、サー・ロバートは 1679年

から 1681年と 1689年から 1702年までチェシャー代表議員を務めた。S. Handley,"Sir Robert Cotton, 1st Bt. (1635頃 -1712), of Combermere, Cheshire,"in The History of Parliament: The House of Commons, 1690-1715, ed., D. Hayon、E. Cruickshanks, and S. Handlet共編(2002)。2018年 1月 12日開設 http://www.historyofparliamentonline.org/volume/1690-1715/member/cotton-sir-robert-1635-1712.

69. フランシス・ノートンは 1699年に娘ゲシンが 21歳で死去したのち、追悼書グレース・ゲシンの " Reliquiae Gethinianae(ゲシンが遺したもの)"を出版した。つまりフレークのこれらの書物の転記はグレースの生前に行なわれたものに違いない。

70. ジョージ・ベイト (1608-68)はチャールズ 1世、チャールズ 2世、さらにはオリヴァー・クロムウェルのお抱え医師で、内科医協会の活発な会員でもあった。著書 Pharmacopoeia Bateana は1688年にラテン語で死後に出版され、その後何度も版を重ねた。ラテン語版にはロンドンの薬剤師ジェイムズ・シプトンが編集したベイトの処方箋のほか、イアトロ化学派ジョナサン・ゴダード薬選集も含まれている。サーモンによる翻訳書はラテン語版の第２版をもとにしたもので、サーモン自身による注解やレシピが加えられている。それらのレシピの著者はそれぞれ角括弧内に明記されている。1700年発行の第２版にはサーモンによるさらなるレシピが加えられ、原著者のレシピ数に匹敵するほど増やされた。18世紀まで出版は続き、1720年に新版が発行された。エリザベス・フレークの読書録からすると、1700年版から書き写したものと見られる。

71. モーズ・シャラス (1619-98)は 17世紀中期のパリで医師と薬剤師をしていた。"l'artiste démonstrateur au Jardin au roi(王の庭の芸術家) "の称号を得て、オルレアン公爵の薬剤師も務めた。Dictionnaire de biographie française,vol. 8, ed.M. Prévost 、Roman d'Amat (Paris: Letouzey et Ané, 1959), 464。この薬剤術集は出版された３作のうちの１冊。1676年に初めて出版され、1678年に英語に翻訳された。フランス語版の第２版は 1682年に発行されているが、英語版は初版のものしか現存していない。Valentine Fernande Goldsmith, A Short Title Catalogue of French Books, 1001-1700, in the Library of the British Museum (Folkstone, UK: Dawsons, 1973), 92.

72. George Sweetman, The History of Wincanton, Somerset, from the Earliest Times to the Year 1903 (London: Henry Williams, 1903), 219-20.

73. MS Whitney 9, recipes 127a (Clarke) and 129a (Maggs).

74. Palmer, Recipe Book, 16. アストン(アストン・フラムヴィルのことか？）のパルマー一族の情報は確認できていない。エイブラハム・ライト (1611-90)は当時ラトランド、オーカムの教区牧師で、もともとはロンドンにいたので、このように表記されているのだろう。Stephen Wright,"Wright, Abraham, (1611-1690),"in Oxford Dictionary of National Biography.

75. Wellcome, MS Western 4338. ウィリス、ベイト、コラドンは数多くのレシピに貢献している。無作為に抜粋すると、"マラリア熱の手首の薬 "(ウィリス fol. 4r)、火傷の軟膏 (ベイト 16v)、"母の発作 "(コラドン fol. 111r)、"ボイルの硫黄の香膏 "は fol. 18r. レディ・ラネラの咳と痰の処方は fol.100v.

76. パトリック夫人からのレシピの内容は Wellcome, MS Western 4338, fol. 213v.

77. 参考文献に Keith Wrightson,"The

'Decline of Neighbourliness' Revisited,"in Local Identities in Late Medieval and Early Modern England, ed. Norman L. Jones and Daniel Woolf (Basingstoke, UK: Palgrave Macmillan, 2007), 19-49.

78. アン・ストバート ,"The Making of Domestic Medicine: Gender, Self-Help and Therapeutic Determination in Household Healthcare in South-West England in the Late Seventeenth Century" (PhD diss., Middlesex University, 2008), 39.

79. スティーヴン・キング、アラン・ウィーヴァー、"Lives in Many Hands: The Medical Landscape in Lancashire, 1700-1820," Medical History 44, no. 2 (2000): 173-200.

80. Pennell, "Perfecting Practice?" 251-52. アン・ストバートは医療知識や助言から自家製の薬や希少な材料、看護に至るまで幅広い医療提供のやりとりを "医療贈与 "という言葉で表している。アン・ストバート ,"Making of Domestic Medicine," 146-53.ジャネット・テオファノはレシピを贈り物とする考え方について論じている。Eat My Words: Reading Women's Lives through the Cookbooks They Wrote(New York: Palgrave, 2002), 102-3. ほかの参考文献に Ben-Amos, Culture of Giving, and Craig Muldrew, Economy of Obligation.

81. Rankin, Panaceia's Daughters, 33-34. ほかに Findlen, "Economy of Scientific Exchange."

82. Ray, Daughters of Alchemy,35-45.

83. Muldrew, Economy of Obligation, 121-97; and Bernard Capp, When Gossips Meer: Women, Family, and Neighbourhood in Early Modern England (Oxford: Oxford University Press, 2003), 55-68.

84. BL, MS Additional 70006, fol. 222r.

85. メアリー・フェインの来歴については Stephen Wright, "Fane, Mildmay, second Earl of Westmorland (1602-1666),"in Oxford Dictionary of National Biography.メアリー・フェインは医療知識で名高いチューダー王朝時代の貴婦人、レディ・グレース・マイルドメイの義理の孫娘。第 3 章のほか、参考文献に Linda Pollock, With Faith and Physic: The Life of a Tudor Gentlewoman; Lady Grace Mildmay, 1552-1020』(New York: St. Martin's Press, 1995).

86. BL, MS Additional 70113, bundle 3、1650年 1 月 14日付の手紙より。BL, MS Additional 70006, fol. 207r. 1651年 3 月 25日付の手紙より。この書簡の詳しい論説は第 5 章参照。

87. Folger, Bagot Family Papers, MS L.a. 674.

88.ポーラ・フィンドレンは自然知識を日用品とする考え方と、"科学交流の経済 "により支援を求め確約させる役割について論じている。

89. Natalie Zemon Davis, "Beyond the Market: Books as Gifts in SixteenthCentury France," Transactions of the Royal Historical Society, 5th ser., 33 (1983): 69 88. Natalie Zemon Davis, The Gift in Sixteenth-Century France(Madison: University of Wisconsin Press, 2000). Jason Scott-Warren, Sir John Harrington and the Book as Gift (Oxford: Oxford University Press, 2001).

90. Elizabeth Grey, A Choice Manual of Rare and Select Secrets in Physick and Chyrurgery(London, 1653), sig. A2r-v。

91. BL, MS Sloane 3842, fol.1r。この手稿についてさらなる論説は Leong and Pennell,"Recipe Collections and the Currency of Medical Knowledge,"141-43.

92. BL, MS Additional 34722, fols. Ir, 2r.

93. Herbert, Female Alliances, chap. 2. Jane Donawerth, "Women's Poetry and the Tudor-Stuart System of Gift Exchange," in Women, Writing and the Reproduction of Culture in Tudor and Stuart Britain,

ed.Mary E. Burke, Jane Donawerth, Linda L. Dove, Karen Nelson (Syracuse, NY: Syracuse University Press, 2000), 3-18.

94. Pennell, " Perfecting Practice?"

95. MS Whitney 9, recipes 74 (Goody Hart), 93 (Goody Whittaker), 124 (Goody Creed), 148 (Goodwife Turner), 149 (Goody Collins), 158 (Goodman Portnell), 159 (Goodwife Engrome), 168 (Goodwife Turner), 181 (Goody King of Sturton), 138a (Goody Margaret Bolster), 148a (Goodman Gerhard Wedmoore), and 155a (Goodman Combes).

96. ケアリー家のレシピ集にはベネットのおかみさんから得た火傷の治療法が含まれている。Bodleian, MS Don.e. 11, fol. 40v.

97. David Postles,"The Politics of Address in Early Modern England,"Journal of Historical Sociology 18 (2005): 114. エイミー・エリクソンはそうした呼称には"社会と地域の両方の特性が見られ "、未亡人など特定の立場を示すためにも用いられることがあったと論じている。Amy Louise Erickson, Women and Property in Early Modern England (Abingdon, UK: Routledge, 1993), 99.

98.全部で 8 レシピの貢献が確認できる。Palmer, Recipe Book, 22, 66 67 108, 120-21, 143.

99. Muldrew, Economy of Obligation, 150.

100. 詳しい解説は Pelling, Medical Conflicts,148-65.

101. 代価を払って受けた医療を家庭での健康管理に取り入れていた "賢い消費者 "だった邸宅主たちについては Leong and Pennell, "Recipe Collections and the Currency of Medical Knowledge,"143-48; and Leong, "Making Medicines."

102. ただし、ベイト医師については、ジョアンナが実際に診察を受けて治療法を蓄積したのか、医師の著書 Pharmacopoeia Bateana から得たものなのかは判然としない。だが出版されたのは 1680年代後半なので、ジョアンナの想定されるレシピ編纂の時期からするといささか遅い。たしかに Pharmacopoeia Bateanaのレシピときわめて似かよったレシピもいくつかあるが、すべてのレシピが出版物からそのまま抜き書きしたものではありえない。きわめて近しいのが日焼けと火傷の治療法のレシピで (Wellcome, MS Western 4338, fol. 16v)、解熱用の軟膏と類似している。George Bate, William Salmon, Frederick Hendrick van Hove, and James Shipton, Pharmacopoeia Bateana (London: S. Smith and B. Walford, 1670), 689.

103. Wellcome, MS Western 4338, fol. 212v. ウィリスは "鋭利な体液を乾かして直し、流産を防ぎ、淋病を退けるウィリス医師の飲み物 "や "ウィリス医師の産後の貫流治療 "など分娩を楽にしたり妊娠中に摂取したりする数多くの薬で貢献している。 fol. 213r.

104. 同書 fol. 167r.

105. 同書 fol. 180v.

106. Bodleian, MS Don.e. 11, fols. 52r and 56r.

107. Elizabeth Lane Furdell, "Bate, George (1608-1668),"and Hugh Trevor Roper," Mayerne, Sir Theodore Turquet de (1573-1655),"in Oxford Dictionary of National Biography.マイエルヌについては Brian Nance, Turquet de Mayerne as Baroque Physician: The Art of Medical Portraiture(Amsterdam: Rodopi, 2001).

108. Bodleian, MS Don. e. 11, fols. 5Iv-52r, 53v-56r.

109. 同書 fols. 51v-52r.

110. 同書 fols. 54r-56r.

111. Lisa Smith,"Relative Duties of a Man."

112. NYPL, English household cookbook, fol. 8v.

113. BL, MS Additional 40696, fols. 162r (手紙) and 164r (レシピ)。手紙は 4 月

３日に受けとられ、“記入済み”とされているので、レシピ帳に書き込まれたことがわかる。

114. Michael Stolberg,"Learning from the Common Folks: Academic Physicians and Medical Lay Culture in the Sixteenth Century," Social History of Medicine 27, no. 4 (2014): 649-67;Michael Stolberg," You Have No Good Blood in Your Body': Oral Communication in Sixteenth-Century Physicians' Medical Practice,"Medical History 59, no. 1 (2015): 63-82.

115. MS Whitney 9, recipe 194.

116. 近代初期の専門知識の考え方については近年続々と文献が出ている。例として Eric H. Ash, Power, Knowledge, and Expertise in Elizabe. than England(Baltimore: Johns Hopkins University Press, 2004);Ursula Klein and Emma C. Spary, eds.,Materials and Expertise in Early Modern Europe: Between Market and Laboratory(Chicago: University of Chicago Press, 2010); Pamela H. Smith and Benjamin Schmidt, eds., Making knowledge in Early Modern Europe(Chicago: University of Chicago Press, 2007);and Lissa Roberts, Simon Schaffer and Peter Dear, eds.,The Mindful Hand: Inquiry and Invention from the Late Renaissance to Early Industrialization(Amsterdam: Koninklijke Nederlandse Akademie van Wetenschappen, 2007).

117. Palmer, Recipe Book, 152. “ラグボロウ”は現代のラフバラーと思われる。

118. 飛節肉腫についてはオックスフォード英語辞典には次のように記されている。“馬の副管骨と脚の脛にできる硬い骨性腫瘍や突出物で、そうした骨を接続する軟骨の炎症により発症する。後ろ脚の小さな飛節骨の炎症によっても同様の腫瘍ができる ”。テンプルホールはアーチデールの弟ジョン・パルマーの住居だった。Palmer, Recipe Book, 106, 235.

119. Palmer, Recipe Book, 19-20.

120. MS Whitney 9, recipes 158a and 158b.

121. 医療のレシピの“経験に基づく知識”の重要性については Rankin, Panacea's Daughters, chap. I. 医学における経験主義の重要性の高まりについては Gianna Pomata, “Praxis Historialis: The Uses of Historia in Early Modern Medicine,” in Historia: Empiricism and Erudition in Early Modern Europe, ed.Gianna Pomata and Nancy G. Siraisi (Cambridge, MA: MIT Press, 2005), 125-37;Gianna Pomata," Observation Rising: Birth of an Epistemic Genre, ca. 1500-1650,"in Histories of Scientific Observation, ed. Lorraine Daston and Elizabeth Lunbeck(Chicago: University of Chicago Press, 2011); and Gianna Pomata, “A Word of the Empirics: The Ancient Concept of Observation and Its Recovery in Early Modern Medicine,” Annals of Science 68 (2011):1-25.

122. Wrightson, “The ‘Decline of Neighbourliness' Revisited,”; Phil Withington,"Company and Sociability in Early Modern England,"Social History 32, no. 3 (2007): 291-307.

123. この点ついてのさらに詳しい論説は Long, “Collecting Knowledge for the Family.”

第２章　離れた地から健康と邸宅を守る

1. サー・ウォルターとレディ・ジョアンナ・シンジョンの手紙はウィルトシャーとスウィンドンの歴史センター、MS 3430 (リディアード館シンジョン家の文書)3430/22の目録で所蔵されている。この保管文書は1650年代、1660年代、1670年代初期

の150日ぶんの200点近いものから成る。そのうちサー・ウォルターとハーディマンのあいだで交わされた手紙は数えるほどで(十数通程度)、ジョアンナとハーディマンのあいだの手紙が80通以上、ほかに様々なリスト(香辛料の買い物の覚え書き、邸宅用リネンの一覧表など)、献立表、地所の帳簿類が含まれる。手紙のほとんどには日付がないが、セント・ジョン家の文書の現代の編集者ブライアン・カーンが内在的証拠をもとに時系列に整理している。それにより、さらに数少ない日付入りの手紙と合わせ、一連の手紙はおもに1660年頃の5年間に書かれたものと推定される。そうした手紙の写しは "リディアード・トレゴズの友人たち "により Some St. John Family Papers: Transcribed, with Comments by Canon Brian Carne(1996)として出版されたもので確認できる。それらの文書は当初年刊の Report of the Friends of Lydiard Tregoz (vols. 27-29)として出版された。この報告書と文書は同団体から直接入手可能だ(報告書は電子化されているものもあるが、当の史料はなお電子化待ちの状態)。https://www.friendsoflydiardpark.org.uk/　ウィルトシャーとスウィンドンの歴史センター所蔵の手稿の手紙は丁付けされていないので、参照しやすいよう引用箇所はすべてカーン版からのものとした。写しと原本の手紙を突き合わせたところ、ほぼ一致している。Carne, Some St. John Family Papers,69-70.

2. 同書 70.

3. この点についての詳細は R. W.Dunning et al.,"Parishes: Lydiard Tregoze,"in A History of the County of Wiltshire, vol. 9, ed. Elizabeth Crittall (London: Victoria County History, 1970), 75-90, 2015年6月 17日開設 http://www.british-history.ac.uk vch/wilts/vol9/PP75-90.

4. Carne, Some St. John Family Papers, 49-50.

5. 邸宅管理について最近の概説は Jane Whittle and Elizabeth Griffiths, Consumption and Gender, chap. 2; and Steve Hindle, "Below Stairs at Arbury Hall: Sir Richard Newdigate and His Household Staff, c. 1670-1710,"Historical Research 85, no. 227 (2012): 71-88.

6. 17世紀中頃には、英国の邸宅主たちは何冊かの家事と家政の一般向け指南書を手に入れられるようになっていた。ジャーヴェイス・マーカムの人気の手引書『イギリスの主婦』やハナ・ウーリーの『下僕と女中大全』などの書籍は薬作りや料理、園芸、蒸留、晩餐、毛織物や布染め、酪農、醸造についての助言など、家事の実用的な解説を提供した。Gervase Markham, The English Housewife(London: Harison, 1631), contents, sigs. A4r-A6v; and Hannah Woolley, The Compleat Servant Maid, or The Young Maidens Tutor(London, 1677). ウーリーの著書は "侍女、家政婦、階上女中、料理女中、厨房女中、子守女中、酪農女中、洗濯女中、家事女中、皿洗い女中 "(標題紙より)など使用人に心得を提供した。

7. 近代初期のイングランドにおける女性と仕事についての従来の優れた研究は アリス・クラークの権威ある Working Life of Women in the Seventeenth Century (London: Routledge, 1919; and many subsequent editions)に残されている。近年の研究には Herbert, Female Alliances; Jane Whittle, "The House as a Place of Work in Early Modern Rural England," Home Cultures 8, no. 2 (2011): 133-50; and Tim ReinkeWilliams, Women, Work and Sociability in Early Modern London(Basingstoke, UK: Palgrave Macmillan, 2014)がある。技術としての家事についての論考は Bray, Technology, Gender and History.

8. 従来の文献に見る家事労働について近年の概説は Herbert, Female Alliances,90-102.邸宅の指導書について近年の論考は Harvey, Little Republic, chap. 2.

9. スティーヴ・ヒンドルによるウォリックシャーに暮らしたニューディゲート家の分析でも、田舎の紳士階級の主人と様々な使用人たちの入り組んだ関係をあきらかにしている。Hindle, "Below Stairs at Arbury Hall."さらに、ジェーン・ウィットルとエリザベス・グリフィスによるル・ストレンジ家の帳簿の研究でも、アリス・ル・ストレンジが幅広い務めを担い、家族の男女により支出に違いがあることが繙かれている。その帳簿の分析では、季節ごと、饗宴、生涯のそれぞれの時期によるル・ストレンジ家の食物生産と消費の微妙な差異を読み解いている。Whittle and Griffith, Consumption and Gender, Jane Whittle, "Enterprising Widows and Active Wives: Women's Unpaid Work in the Household Economy of Early Modern England," History of the Family 19, no. 3 (2014): 283-300, Jane Whittle, "Housewives and Servants in Rural England, 1440-1650: Evidence of Women's Work from Probate Documents," Transactions of the Royal Historical Society, 6th ser., 15 (2005): 51-74.

10. Carne, Some St. John Family Papers, 12, 16, 36, 39, 42-43, 56, 67, 77,93,98.

11.同書 42-43.

12. D. R. ヘインズワースは地方の大地主と家令のあいだで交わされた手紙を研究し、遠くから所領を管理するにあたり様々な問題が生じていたことをあきらかにしているが、上流の邸宅の女主人と家令のあいだで交わされた手紙の研究はごく少ない。Hainsworth, Stewards, Lords and People: The Estate Steward and His World in Later Stuart England (Cambridge: Cambridge University Press, 2008).

13.参考文献として Whittle and Griffiths, Consumption and Gender, Hohcheung Mui and Lorna H. Mui, Shops and Shopkeeping in Eighteenth-Century England (Kingston, ON: McGill-Queen's University Press, 1989); and Jon Stobart, Sugar and Spice: Grocers and Groceries in Provincial England, 1050-1830 (Oxford: Oxford University Press, 2013).

14. Carne, Some St. John Family Papers, 78-93. 当時の食習慣の研究に照らして、七面鳥の肉の残りをのちの食事に再利用していたのは間違いない。七面鳥の料理が続いたことは献立からあきらかになっていて、たいていはまず七面鳥を丸ごと食し(ローストか煮込み)、次に冷製やパイ包みにしてのちの何度かの食事に使われた。Carne, Some St. John Family Papers, 80-93.

15. 1662年12月15日から 1663年1月11日までの日々の献立が現存している。一家の毎日の食事が反映されているとまでは言えないものの、食卓に並んだ食物の量や種類が示されている。Carne, Some St. John Family Papers, 80-93.

16. Joan Thirsk, Food in Early Modern England: Phases, Fads, Fashions, 1500-1760 (London: Bloomsbury Academic, 2007), 254; C. Anne Wilson, Food and Drink in Britain: From the Stone Age to Recent Times (London: Constable, 1973), 128-31.

17. 食材の輸送についての指示は手紙の随所に見てとれる。ある手紙ではジョアンナがハーディマンに七面鳥 18羽と鵞鳥 12羽を送ってもらえれば充分だと伝えている。Carne, Some St. John Family Papers, 31. その他の例として 32 (bacon and pigs), 54 (venison, butter, and turkey eggs), 61 (geese, bacon, turkeys, and rabbits), 63 (pig), and 68 (bacon and turkeys).

18. 同書 47-48.
19. 同書 29.
20. Woolley, Compleat Servant-Maid, 158.
21. Carne, Some St. John Family Papers, 32.
22. 同書 60.
23. 同書 61.
24. 同書 62.
25. 同書 66.
26. ベスは知らなかったのだろうが、同時代の酪農の指南書で勧められていた手法で、当時は一般的に使われていたようだ。たとえば、コンラッド・ヘレスバッハの Rei rusticate libri quatuor（田舎住まいの書）の翻訳書でも "孔雀、その他の家禽は総じて何でも食べる。牧草、雑草、小石、砂は好物だ "と助言している。Conrad Heresbach, Foure Bookes of Husbandry (London, 1578), fol. 167v. カーンの写しと原本の手紙ではわずかに矛盾が見られるため、ここではもとの手紙から引いた。Wiltshire and Swindon History Centre, MS 3430/22/1.
27. 醸造については Elaine Leong, "Brewing Beer and Boiling Water in 1651," in The Structures of Practical knowledge, ed. Matteo Valleriani (Heidelberg: Springer, 2017),55-75.
28. 英国の情況についての近年の研究では Heal, Power of Gifts; BenAmos, Culture of Giving; and Herbert, Female Alliances.
29. Heal, Power of Gifts, 35-43.
30. 同書 36.
31. 同書40で、ヒールは鹿肉の文化的意義について詳しく解説している。その他の参考文献に Felicity Heal, "Food Gifts, the Household, and the Politics of Exchange in Early Modern England," Past and Present 199 (2008): 58-62.
32. Carne, Some St. John Family Papers, 77,51, 46.
33. ジョアンナは手紙の１通でこう書いている。"あなたが書き送ってくれた３頭の鹿の肉については旦那様のほうから手紙でお伝えするでしょう" 同 書 77.
34. 同書 66.
35. 同書 56, 60.
36. 同書 68,95.
37. 同書 52. このような実験は当時きわめて一般的なことで、秘術の書の中心を成していた。シンジョン家と同時代のほかの例ではジョン・ホワイトの A Rich Cabinet, with Variety of Inventions (London, 1689), 37にも "種や仁を使わずに葡萄その他の果物を作る方法"がある。そこには次のような指示書きが続く。"林檎、梨、その他の果物を彩り豊かにして香辛料のような風味を与えるために "。同書 38.
38. 同書 70.
39. John Gerard, The Great Herball, or Generall Historie of Plantes (London, 1597), 852-53
40. Wellcome, MS Western 3009, 91.
41. Wellcome, MS Western MS/MSL/2, 44.
42. Rebecca Laroche and Steven Turner, "Robert Boyle, Hannah Woolley, and Syrup of Violets," Notes and Queries 58 (2011): 390–91.
43. これらの書籍についての研究調査は近年豊富になっている。その例として Rebecca Bushnell, Green Desire: Imagining Early Modern English Gardens (Ithaca, NY: Cornell University Press, 2003); Leah Knight, Of Books and Botany in Early Modern England (Farnham, UK: Ashgate, 2009); and Jennifer Munroe, Gender and the Garden in Early Modern English Literature (Aldershot, UK: Ashgate, 2008).
44. Rebecca Bushnell, "Gardener and the Book," in Didactic Literature in England, 1500-1800: Expertise Construed, ed. Natasha Glaisyer and Sara Pennell (Aldershot, UK: Ashgate, 2003), 118-36.
45. 一例として Rebecca Laroche, Medical

Authority and Englishwomen's Herbal Texts, 1550-1650 (Aldershot, UK: Ashgate, 2009).

46. Devon Record Office 1262 M/FC/7. この筆記帳についての論説は Elaine Leong, “Herbals She Peruseth: Reading Medicine in Early Modern England,” Renaissance Studies 28, no. 4 (2014):556-78.

47. Jennifer Munroe, “Mary Somerset and Colonial Botany: Reading between the Ecofeminist Lines," Early Modern Studies Journal 6 (2014): 100-128; Jennifer Munroe, “My Innocent Diversion of Gardening': Mary Somerset's Plants," Renaissance Studies 25, no. 1 (2011): III-23

48. その他に園芸に関心を持ち、取り組んでいた貴婦人たちの事例は Munroe, Gender and the Garden, chap. 1.

49. Carne, Some St. John Family Papers, 51.

50. Bushnell, Green Desire; and Munroe, Gender and the Garden, esp. chap. 1.

51. Carne, Some St. John Family Papers, 78.

52. 同書 63.

53. 同書

54. 同書 110.

55. 近代初期の書簡による病気と健康についての論議を探究した近年の研究例に Weisser, Ill Composed; and Newton, Sick Child.

56. Carne, Some St. John Family Papers, 57.

57. 同書 95.

58. 近代初期に男性たちも医療の助言を行ない、家族に医療を経験させたその他の事例については Smith, “Relative Duties of a Man.”

59. Carne, Some St. John Family Papers, 39.

60. BL, MS Additional 70007, fol. 22r. ここでバサースト医師として言及されているのはジョン・バサースト (1659没) のことと思われる。 内科医協会の会員で、オリヴァー・クロムウェルの医師でもあった。さらなる情報は Oxford Dictionary of National Bibliography.

61. その他の英国での事例には Fissell, “Women, Health and Healing”: Leong, "Making Medicines", and Stobart, Household Medicine. より広いヨーロッパでの事例は Rankin, Panaceia's Daughters (Germany); and Ray, Daughters of Alchemy (Italy).

62. 一例として Pollock, With Faith and Physic.

63. Carne, Some St. John Family Papers, 19.

64. Wellcome, MS Western 4338, 30r (シトロン、オレンジ、レモンを使い、アランビック器で蒸留するシトロン水), 174r (オレンジの蒸留酒のレシピ), 174v (レディ・コンプトンのレモンの蒸留酒のレシピ), and 175r (ロザーデール公爵夫人のシトロンの蒸留酒).

65. Gerard, Great Herball, 1465.

66. Wellcome, MS Western 4338, 30r.

67. Carne, Some St. John Family Papers, 47-48.

68. Gideon Harvey, The Family-Physician, and the House-Apothecary (London: M. Rookes, 1676), A5v.

69. The Experienced Market Man and Woman, or Profitable Instructions to All Masters and Mistresses of Families, Servants and Others (Edinburgh: James Watson, 1699), 2.

70. 同書 7.

71. “賢い消費者 ”という用語についてより充実した解説は Elaine Leong and Sara Pennell, “Recipe Collections and the Currency of Medical Knowledge.”

72. Wellcome, MS Western 4338, fol. 125v.

73. 同書 fols. 48r, 43r.

74. Carne, Some St. John Family Papers, 53.
75. Wellcome, MS Western 4338, fol. 32v.
76. 同書 fol. 33v.
77. ほかの例にレディ・チャイルズの視力を強化する軟膏、痛風の優れたレシピ "刺激的なオイル、すなわち捻挫、痛風の痛み、坐骨神経痛、打撲のデニー卿の軟膏 "同書 fols. 53V, 72v, 122r.
78. Leong, "Making Medicines."
79. 現存する手紙ではその男児の病気が何だったのかについて触れられていない。同様の首飾りの記述は同時代のジェラードの Great Herball やジョン・クィンシーの Compleat English Dispensatory (London, 1718)などの草本書に見てとれる。参考文献に Francis Doherty, "The Anodyne Necklace: A Quack Remedy and Its Promotion," Medical History 34, no. 3 (1990): 269.
80. Carne, Some St. John Family Papers, 63.
81. 同書 45.
82. 同書 77.
83. 同書 53 (赤いバラ水と赤いバラのジャム) and 74 (キバナノクリンザクラの砂糖漬け).
84. Woolley, Complete Servant-Maid, 5-16. そのなかでも "茎とともに育つ花々の砂糖漬けの作り方 "の項目を参照。11. ウーリーのレシピはジョアンナのものとはわずかに異なる。
85. R. C. Richardson, Household Servants in Early Modern England (Manchester: Manchester University Press, 2010), chap. 7.
86. その例として Rankin, Panacea's Daughters, chap. 3; and Herbert, Female Alliances, 55-62.
87. Frank T. Smallwood, "Lady Johanna St. John as a Medical Practitioner," Friends of Lydiard Tregoz Report 6 (1973): 15.
88. ジョアンナはハーディマンに、ウィリアム・フランクリンとともに、サー・ウォルターに "鬱憤を爆発 "させたがっている人々にその機会を与えないよう気をつけていてほしいと懇願している。Carne, Some St. John Family Papers, 13.
89. 同書 33. 息子ヘンリー・シンジョンがリディアードに送られたときにそうした手紙が書かれた。ヘンリーは教区牧師夫妻のもとに泊まらせ、ハーディマンには兎の毎日の配達と、雄鶏も欠かさず頻繁にドウェル邸へ届くよう手配することを几帳面に指示している。
90. 同書 47.
91. 同書
92. Richardson, Household Servant; Hindle, "Below Stairs at Arbury Hall"; Hainsworth, Stewards, Lords and People.
93. Carne, Some St. John Family Papers, 102.
94. 同書 97.
95. 同書 98.
96. 同書 101.
97. 同書 99-IOI.
98. 参考文献として Jane O'Hara-May, "Foods or Medicines? A Study in the Relationship between Foodstuffs and Materia Medica from the Sixteenth to the Nineteenth Century," Transactions of the British Society for the History of Pharmacy 1 (1971):61-97; Andrew Wear, Knowledge and Practice in English Medicine, 1550-1680 (Cambridge: Cambridge University Press, 2000), chap. 4; Sandra Cavallo and Tessa Storey, Healthy Living in Late Renaissance Italy (Oxford: Oxford University Press, 2013); and Ken Albala, Eating Right in the Renaissance (Berkeley: University of California Press, 2002).
99. Shapin, "Invisible Technician."

第 3 章　レシピ収集の手順

原注

1. James Knowles, "Conway, Edward, second Viscount Conway and second Viscount Killultagh (bap. 1594, d. 1655)," in Oxford Dictionary of National Biography. コンウェーとその著述について近年の包括的な研究は Daniel Starza Smith, John Donne and the Conway Papers: Patronage and Manuscript Circulation in the Early Seventeenth Century (Oxford: Oxford University Press, 2014), esp. chaps. 5 and 6.

2. コンウェーはこの書簡のやりとりを推し進めているように思われる。初期の手紙ではハーリーに情報を求め、のちのいくつかの手紙でも、さほどの手間でなければ毎週書いてくれるよう頼んでいる。BL, MS Additional 70113, bundle 3, letters dated 27 August 1650 and 3 September 1650. ハーリーはコンウェーの妹ブリリアーナと夫サー・ロバート・ハーリーの息子だった。Gordon Goodwin, "Harley, Sir Edward (1624-1700)," Oxford Dictionary of National Biography.

3. 残念ながら、このやりとりの手紙は一部しか現存しておらず、そのほとんどがコンウェーからのものだ。コンウェーとハーリーの書簡に目を向かせてくれたバーナード・キャップに感謝します。

4. コンウェーの手紙ではほかの人々とのやりとりにもレシピが紛れ込んでいる。たとえば、サー・テオドール・ド・マイエルヌとの書簡では "太った男たちを痩せさせる "レシピなど風刺に富むレシピをやりとりし、カルー・ラリーはコンウェーに父親の自筆のレシピ集を提供している。 Smith, John Donne and the Conway Papers, 117, 112.

5. BL, MS Additional 70113, bundle 3.

6. 同書

7. BL, MS Additional 70006, fol. 237r.

8. National Archives, State Papers, Domestic, SP 18/16, fol. 56r-v, 1651年9月25日付 Ed.ハーリーからペットワースのコンウェー子爵への手紙。

9. コンウェーが少なくとも1冊のレシピ帳に取り組んでいたのは確かだが、ここで言及されているレシピ帳は確認できていない。BL, MS Additional 70006, fol. 232r.

10. 同書 fol. 237r.

11. 1651年 11月 25日付の手紙。同書 fol. 247r.

12. 同書

13. Daniel Starza Smith, "La conquest du sang real: Edward, Second Viscount Conway's Quest for Books," in From Compositor to Collector: Essays on the Book Trade, ed. Matthew Day and John Hinks (London: British Library/Print Networks, 2012), 191-216; Smith, John Donne and the Conway Papers.

14.ほかにもエールの醸造と水の沸騰についてより詳しく考察しているものが見られ、"水を沸騰させる手順 "の根拠となっていると思われる多くの理論体系を調べた。 Leong, "Brewing Ale and Boiling water in 1651,"55-75.

15. この二人の小論文は William Yworth, Cerevisiarii Comes, or The New and True Art of Brewing (London: J. Taylor and S. Clement, 1692); and Thomas Tryon, A New Art of Brewing Beer, Ale and Other Sorts of Liquors (London: T. Salusbury, 1690).

16. Yworth, Cerevisiarii Comes, 16; Tryon, New Art of Brewing Beer, 23-24.

17. 乾杯についての政治的・社会的意義については Angela McShane, "Material Culture and Political Drinking' in Seventeenth-Century England," Past and Present 222, suppl. 9 (2014): 247-76.

18. BL, MS Additional 70006, fol. 247r.

19. レシピについての原料やそれ以外による評価についての詳しい論考は Rankin, Panaceia's Daughters, chap. 2.

20. コンウェーから調達を依頼されたマイルズ・ウッドショウは 1650年9月5日付の手紙に次のように書いている。"先週閣下がご所望された鉄かまどを送りました。べつの小さなかまどと、ミスター・フレデリックからバラを蒸留するために使うと伺った大きな蒸留器も用意しています " National Archives, State Papers, Domestic, SP 18/11, fol. 13r, 1650年9月5日付マイルズ・ウッドショウからエドワード・コンウェーへの手紙。

21. このように "姿なき " 助力者が家事使用人として明確に示されている参考文献として Shapin, "Invisible Technician."

22. 近代初期における経験主義についての文献には事欠かない。その一例として Pomata and Siraisi, Historia; Pomata, "Observation Rising"; and Rankin, Panaceia's Daughters, chap. I.

23. Steven Shapin, The Social History of Truth: Civility and Science in Seventeenth Century England (Chicago: University of Chicago Press, 1994).

24. 知識のレシピの編纂における試作の重要性についての論考は Rankin, Panaceia's Daughters, esp. chap. r; and Smith, "In the Workshop of History."

25. テンプルの筆記帳について情報を選別し分類し整理する "紙の技術"として考察するにあたり、あらゆる論議に参加した。"紙の技術"という用語はアンケ・テ・ヘーゼン "The Notebook: A Paper Technology," in Making Things Public: Atmospheres of Democracy, ed.Bruno Latour and Peter Weibel (Cambridge, MA: MIT Press, 2005), 582–89から引用した。 この主題についての文献は現在幅広くある。最近のものでは Blair, Too Much to Know; and Richard Yeo, Notebooks, English Virtuosi, and Early Modern Science (Chicago: University of Chicago Press, 2014)などの研究論文もある。日誌に特化しているものでは Daniel Rosenberg, "Early Modern Information Overload," Journal of the History of Ideas 64 (2003): 1-9; Richard Yeo, "Note-taking in Early Modern Europe," Intellectual History Review 20, no. 3 (2010) 303-16; Volker Hess and Andrew Mendelsohn, eds., "Paper Technology in der Frühen Neuzeit," NTM Zeitschrift für Geschichte der Wissenschaften, Technik und Medizin 21, no. 1 (2013). ほかに Isabelle Charmantier and Stefan Müller-Wille,"Worlds of Paper," Early Science and Medicine 19 (2014). さらに、Lorraine Daston, "Taking Note(s)," Isis 95, no. 3 (2004):443-48; Daston, "The Sciences of the Archive," Osiris 27, no. 1 (2012): 156-87; Michael Stolberg, "Medizinische Loci communes: Formen und Funktionen einer ärztlichen Aufzeichnungspraxis im 16. und 17. Jahrhundert," NTM Zeitschrift für Geschichte der Wissenschaften, Technik und Medizin 21, no. I (2013): 37-60; Fabian Kramer, "Ulisse Aldrovandi's Pandechion Epistemonicon and the Use of Paper Technology in Renaissance Natural History," Early Science and Medicine 19 (2014): 398-423; and Fabian Krämer and Helmut Zedelmaier, "Instruments of Invention in Renaissance Europe: The Cases of Conrad Gesner and Ulisse Aldrovandi," Intellectual History Review 24, no. 3 (2014):321-41.

26. Frederic L. Holmes, "Laboratory Notebooks and Investigative Pathways," in Reworking the Bench: Research Notebooks in the History of Science, ed. Fred eric L. Holmes, Jürgen Renn, and Hans-Jörg Rheinberger (Dordrecht: Kluwer, 2003), 295-308.

27. サー・ピーター・テンプルは、バッキンガムシャー、ストウのジョン・テンプルと最初の妻でバッキンガムシャー、スタントンブリーのエドムンド・リーの

娘ドロシー・リー(1625没)の息子で、ノヴァ・スコシアの植民地総督、サー・トマス・テンプル(1614洗礼、1674没)は兄弟にあたる。John G. Reid, "Temple, Sir Thomas, first Baronet (bap. 1614, d. 1674),""in Oxford Dictionary of National Biography.

28. BL, MS Stowe 1077 (エリノアへの贈呈帳), 1078 (中継帳), and 1079 (携帯帳).サラ・ペネルはレシピ帳が邸宅でいかに使い分けられていたかについて示唆に富む論述をしている。"Making Livings, Lives and Archives: Tales of Four Eighteenth-Century Recipe Books," in Reading and Writing Recipe Books, ed. Michelle DiMeo and Sara Pennell (Manchester: Manchester University Press, 2013), 225-46.

29. この筆記帳は3種類の目次から始まる。それぞれの標題は"病気の目次""実証、実験済み処方の特別目次""馬、酪農、料理、釣り、その他の実験による、あらゆることの 400頁から始まる目次" BL, MS Stowe 1077, fols. Ir-9r.

30. 表記についてテンプルは次のように書いている。"このように略記しているのは敵対者に読めないようにするだけでなく、友人であっても知り得たことを見下すような人物がいるからで、医師への勘定も、患者の害になるような無知な人々による乱用も、避けるには最良の策なのである" BL, MS Stowe 1077, fol. 10r-v (10r).

31. サー・ピーター・テンプルの父ジョン・テンプルはフランシス・ブルームフィールド・オールストンと再婚し、ピーターはオークリーのティモシー・ティレルの娘、エリノア・ティレルと結婚した。このレシピ集にはサー・エドワード・ティレル、レディ・エリザベス・ティレル、レディ・ヘスター・オールストンのレシピが数多く含まれている。ヘスター・オールストンについてはたどれなかったが、エドワード・ティレルはおそらくピーター・テンプルのおじにあたると見られる。ティレル(1573-1656)はエリザベスという2人の女性と結婚していて、両者ともテンプルより先に死去した。つまり、それらのレシピはいずれかのエリザベスから提供されたものと考えられる。

32. BL, MS Stowe 1078, fol. 45r; and 1077, fol. 35r.

33. BL, MS Stowe 1077, fol. 37r.

34. この筆記帳の標題紙の見返しには"エリノア・テンプル"と所有者の署名があるが、ピーターの妻なのか娘なのかは判然としない。そのような署名があるにもかかわらず、ピーターがおもにこの筆記帳作りを行ない、多くのレシピを書き入れ、目次を作成し、頁付けをしている。このなかにはサー・エドワードとレディ・イライザ・ティレルから集めたレシピが数多い。注目すべきはピーターの死後(つまり娘エリノアが贈呈帳を受けとってからも)テンプル家の女性たちがこの筆記帳にレシピを加えつづけた点だ。母娘ともに近隣のワットン・アンダーウッドのグランヴィル家の男性と結婚し、そこに記されたレシピの貢献者名、受領者名が新たに拡大した親族網を示している。その例としてこの筆記帳にはミスター・ミリンズからミスター・グレンヴィルへ提供された腎臓結石の治療薬も含まれている。1078, fol. 4r.

35. フランシス・ベーコンの下書き帳と清書の概念については Angus Vine, "Commercial Commonplacing: Francis Bacon, the Waste-Book, and the Ledger," in Manuscript Miscellanies, 1450-1700, ed. Richard Beadle, Peter Beal, Colin Burrow, and A.S. G. Edwards (London: British Library, 2011), 197-218.

36. BL, MS Stowe 1078, fol. 25r.

37. このレシピは"下唇のただれ"の治療薬だった。BL, MS Stowe 1078, fol. 12r; and 1077, fol. 62r.

38. ジョン・オーブリーも著書 Naturall Historieで同様のラテン語の指示語を使っているし、ロンドンの商人ヒュー・プラットの筆記帳でもそうした注記は頻繁に見られる。Elizabeth Yale, "Marginalia, Commonplaces, and Correspondence: Scribal Exchange in Early Modern Science," Studies in History and Philosophy of Science, Part C: Studies in History and Philosophy of Biological and Biomedical Sciences 42, no. 2 (2011): 197; and Harkness, Jewel House, 234-35.

39. BL, MS Stowe 1077, fol. 27r.

40. Nicholas Culpeper, A Physicall Directory, or A Translation of the London Dispensatory Made by the Colledge of Physicians in London (London, 1649; and many subsequent editions).

41. BL, MS Stowe 1077, fol. 93r.

42. テンプルはエリノアへの "注記 "で、このレシピ集には特定の病気のための治療薬が数多くあるが "こうした万能薬が往々にして最良である"と書いている。BL, MS Stowe 1077, fol. 10r.

43. BL, MS Stowe 1078, fol. 7r. ラヴレース大佐とはリチャード・ラヴレース(1617-57)のことと思われる。参考文献は "Lovelace, Richard (1617-1657),"in Oxford Dictionary of National Biography.

44. この強壮水にテンプルはこう標題を付けている。"サー・リチャード・ネイピアの強壮水。おじの著名な熟練医師サンディにより作られたものとのこと "BL, MS Stowe 1077, fol. 25r. テンプルが言及しているのは、占星術医師リチャード・ネイピア(1559-1634) の甥、サー・リチャード・ネイピア (1607-76)のことだろう。おじが死去したのち、バッキンガムシャー、グレート・リンフォードに移り、おじの医業を引き継いだ。"著名な熟練医師サンディ"はおじを指しているものと推定される。Jonathan Andrews, "Napier, Richard (1559-1634)," in Oxford Dictionary of National Biography. リチャード・ネイピアの生涯と医業についてさらなる情報は Sawyer, "Patients, Healers, and Disease"; and Michael Macdonald, Mystical Bedlam: Madness, Anxiety and Healing in Seventeenth-Century England (Cambridge: Cambridge University Press, 1981).

45. BL, MS Stowe 1077, fol. 17r.

46. 同書 fols. IIV, 44r, 42r.

47. Rankin, Panaceia's Daughters, 59. 学識豊かな人々の医療における経験主義については Pomata, "Praxis Historialis," 125-37; Rankin, "Observation Rising"; Rankin, "Word of the Empirics"; Lauren Kassell, "Casebooks in Early Modern England: Medicine, Astrology, and Written Records," Bulletin of the History of Medicine 88, no. 4 (2014):595-625.

48. BL, MS Stowe 1077, fol. 7r.

49. Claire Jones, "Formula and Formulation: 'Efficacy Phrases' in Medieval English Medical Manuscripts," Neuphilologische Mitteilungen 99 (1998): 199-209. 手書きのレシピ集での probatum estの表記について近年の論考は Wendy Wall, Recipes for Thought, 212–18.

50. BL, MS Stowe 1077, fol. 35r-v. ここで言及されているウィンストン医師とはトマス・ウィンストン (1575-1655)のことだろう。内科医協会の会員で、1622年から 1637年まで監査官を務め、1636年には選出会員となった。またグレシャム大学の医学教授も務め、チャールズ１世の医師でもあった。Ruth Spalding. "Winston, Thomas (c. 1575-1655)," in Oxford Dictionary of National Biography.

51. BL, MS Stowe 1077, fol. 23r.

52. 同書 fol. 18r.

53. 同書 fol. 52r.

54. 同書 fol. 52v, and 1079, fol. 54v. 傍点は贈呈帳にのみ見られる表現を示してい

る。

55. BL, MS Stowe 1077, fol. 53r.

56. 同書 fol. 41v.

57. 同書 fol. 45r. レディ・フォースターとはバッキンガムシャーの地元に住んでいたフォースター家の1人と見られる。John Philipot, William Ryley, William Harvey, William Harry Rylands, and College of Arms (Great Britain), eds., The Visitation of the County of Buckingham Made in 1634 by John Philipot, Esq., Visitation Series 58 (London: Harleian Society, 1909), 55-56, 59.

58. BL, MS Stowe 1077, fol. 24v.

59. レディ・フォースターの香油についてはBL, MS Stowe 1077, fol. 45r; and 1079, fols. 77v-78r.

60. BL, MS Stowe 1077, fol. 62r, 1078, fol. 12r; and 1079, fol. 7r.

61. Adam Smyth, Autobiography in Early Modern England (Cambridge: Cambridge University Press, 2010),chaps. 1, 2.

62. そうした筆記帳のさらに詳しい解説は第5章を参照。

63. 残念ながらパルマーのさらなる筆記帳は見つけられていない。Palmer, Recipe Book, 138.

64. この筆記帳は"外科医ミスター・スミスが指示してくれて飲んでいる下剤。エリズ・ゴドフリー"(1686年に余白に付記)と題されたレシピによりゴドフリーと結びつけられる。Wellcome, MS Western 2535, 71.

65. 同書 45, 47.

66. 同書 3-5.

67. どちらの付記もレシピ帳全体を通して見られるが、同書11にはどちらも顕著に記されている。

68. 同書 14, 24, 38.

69. 同書 11, 32.

70. 同書 18.

71. 近代初期のイングランドにおける読者の符号と余白の書き込みについて近年の細部にわたる論考は Sherman, Used Books.

72. Wellcome, MS Western 3712.

73. 同書 fols. 117r, 125v.

74. オケオヴァー家に関連するもう一つの手稿はWellcome, MS Western 7391. 2冊の筆記帳の詳しい来歴とオケオヴァー家のさらなる来歴は Richard Aspin, "Who Was Elizabeth Okeover?" Medical History 44, no. 4 (2000): 531-40.

75. Aspin,"Who Was Elizabeth Okeover?" 533-38.

76. Wellcome, MS Western 3712, fols. 185v, 184r.

77. 同書 fol.41r.

78. 同書 fol. 9r. 当時、下痢をlaskと表記していた。"lask, n. 1" OED Online (Oxford: Oxford University Press, January 2018),2018年2月4日開設 http://www.oed.com/view/Entry/105978?isAdvanced=false&result=1&rskey=eM96Mx&.

79. 同書 fol. 51v.

80. 同書 fol. 57v.

81. 同書 fol. 115v.

82. この言いまわしは以下の2つのレシピで使われている。1つは"乳汁の香膏、おばL:O:多くのことにすばらしく効く"、もう1つは"胸の極上軟膏"。どちらのレシピも索引にさらなる符号が付けられている。乳汁の香膏の脇には"わたしが作る"、そして"極上の胸の軟膏"には"試して良かった"と書かれている。同書 fols. 117r, 125v, 185v, 186r.

83. これは索引の"サー・ジョージ・ヘースティングの香膏"の脇に書かれている。レシピの本文にはプラス記号が付けられている。同書 fols. 126r, 48r.

84. "Rosin, n.," OED Online.

85. ここでの Perrosinは松の木から産出される樹脂を指しているのだろう。

"+ Perrosin, n.," OED Online.

86. Wellcome, MS Western 3712, fol. 114r.

87. 同書 fol. 192v.
88. 同書
89. 同書 fol. 186r.
90. 同書 fol. 6v.
91. 同書 fol. 70に差し入れられた紙。
92. パルマーの筆記帳では指示マークが至る所で見られ、見出しと本文の両方に付けられている。後者の符号については薬剤の製造の特定の手順を目立たせるためと、薬の効能を際立たせるための両方で用いられている。ファンショー家とジョンソン家のレシピ帳のさらに詳しい解説は第4章と第5章を参照。
93. これらはインクのいくつかのレシピとパルマーが 1665年4月に収集したクラーク医師の "足の魚の目"の治療薬に見られる。 Palmer, Recipe Book, 73, 83.
94. メアリー・グローヴナーのレシピ帳は現在、大英図書館 Sloane 3235に所蔵されている。このフォリオ判の筆記帳には "メアリー・グローヴナー、1649年11月 15日"と明記されている。ここには "わが祖母チャムリー"からのレシピが含まれており、チェシャーのグローヴナー家の筆記帳とさらに繋がっている。メアリーの父サー・リチャード・グローヴナーは 1600年にレティス・チャムリーと結婚した。参考文献は Richard Cust, "Grosvenor, Sir Richard, first baronet (1585-1645), magistrate and politician," in Oxford Dictionary of National Biography.
95. BL, MS Sloane 3235, fols. 2r-8v.
96. この言いまわしは様々な病気の 30以上ものレシピに付されている。その例として Oxford, Exeter College, MS 84, fols. 7r, 15r, 16v, 20v, 21v, 38v.
97. どちらの紙も手稿のなかに差し挟まれていた。
98. Daston,"Sciences of the Archive"; Harkness, Jewel House; and Smith, Body of the Artisan.
99. Brian W. Ogilvie, The Science of Describing: Natural History in Renaissance Europe (Chicago: University of Chicago Press, 2006), chap. 3; Katharine Park, "Natural Particulars: Medical Epistemology, Practice, and the Literature of Healing Springs," in Natural Particulars: Nature and the Disciplines in Renaissance Europe, ed. Anthony Grafton and Nancy G. Siraisi (Cambridge, MA: MIT Press, 1999), 347-68.
100. 医療の記録と日誌、登記簿、証書類などその他の文書との関わりについては Kassell,"Casebooks."

第4章　近代初期の邸宅のレシピ試験

1. Paul Seaward, "Dering, Sir Edward, second Baronet (1625-1684)," in Oxford Dictionary of National Biography.
2. Huntington, HM MS 41536, fol. 163v.
3. 同書
4. 同書 fol. 30v.
5. 同書
6. 同書 fols. 163v, 34r.
7. 腎臓水(aqua nephritica) には牛乳、クジャクシダ、アキノキリンソウ、ヒカゲミズ、イラクサ、オオバコ、フェンネルまたはギシギシの種子、ナギイカダ、カンゾウ、そして "癒腎木"が必要となる。これらの薬草をまず煎じてから一晩浸し、翌朝蒸留するとの指示書きがある。Huntington, HM MS 41536, fol. 21r.
8. 学識豊かな人々の薬物試験、特に1350年から1800年頃までのヨーロッパにおける医師たちの取り組みについての概観は Leong and Rankin, "Testing Drugs and Trying Cures."職人たちがいかに実用的な知識を役立てていたかについての詳細な研究は Smith, Bodies of the Artisan, and Smith, "In the Workshop of History."実用的な専門知識全般については評論 Valleriani, Structures of Practical knowledge.

9. これらの用語はサー・ピーター・テンプルの筆記帳から引用した。BL, MS Stowe 1077, fols. 11v, 44r, 48r, 7r, 75r, 23v.

10. 学者たちは probatum estなどの用語をどのように読解すべきか(そして史料群の登場人物たちがどのように読解し使っていたのか)について議論しているし、また実際の成果が必ずしもそのまま反映されているとはかぎらない用語であるのは確かだ。この議論はおもに言語学者と中世の英国における医療レシピを研究する人々のあいだで行なわれている。様々な見解については Jones, "Formula and Formulation," and Francisco Alonso-Almeida and Mercedes Cabrera-Abreu, "The Formulation of Promise in Medieval English Medical Recipes: A Relevance-Theoretic Approach," Neophilologus 86, no. 1 (2002): 137-54.

11. Folger, MS v.a. 388; Glasgow, MS Ferguson 43.

12. Wellcome, MS Western 4338, fols. 91r, 101v, 199r.

13. 同書 fol. 86r.

14. 同書 fol. 180r.

15. 同書 fols. 46r, 139v.

16. BL, MS Stowe 1077, fol. 7r.

17. Wellcome, MS Western 184a, fol.41v.

18. Charles B. Schmitt, "Experience and Experiment: A Comparison of Zabarella's View with Galileo's in De Motu," Studies in the Renaissance 16 (1969): 80-138: Jole Agrimi and Chiara Crisciani, "Per una ricerca su experimentum experimenta: Riflessione epistemologica e tradizione medica (secoli XIII-XV)." in Presenza del lessico greco et latino nelle linque contemporanee, ed. Pietro Janni and Innocenzo Mazzini (Macerata, Italy: Facoltà di Lettere e Filosofia, Università degli Studi di Macerata, 1990), 9-49; Peter Dear, "The Meanings of Experience," in Early Modern Science, ed. Katharine Park and Lorraine Daston, vol. 3 of The Cambridge History of Science (Cambridge: Cambridge University Press, 2006), 106-31. さらに Leong and Rankin, "Testing Drugs and Trying Cures," 157-82; and Evan R. Ragland, "Making Trials' in Sixteenth- and Early Seventeenth Century European Academic Medicine." Isis 108, no. 3 (2017): 503-28.

19. 錬金術のレシピのそうした調整についての論考は Jennifer M. Rampling, "Transmuting Sericon: Alchemy as 'Practical Exegesis' in Early Modern England," Osiris 29 (2014): 19-34. イタリア北部の薬剤師の作業場における同様の取り組みの論考は Valentina Pugliano, "Pharmacy, Testing and the Language of Truth in Renaissance Italy," Bulletin of the History of Medicine 91, no. 2 (2017):233-73.

20. Huntington, HM MS 41536, fol. 168v.

21. 同書 fol. 166v.

22.評論 Leong and Rankin, "Testing Drugs and Trying Cures,"参照。特に Leong and Rankin, "Testing Drugs and Trying Cures"; ほかに Alisha Rankin, "On Anecdote and Antidotes: Poison Trials in Sixteenth-Century Europe," Bulletin of the History of Medicine 91, no. 2 (2017): 280-84. カテリーナ・スフォルツァの取り組みについては Ray, Daughters of Alchemy, chap. 1, esp. 23.

23.近代初期の実験の反復と繰り返しについては Jutta Schickore, "Trying Again and Again: Multiple Repetitions in Early Modern Reports of Experiments on Snake Bites," Early Science and Medicine 15 (2010): 567-617; and Jutta Schickore, "The Significance of Re-doing Experiments: A Contribution to Historically Informed Methodology," Erkenntnis 75, no. 3 (2011): 325-47.

24. Stephen Pender, "Examples and Experience: On the Uncertainty of Medicine,"British Journal for the History of Science 39, no. 140, pt. 1 (2006): 1-28.
25. グライドの筆記帳と家族史の記述の詳細は第5章参照。
26. Heinz Otto Sibum, "Reworking the Mechanical Value of Heat: Instruments of Precision and Gestures of Accuracy in Early Victorian England,"Studies in the History and Philosophy of Science, part A 26, no. 1 (1995):73-106, and James Sumner, Brewing Science, Technology and Print, 1700-1880 (London: Routledge, 2013).
27. BL, MS Additional 45196, fol. 32r.
28. 同書 fol. 55v.
29. Wellcome, MS Western 3082, fol. 68r.
30. 代替え医療書には長い伝統がある。その例として Alain Touwaide, "Quid pro Quo: Revisiting the Practice of Substitution in Ancient Pharmacy," in Herbs and Healing, from the Ancient Mediterranean through the Medieval West, ed. Ann Van Arsdall and Timothy Graham (Farnham, UK: Ashgate, 2012), 19-61. 同主題について同時代の論考の例として The Country-Man's Apothecary, or A Rule by Which Country Men Safely Walk in Taking Physick; Not Unusefull for Cities. A Treatise Shewing What Herbe, Plant, Root, Seed or Mineral, May be Used in Physicke in the Room of That Which Is Wanting (London, 1649). 同書は Guillaume Rondelet (1507-66) Tractatus de Succedaneis (Basel, 1587)の翻訳。
31. BL, MS Additional 45196, fol. 54v. ここでの Unset leeksはまだ畑に植えつける前のとても若いニラネギ。
32. 同書 fol. 49v.
33. Oxford, Bodleian Library, MS Eng. Misc. d. 436,fol. 179r.
34. BL, MS Additional 45196, fol. 47r.
35. Wellcome, MS Western 7113, fol. 126v.
36. BL, MS Additional 45196, fol. 67v.
37. BL, MS Stowe 1079, fol. 1v.
38. 同書 fol. 81r.
39. BL, MS Stowe 1078, fol. 25r.
40. BL, MS Stowe 1077, fol. 33r.
41. 近代初期の原料への関心については Ursula Klein and Emma C. Spary, eds., Materials and Expertise in Early Modern Europe: Between Market and Laboratory (Chicago: University of Chicago Press, 2010).
42. Wellcome, MS Western 2535, 8i.
43. 近代初期の薬の不確実性についての概念は Pender, "Examples and Experience."
44. Smith, "In the Workshop of History." または Pamela H. Smith, Amy R. W Meyers, and Harold J. Cook, eds., Ways of Making and Knowing: The Material Culture of Empirical knowledge, Bard Graduate Center Cultural Histories of the Material World (Ann Arbor: University of Michigan Press, 2014). 近代初期の実験で道具を活用することのむずかしさについては Simon Schaffer, "Glass Works: Newton's Prisms and the Uses of Experiment," in The Uses of Experiment: Studies in the Natural Sciences, ed. David Gooding, Trevor Pinch, and Simon Schaffer (Cambridge: Cambridge University Press, 1989), 67-104.
45. Wellcome, MS Western 2535,5.
46. 6種類の薬草とは、ベニバナヤグルマギク、マリゴールドの葉、ハコベ、alehouse、ニワトコの内側の緑の樹皮、ヘンルーダ。 BL, MS Additional 45196, fol. 73v.
47. Wellcome, MS Western 3082, fol. 65r.
48. 同書 fol. 65v.
49. BL, MS Stowe 1077, fol. 13r.
50. BL, MS Stowe 1079, fols. 1v.

51. BL, MS Stowe 1077, fol. 31r; and 1078, fol. 6r.
52. BL, MS Stowe 1078, fol. 6r-v; and 1077, fol. 31r.
53. BL, MS Stowe 1079, fols. 56v-60r; and 1078, fols. 14r-15r.
54. BL, MS Stowe 1077, fols. 98r-101r.
55. 同書 fol. 98v.
56. 同書 fols, 100v, 99v.
57. 同書 fol. 100v.
58. 収集された文書、なかでも詩文集の著者の問題を取り上げたものは相当数にのぼる。その例として Marcy North, The Anonymous Renaissance: Cultures of Discretion in Tudor-Stuart England (Chicago: University of Chicago Press, 2003); Margaret Ezell, Social Authorship and the Advent of Print (Baltimore: Johns Hopkins University Press, 2003); Harold Love, Scribal Publication in Seventeenth-Century England (Oxford: Oxford University Press, 1993), The Culture and Commerce of Textsとして再版された Scribal Publication in Seventeenth-Century England (Amherst: University of Massachusetts Press, 1998); Henry R. Woudhuysen, Sir Philip Sidney and the Circulation of Manuscripts, 1558-1640 (Oxford: Oxford University Press, 1996); and Arthur Marotti, Manuscript, Print and the English Renaissance Lyric (Ithaca, NY: Cornell University Press, 1995).
59. Michael McVaugh, "The 'Experience-Based Medicine' of the Thirteenth Century," Early Science and Medicine 14, no. 1 (2009): 105-30.
60. Leong and Rankin, "Testing Drugs and Trying Cures."
61. この点については数多く論評されてきた。その例として Steven Shapin and Simon Shaffer, Leviathan and the Air-Pump: Hobbes, Boyle, and the Experimental Life (Princeton, NJ: Princeton University Press, 1985); Peter Dear, "Totius in Verba: Rhetoric and Authority in the Early Royal Society,"Isis 76, no. 2 (1985): 144-61.
62. Klein and Lefèvre, Materials in Eighteenth-Century Science, 21-23.

第5章　家族史を綴る

1. Burford Butcher, "The Brockman Papers," Archaeologia Cantiana 43 (1931): 281-83.
2. Edward Hasted, "Parishes: Newington," in The History and Topographical Survey of the County of Kent (Canterbury: W. Bristow, 1799), 8:197-210, 2015年5月 17日開設 http://www.british-history.ac.uk/survey-kent/vol6/pp40-67.
3. H. I. Bell, "The Brockman Charters," British Museum Quarterly 6, no. 3 (1931):75.
4. アン・バンス・ブロックマンについてのその他の情報は Kate Aughterson, "Brockman, Ann, Lady Brockman (1660没)," in Oxford Dictionary of National Biography. さらに Giles Drake-Brockman, "Sir William and Lady Ann Brockman of Beachborough, Newington by Hythe: A Royalist Family's Experience of the Civil War," Archaeologia Cantiana 132 (2012):21-41. レディ・ブロックマンはベティの火傷に際しても、ほかにも油性の治療薬を使っている人物として言及されている。Huntington Library, HM MS 41536, fol. 31v.
5. ミシェル・ディメオが近年アンとエリザベス・ブロックマンの筆記帳についてきめ細やかに記述している。See DiMeo, "Authorship and Medical Networks."
6. アン・グライドのレシピ帳についてはマーガレット・エゼルが広範囲に記述している。Ezell, "Domestic Papers," 33-48;

and Margaret Ezell, "Invisible Books" in Producing the Eighteenth-Century Book: Writers and Publishers in England, 1650-1800, ed. Pat Rogers and Laura Runge (Newark: University of Delaware Press, 2009), 53-69.

7.これら 28点はフィリス・ブロックマンにより 1938年に個別に寄贈され、現在は追加手稿 45193-45220として目録に示されている。45193は、よく知られる版画が描き写されていて、ストートン家とドレイク家の系図も書かれた作者不明の 16世紀から17世紀の備忘録だ(さらなる論考は後記参照)。リチャード・グライドの土地財産の売却の指示は現在45195として所蔵されている。45120はフランス語の文法とジェイムズ・ブロックマンの雑記帳から成る。1700年から1724年の日付のアン・グライドによる邸宅の帳簿類は 45208-45210までの追加手稿として所蔵されている。

8. ほかの参考文献として Janet Theophano, Eat My Words: Reading Women's Lives through the Cookbooks They Wrote (New York: Palgrave, 2002); さらに DiMeo, "Authorship and Medical Networks."

9. 近代初期のフランスにおける家族戦略については Natalie Zemon Davis, "Ghosts, Kin, and Progeny: Some Features of Family Life in Early Modern France," Daedalus 106, no. 2 (1977): 87-114; Joanna Milstein, The Gondi: Family Strategy and Survival in Early Modern France (Aldershot, UK: Ashgate, 2014); and Joanne Baker, "Female Monasticism and Family Strategy: The Guises and Saint Pierre de Reims," Sixteenth Century Journal 28 (1997) 1091-108.

10. Daniel Woolf, The Social Circulation of the Past: English Historical Culture, 1500-1730 (Oxford: Oxford University Press, 2003); Katharine Hodgkin, "Women, Memory and Family History in Seventeenth-Century England," in Memory before Modernity: Practices of Memory in Early Modern Europe, ed. Erika Kuijpers et al. (Leiden: Brill, 2013), 297-314.

11. 同分野における最近の研究の概説は Elizabeth Yale, "The History of Archives: The State of the Discipline," Book History 18, no. 1 (2015): 332-59;ほかに Alexandra Walsham, "The Social History of the Archive: Record-keeping in Early Modern Europe," Past and Present 230, suppl. 11 (January 1, 2016): 9-48. 特に科学史に関連する記録文書の歴史の論考は Michael Hunter, ed., Archives of the Scientific Revolution: The Formation and Exchange of Ideas in Seventeenth-Century Europe (Woodbridge, UK: Boydell Press, 1998).

12. Kathryn Burns, Into the Archive: Writing and Power in Colonial Peru (Durham, NC Duke University Press, 2010), 124.

13. Elizabeth Yale, Sociable Knowledge: Natural History and the Nation in Early Modern Britain (Philadelphia: University of Pennsylvania Press, 2016), chap. 6.

14. Field and Theophano, Eat My Words.

15. Wellcome, MS Western 184a, fol. 2v.

16. Stine, "Opening Closets,"144. この手稿にはアンとアレシア・タルボット・ハワードの両方に結びつけられる銘文が見てとれる。チャールズ・ハワードは第15代アランデル伯爵、ヘンリー・フレデリック・ハワードの兄弟にあたり、発足当時の王立協会に関わっていた。この手稿の写しを姪に贈った頃には定期的に会議に出席してはいなかったが、またほかの研究に時間を費やしていた。詳しくは James McDermott, "Howard, Charles, second Baron Howard of Effingham and first Earl of Nottingham (1536–1624)," in Oxford Dictionary of National Biography.

17. BL, MS Sloane 3235, 1r (Grosvenor's ownership note), 26v.

18. Wellcome, MS Western 3082, fol. 27r. ジョンソン家の家族の書はおそらく1694年にエリザベス・オールドフィールド・フィリップス・ジョンソンがレミンスターのアンドルー・フィリップスと最初の結婚をしていたときに書きだしたものだ。前述の女性たちと同じように、モーリス・ジョンソンと結婚したときにスポールディングに持参した。家系図の詳細は Everard Green, "Pedigree of Johnson of Ayscough-Fee Hall, Spalding, Co. Lincoln," Genealogist 1 (1877): 110.

19. David Boyd Haycock, "Johnson, Maurice (1688-1755)," in Oxford Dictionary of National Biography.

20. ジョンソン家の家族の書には頻繁に注記が付されている。最初のほうには多様な資料が含まれ、19世紀初めの25年間に切り抜かれた新聞記事も見られる。その例として Wellcome, MS Western 3082, fols. 3r (1827年付の蛾を駆除するレシピ)、6r(1828年付の苺の育て方についての情報)、さらに 27v (様々な新聞からのメモとバラの精油についてのレシピの切り抜き)。

21. 例として Yale, Sociable Knowledge, chap. 6.

22. Smyth, Autobiography, 151.

23. BL, MS Additional 45196, fol. 11V.

24. 同書 fol. 75V.

25. Jones, "Formula and Formulation."

26. BL, MS Additional 45196, fol. 81v. 同様の付記の変更は fol.79v"さしこみ "の対処法のレシピにも見られる。試験、試用、実践の問題点についての詳しい分析は第 4 章参照。

27. 同書 fol. 66r.

28. BL, MS Additional 45198, fols. 7,38.

29. 同書 fol. 23v.

30. BL, MS Additional 45196, fols. 79v, 58r, 46v.

31. BL, MS Additional 45198, fol. 17r.

32. 同書 fol. 34r.

33. Lisa Smith, "Sir Hans Sloane, Friend and Physician to the Family," in From Books to Bezoars: Sir Hans Sloane, Collector of an Age, ed. Alison Walker, Michael Hunter, and Arthur MacGregor (London: British Library Publications, 2012), 51.

34. Wellcome, MS Western 762, fol. 293r.

35. BL, MS Additional 45718, fol. 122v.

36. レシピ帳を一家の人脈と協力関係を示す地図として読むことを最初に提示したのはサラ・ペネルだ。 "Perfecting Practice," 243.

37. Yale, "Marginalia," 197. 社交と album amicorum(友人録) についての最近の研究は Bronwen Wilson, "Social Networking: The Album Amicorum and Early Modern Public-Making."in Beyond the Public Sphere: Opinions, Publics, Spaces in Early Modern Europe, ed. Massimo Rospocher (Bologna: Società editrice il Mulino, 2012), 205-23.

38. Woolf, Social Circulation of the Past.

39. シャンドス公爵夫人、カサンドラ・ウィラビーはいくつかの手稿で家族史を作り上げていた。Catalogue of English Literary Manuscriptsにその記述が見られる。 http://www.celm-ms.org.uk/authors/willoughbycassandraduchessofchandos.html.なかでも "ウラトンのウィラビー家の帳簿"と題された２巻は現在ノッティンガム大学図書館に Mi LM 26と 27として所蔵されている。ウィラビー家の家族史と家庭の文書についてさらなる詳細は Dorothy Johnston, "The Life and Domestic Context of Francis Willughby," in Virtuoso by Nature: The Scientific Worlds of Francis Willughby FRS (1635–1672), ed. Tim Birkhead (Leiden: Brill, 2016), 1-43.

40. Bodleian MS Top Oxon.c.757. 最初の一葉には"エドムンドがクリストファー・

ネイピアより譲り受けたわたしの書"と銘記されている。NapperまたはNapierと表記されるネイピア家はホリウェル出身のオックスフォードシャーの名門一族だった。エドムンド（1579-1654）とクリストファーはともにウィリアム・ネイピア（1621/22埋葬）とエリザベス・パウエル・ネイピア（1584埋葬）の息子たちだ。エドムンド・ネイピアの息子ジョージ（1619洗礼 -1671)はカートリントンのマーガレット・アーデンと結婚した。ジョージとマーガレットの娘マーガレットはレスターシャー、ホルトのヘンリー・ネヴィルと結婚した。G. D.［George Drewry］Squibb, Edward Bysshe, and the Harleian Society, The Visitation of Oxfordshire 7669 and 1675: Made by Sir Edward Bysshe, Knight, Clarenceux King of Arms/Transcribed and Ed. G. D. Squibb (London: Harleian Society, 1993), 25-26.

41. Bodleian, MS Top Oxon.c.757, 丁付けなしの表側見返し iii .

42. 同書 丁付けなしの表側見返し ii .

43. 同書 fols. 1r, 9r, 10r, and more (借地), 2r (地代期日), 164v (1672年11月のマーガレットとフランシス・ネイピアの地所の検分), 156r-159v, 図書目録 (日付はないが 1720年代からのものと見られる), 手紙の写し。

44. 同書 fols. 2v, 6r, 36r, 37r-v.

45. 家族史と家族戦略については Davis, "Ghosts, Kin, and Progeny." イタリアの家族の書 libri di famigliaについて概説は Angelo Cicchetti and Raul Mordenti, I libri di famiglia in Italia, vol.1, Filologia e storiografia letteraria (Rome: Edizioni di Storia e Letteratura, 1985). イタリアと英国の家族史の記述慣習を対照させた考察は Eric Ketelaar, "Muniments and Monuments: The Dawn of Archives as Cultural Patrimony," Archival Science 7, no. 4 (2007): 343-57; and Ketelaar, "The Genealogical Gaze: Family Identities and Family Archives in the Fourteenth to Seventeenth Centuries," Libraries and the Cultural Record 44, no. I (2009):9-28.

46. Davis, "Ghosts, Kin, and Progeny," 97.

47. Woolf, Social Circulation of the Past, 116-17; Hodgkin, "Women, Memory and Family History,"

48. Hodgkin,"Women, Memory and Family History,"299-300.

49. Whittle and Griffith, Consumption and Gender, 28, ル・ストレンジ家の帳簿類。この事例では、主人ハモンが当初は責任を負っていたが、数年後に妻アリスが引き継ぎ、家族の"経理係"をおもに担った。

50. これを例証しているものとして te Heesen, "Notebook"; Blair, Too Much to Know; Yeo, Notebooks, English Virtuosi and Early Modern Science; Hess and Mendelsohn, "Paper Technology"; Rosenberg, "Early Modern Information Overload"; Charmantier and Müller-Wille, "Worlds of Paper"; and Yeo, "Note-Taking in Early Modern Europe."

51. 最近の概説として、豊富な評論は Walsham, "Social History of the Archive." さらに Jacob Soll, The Information Master: Jean-Baptiste Colbert's Secret State Intelligence System: Cultures of Knowledge in the Early Modern World (Ann Arbor: University of Michigan Press, 2009). 帳簿と日常の記述については Smyth, Autobiography in Early Modern England, そして Jason Scott-Warren, "Early Modern Bookkeeping and Life-Writing Revisited: Accounting for Richard Stonley," Past and Present 230, suppl. 11 (2016): 151-70.

52. Victoria Burke, "Ann Bowyer's Commonplace Book (Bodleian Ashmole MS 51): Reading and Writing among the Middling Sort,'" Early Modern Literary Studies 6, no. 3 (2001): 1-28; Victoria Burke, "Recent Studies in Commonplace

Books," English Literary Renaissance 43, no. 1 (2013): 153-77; Ezell, "Domestic Papers," 33-63.

53. Wellcome, Western MSS 7997-8002, 8680.

54. Wellcome, MS Western 7998, 標題紙と 7999.

55. Wellcome, Western MS 7998, 標題紙裏。そしてまたウェルカム医学史図書館独自の所有者記名方式の蔵書票により、フォーセット家のどちらの所有者の署名も薄れてしまっている点も見逃せない。

56. Wellcome, MS Western 761-2.

57. Wellcome, MS Western 761, fol. 5r, and 762, fol. 5r.

58. Jennifer Heller, The Mother's Legacy in Early Modern England (Farnham, UK: Ashgate, 2011).

59. Smyth, Autobiography, 149-54. さらに Blair, Too Much to Know, 86.

60. Folger Shakespeare Library, MS v.a. 430, 標題紙の見返しに貼られた紙。この筆記帳は 1640年から 1750年のあいだに編纂された。メアリー・グランヴィルは 1663年から 1688年にスペインのカディスで英国領事を務めたサー・マーティン・ウェスクームの娘だ。アン・グランヴィル・ドゥーズはウォリックシャー、ウェルズボーンのジョン・ドゥーズと結婚し、ウスターシャーのブラッドレイに暮らした。Catherine Field, "Kitchen Science and the Public/Private Role of the Housewife Practitioner" (paper presented at the Women on the verge of Science seminar at the Folger Institute, May 14, 2003), 4.

61. BL, MS Stowe 1077. この部分は一連の 3 冊のレシピ帳に含まれる。Stowe MSS 1077-79. 同 3 冊については第 3 章と第 4 章で詳しく解説している。

62. BL, MS Stowe 1077, fol. 10r.

63. Bodleian, MS Tanner 397, fol. 1r.

64. 同書 fols. 62r-131v (医療のレシピ), 33r-61r (料理のレシピ), 169v-173v (獣医療のレシピ), 4r-v (度量衡), 5r-v (ジョバンニ・ダ・ヴィーゴの痛みの処方), 6r-8v (用語集), 200v-194v(尿検査についての論文), 205v-1v (ガレノスの『食物の能力について』からの抜粋), and 209v-7v (健康維持について). この筆記帳は上下逆にして後ろ側から情報が記入されているので、頁番号が逆になっているところがある。ダ・ヴィーゴの『外科医術の最上の仕事(Most Excellent Workes of Chirurgerye)』の箇所は 1543年版 fol. ccv versoに見られる。

65. 同書 fols.9r-10r.

66. 同書 fols.187v-73r(市長と判事の一覧) and 193v-88r(州長官の一覧). ボーンはノリッジの郷土史やその他の大掛かりなものを編纂しようとしたわけではないようだ。地元の歴史や系図についての情報を記録するのは一般的なことだった。近代初期の歴史文化の詳しい論考は Woolf, Social Circulation of the Past. 医療と歴史の情報を併記した事例は The Pronostycacyon for Euer of Erra Paterの 1598年版や以後の多くの版で見られる。

67. BL, MS Additional 45196, fols. 82r-84r.

68. ほかに系図のような情報を書き入れていた例としては、BL, MS Additional 45193にも、ストートン・プレイスのストートン家の情報が含まれている。そこにはアン・グライドとおぼしき筆跡も含め、多くの人々の手で注釈が付されている。

69. Wellcome, MS Western 4683, fol. 1v.

70. 同書 fol. 180r.

71. Bodleian, MS Eng. Misc. d. 436,fols. 194v-195r.

72. 詳しく論述してはいないが、同様の例には、グローヴナー家に関連する筆記帳がある。そこにはシドニー(1650年 1月 16日)、アン (1652年 12月 16日)、トマス (1655年 11月 20日)、ロバート

(1657年4月15日)、ジョン (1658年1月31日)、ロジャー (1661年12月5日) の誕生の日付が列記されている。BL, MS Sloane 2266, fols. 1v-2r. サラ・ペネルもまたハナ・ビセイカーの事例を考察している。"Making Livings, Lives and Archives" 229.

73. Woolf, Social Circulation of the Past, 116-17.

74. Sherman, Used Books, 58 and chap. 3. 暦に家族史が含まれる例として Smyth, Autobiography, 20.

75. Stine, "Opening Closets," 111; Pennell, "Perfecting Practice?" 240-41.

76. Smyth, Autobiography, 11 and chap. 3.

第6章　売りだされたレシピ

1. スチュアート家の系譜については Donald W. Foster, "Stuart, Frances, Duchess of Lennox and Richmond [other married name Frances Seymour, Countess of Hertford] (1578-1639)," in Oxford Dictionary of National Biography. この肖像画はジョン・スミス (1580-1631) 著 The Generall Historie of Virginia, New England, and the Summer Isles (London: Printed by I[ohn] D[awson] and I[ohn] H[aviland] for Michael Sparkes, 1626)にあるフランシス・デララム(1589/90-1627)によるスチュアート家の肖像版画の写しと見られる。The Generall Historie にわずかに異なるフランシス・スチュアートの肖像画が2つ含まれている。スタッフォードと彼の書籍制作チームにあきらかに "ひらめきを与えた"その肖像画の写しはイェール大学バイネッケ図書館に整理番号 Z40 025として所蔵されている。

2. Owen Wood, Choice and Profitable Secrets both Physical and Chirurgical: Formerly Concealed by the Deceased Dutchess of Lenox (London, 1656), A3r. 近年、秘術の書とレシピ集の出版物は文学者と歴史家たちからともに多大な関心を寄せられている。その例として Eamon, Science and the Secrets of Nature; Allison Kavey, Books of Secrets: Natural Philosophy in England, 1550-1600 (Urbana: University of Illinois Press, 2007); Hunter, "Women and Domestic Medicine"; and Spiller, "Introduction," ix-li.

3. 医療書籍の概説は Mary Fissell, Popular Medical Writing. in Cheap Print in Britain and Ireland to 1660, vol. 1 of The Oxford History of Popular Print Culture, ed. Joad Raymond (Oxford: Oxford University Press, 2011), 417-30, Fissell, "Marketplace of Print", Paul Slack, "Mirrors of Health and Treasures of Poor Men: The Uses of the Vernacular Medical Literature of Tudor England," in Health, Medicine and Mortality in the Sixteenth Century, ed. Charles Webster (Cambridge: Cambridge University Press, 1979), 237-73; and Elizabeth Lane Furdell, Publishing and Medicine in Early Modern England (Rochester, NY: University of Rochester Press, 2002).

4.『医術と手術の貴重な至上の奥義の選りすぐり処方集(A Choice Manual)』は1653年の初版から1708年の最終版まで、様々な体裁とそれに見合った価格で少なくとも 21回にわたり版を重ねた。第19版は1687年発行の最新版として英国初期印刷文献簡略書名目録の Wing K 310-17に収録されている。 ジョン・ファーガソンは Bibliographical Notes on Histories of Inventions and Books of Secrets, 6th suppl.. 30でウェルカム医学史図書館に所蔵されている1708年発行の第 21版について言及している。同様に 英国初期印刷文献簡略書目録のSTCにも1655年から1698年の20点の刊行物と

ともに18世紀(1710, 1713, 1726)に発行された“第11版”の３度にわたる増刷本も収録されている。

5.本章で引用したレシピ集の書籍は付記がないかぎりすべてロンドンで印刷された。日付は初版の発行日としている。

6. Wellcome, MS Western 3082, fol. 27r.

7. Fissell, “Marketplace of Print.” 近代初期のイングランドにおける市場で提供された医療と薬の商品化の増加についての参考文献として Harold J. Cook's classic study, The Decline of the Old Medical Regime in Stuart London (Ithaca, NY: Cornell University Press, 1986). より最近の研究には Patrick Wallis, ed., “Changes in Medical Care,” Journal of Social History, special issue, 49, no. 2 (2016); Patrick Wallis, “Consumption, Retailing, and Medicine in Early Modern London,” Economic History Review 16 (2008): 26-53; and Ian Mortimer, The Dying and the Doctors: The Medical Revolution in Seventeenth-Century England (Woodbridge, UK: Royal Historical Society/Boydell Press, 2009). より広くヨーロッパを見渡したものに Harold J. Cook, Matters of Exchange: Commerce, Medicine, and Science in the Dutch Golden Age (New Haven, CT: Yale University Press, 2007).

8. Fissell, “Popular Medical Writing”; Fissell, “Marketplace of Print”; Slack, "Mirrors of Health."

9. Fissell, “Marketplace of Print,” 116.

10. Leong, "Medical Recipe Collections, " 38-41. 近代初期の料理の英語による出版物の最近の概説に Wall, Recipes for Thought, chap. 2.

11. 後述のように、ナルキサス・ラトレルは『洗練された淑女のお気に入り(The Accomplish'd Ladies Delight)』を1675年に１シリング６ペンスで購入した。Bodleian, Douce P 412. ケンブリッジ大学図書館のバクストン文書からの情報を用いて、デイヴィッド・マッキタリックは、バクストン家が『貴婦人たちの開かれた飾り棚(The Ladies Cabinet Opened)』を 1639年に (本書はこの年発行された)６ペンスで購入したと書いている。McKitterick, “'Ovid with Littleton': The Cost of English Books in the Early Seventeenth Century,” Transactions of the Cambridge Bibliographical Society II, No. 2 (1997):211.

12. バクストン文書によれば、暦は２ペンス、劇作は６ペンスから８ペンスのあいだだった。McKitterick, “Ovid with a Littleton,” 216, 223.

13. レシピ集の書籍は中古本市場では４ペンスくらいで売られていたようだ。17世紀後期にベリオール・カレッジの特別研究員だったニコラス・クラウチは医療に関する小冊子や短い学術論文を１ペンスから６ペンスの中古本で数多く購入していた。Oxford, Balliol College 910.i.7.

14.ファーガソンは Bibliographical Notes のなかでこの本の 1815年版について記述している。16世紀に発行されたラプトンの原著とはいくぶん違うことは認めているが、1815年版の最初の 10作はやはり原著から取られていた。ファーガソンによれば、1826年にもグラスゴーの近代科学書を発行するグリフィン社によりまたも再版されたのだという。Ferguson, part iv, 14-17.

15. フィルバート・ガイバートの『慈善の医師と慈善の薬剤師(The Charitable Physitian with the Charitable Apothecary)』はまず 1623年にリヨンで Le médecin charitable enseignant la manière de faire et de préparer en la maison avec facilité et peu de frais les remèdes propres à toutes maladies, selon l'advis du médecin ordinaireとして出版された。この本も何度か版を重ねている。Laurence Brockliss and Colin Jones, The

Medical World of Early Modern France (Oxford: Oxford University Press, 1997), 280; and Andrew Wear, "Popularized Ideas of Health and Illness in Seventeenth-Century France," Seventeenth-Century French Studies 8, no. 1 (1986): 229-42.

16. Fissell, "Marketplace of Print"; Webster, Great Instauration, chap. 4. 英国の出版にピューリタン革命が与えた影響については Joad Raymond, Pamphlets and Pamphleteering, in Early Modern Britain(Cambaridge: Cambridge University Press, 2006)esp. chap. 5; and Donald E McKenzie, "The London Book Trade in 1644," in Making Meaning: "Printers of the Mind" and Other Essays, ed. Peter D. McDonald and Michael Felix Suarez (Amherst: University of Massachusetts Press, 2002), 126-43.

17. Leong, "Medical Recipe Collections,"43-44, 52; 書名一覧は付表 B.

18. 数多くの学者たちがこの点に関心を寄せている。その例として Hunter, "Women and Domestic Medicine"; and Spiller, "Introduction."

19. William Lovell, The Dukes Desk Newly Broken Up (1660), title page.

20. ウーリーの来歴については John Considine, "Wolley, Hannah (b. 1622?, d. in or after 1674)," in Oxford Dictionary of National Biography; Elaine Hobby, Virtue of Necessity: English Women's Writing, 1646-88 (London: Virago, 1988), chap. 7; and Elaine Hobby, "A Woman's Best Setting Out Is Silence: The Writings of Hannah Wolley," in Culture and Society in the Stuart Restoration: Literature, Drama, History, ed. Gerald Maclean (Cambridge: Cambridge University Press, 1995), 179-200.

21. A.T, A Rich Store-house or Treasury for the Diseased (1596), sig. A2v.

22. 政治、科学、出版の交わりについては Webster, Great Instauration and Johns, Nature of the Book, chap. 4. カルペパーについては Mary Fissell, Vernacular Bodies: The Politics of Reproduction in Early Modern England (Oxford: Oxford University Press, 2004), chap. 5. カルペパーの出版物については F.N.L.Poynter, "Nicholas Culpeper and His Books," Journal of the History of Medicine 17 (1962): 152-67.

23. Fissell, "Marketplace of Print,"119-20.

24. Ralph Williams, Physical Rarities: Containing the Most Choice Receipts of Physick and Chyrurgery (1651), sig. A2r-v.

25. Owen Wood, An Alphabetical Book of Physicall Secrets (1639), 221. 初期英語書籍集成インターネット版 Early English Books Onlineでの書誌は印刷業者の丁付けの誤りにより 217頁となっている。

26. 同書 sig. A3r.

27. アレクサンダー・リード (1570頃-1641)は外科医で、A Manuall of the Anatomy of the Body of Man (1634) や A Treatise of the First Part of Chirurgerie (1638)など外科術論文をいくつか著している。リードが編纂したとされるレシピ集 Most Excellent and Approved Medicinesは 1652年に出版された。フォスターは、アングルシー島出身で 1580年にオックスフォード大学ジーザス・カレッジで文学士号、1584年に 文学修士号を得たオーウェン・ウッドという人物がいたことを突きとめている。ウッドは 1590年にアーマーのアイルランド教会の首席司祭に、1606年にジェームズ1世付き司祭となった。Foster, Alumni Oxonienses, 1891.

28. スタッフォードが付録とした小冊子『医師の手助け(The Physitians Help)』はもともと 1633年にスティーヴン・ブラッドウェルにより『突然の事故の助け(Helps for Suddain Accidents)』として出

版されたものだった。ブラッドウェル(1590/91-1646)は医師の家に生まれ、外科医で作家のジョン・バニスター(1533-1599)の孫息子にあたる。ほかにも疫病についての論文も2作著している。N. Gevitz, "Helps for Suddain Accidents': Stephen Bradwell and the Origin of the First Aid Guide," Bulletin for the History of Medicine 67, no. 1 (1993) 51-73. ジョン・バニスターについての詳しい来歴は Andrew Griffin, "Banister, John," in Oxford Dictionary of National Biography.

29. STC 25955 and Wing W 3404A-D. 筆者はまた Wingには収載されていない、1658年と 1662年にジョン・スタッフォードにより出版された2版があることを確認した。前者は大英図書館、後者はウェルカム医学史図書館に所蔵されている。

30. 参考文献として Robert Darnton, "What is the History of Books?," in The Kiss of Lamourette: Reflections of Cultural History, ed. Robert Darnton (London: W. W. Norton, 1991), 107-36; Robert Darnton, "What is the History of Books? Revisited," Modern Intellectual History 4 (2007): 495-508; Donald E. McKenzie, Bibliography and the Sociology of Texts (London: British Library, 1986); McDonald, McDonald, and Suarez, Making Meaning; Thomas Adams and Nicolas Barker, "A New Model for the Study of the Book,"in A Potencie of Life: Books in Society, ed. Nicolas Barker (London: British Library, 1993), 5-43; and Adrian Johns, The Nature of the Book: Print and knowledge in the Making (Chicago: University of Chicago Press, 1998).

31. Johns, Nature of the Book, chap.1.

32.ほかの学者たちの叙述により筆者たちもこの風潮に着目した。Hunter, "Women and Domestic Medicine"; and Spiller, "Introduction." むろん、ほかの書籍制作者たちが女性の著したレシピ集として売りだした事例もある。『イザベラ・コルテーゼ夫人の秘密(I secreti della signora Isabella Cortese)』(1561) がその代表例だ。歴史家も文学者も同様に "イザベラ・コルテーゼ"なる女性は架空の人物で、少なくとも当時の書籍制作者たちは女性によって編纂された本が切望されていると見ていた一例だと論じている。論考の詳細は Ray, Daughters of Alchemy, chap 2.

33. Patricia Crawford, "Women's Published Writings, 1600-1700," in Women in English Society, 1500-1800, ed. Mary Prior (1985; repr., London: Methuen, 1996), 212-13.

34. グレイの来歴については Spiller, "Introduction," xxxi-xxxii.

35. ハワードの来歴と彼女の著作とされる『自然の摘出(Natura Exenterata)』については同書 xxv.

36. A. M., Queen Elizabeths Closset of Physical Secrets (1656), sig. A2r.

37. Choice and Profitable Secrets both Physical and Chirurgical: Formerly Concealed by the Deceased Dutchess of Lenox (London, 1656), sig. A3r-v.

38. Spiller, "Introduction," xxxii.

39. Madeline Bassnett, "Restoring the Royal Household: Royalist Politics and the Commonwealth Recipe Book," Early English Studies 2 (2009): 1-32; Laura L. Knoppers, "Opening the Queen's Closet: Henrietta Maria, Elizabeth Cromwell, and the Politics of Cookery," Renaissance Quarterly 60, no. 2 (2007): 464-99; Jayne Archer, "The Queen's Arcanum: Authority and Authorship in the Queens Closet Opened (1655)," Renaissance Journal 1, no. 6 (2002): 14-25; Edith Snook, "Soveraigne Receipts' and the Politics of Beauty in The Queens Closet Opened," Early Modern Literary Studies, special

issue, 15 (2007): 1-19.
40. Bassnett, "Restoring the Royal Household."
41. Salvator Winter and Francisco Dickinson, A Pretious Treasury, or A New Dispensatory (London, 1649), sig. A2r.
42. Natura Exenterata, "Letter to the Reader," sig. A3r-v.
43. 一般向け医療文献とあらゆる種類の経験主義の概説は Rankin, Panaceia's Daughters, chap. I.
44. Cook, Decline of the Old Medical Regime; Webster, Great Instauration, chap. 4; and Jenner and Wallis, Medicine and the Market.
45. Cook, Decline of the Old Medical Regime, and Webster, Great Instauration, chap. 4. 最近の概説に Lauren Kassell, Secrets Revealed: Alchemical Books in Early Modern England," History of Science 49, no. I (2011): 74
46. Margaret Ezell, "Cooking the Books, or The Three Faces of Hannah Woolley," in Reading and Writing Recipe Books, ed. Michelle DiMeo and Sara Pennell (Manchester: Manchester University Press, 2013), 167, 165. さらに Hobby, Virtue of Necessity, chap. 7; and Hobby, "Woman's Best Setting Out Is Silence," 179-200.
47. 本文の医療部分からのみの情報。頻繁に引用されていた『貴婦人たちのお気に入り(Delight for Ladies)』については算入されていない。
48. このオズワルド・ゲッベレーヒェンの Artzneybuchの翻訳書は当初 1594年にテュービンゲンで印刷された。とても人気を呼び(少なくともほかに9つの版が現存している)、17世紀後半まで続々と新版が発行された。1598年にカレル・バッテンにより Medecyn-Boeckとしてオランダ語に翻訳され、ドルドレヒトで出版された。同じ出版社が 1599年に英語に翻訳したものを発行した。
49. この引用元の名簿は『女王の開かれた小部屋(The Queens Closet Opened)』(1658)の第2版に含まれている。sigs. B1r-2v.『自然の摘出(The Natura Exenterata)』にも同様の名簿が収録されている。前者の書籍制作者たちがこちらに倣ったのかもしれない。sig. A4r.
50. Rankin, Panaceia's Daughters, 86-87.
51. このような事象はほかの叙述分野にも見られる。たとえばデボラ・ハークネスは、ヒュー・プラットが手稿の書物では情報元を丁寧に表記しているのに、印刷された書籍『宝物館(The Jewell House)』では多くの実験について情報提供者の名を省略していると指摘している。 Harkness, Jewel House, 240-41.
52. Ezell, Social Authorship, 38-39.
53. これらのレシピはニューイングランドのウィリアム・エイヴリー医師から求められ、送ったものと見られる。Michael Hunter, "The Reluctant Philanthropist: Robert Boyle and the Communication of Secrets and Receits in Physick," in Religio Medici: Medicine and Religion in Seventeenth-Century England, ed. Ole Peter Grell and Andrew Cunningham (Aldershot, UK: Ashgate, 1996), 247-72.
54. 同書 262-63.
55. Boyle, Some Receipts of Medicines (1688), sig. A4r-v. ミシェル・ディメオもこの方式について論述している。"Communicating Medical Recipes': Robert Boyle's Genre and Rhetorical Strategies for Print," in The Palgrave Handbook to Early Modern Literature and Science, ed. Howard Marchitello and Evelyn Tribble (Basingstoke, UK: Palgrave Macmillan, 2017), 209-28.
56. Boyle, Some Receipts of Medicines, sig. A4r-v; DiMeo, "Communicating Medical Recipes,'" 220.
57. 筆写の出版物を研究する学者たちは多くの私的な手稿が流通していたもの

の限定された範囲にとどまっていたことを指摘している。マーガレット・エゼルはこのような手稿の流通様式を "social publication（社交出版）"と名付けている。Ezell, Social Authorship, chap. I. ほかの参考文献に Marotti, Manuscript, 30-47; and Love, Scribal Publica tion, esp, chap. 5. 近代初期の英国の博物学者たちによる手稿文化については Yale, Social Knowledge, and Yale, "Marginalia." ジョン・イーヴリンによるジョン・オーブリーの Naturall Historie（自然史）の解釈を研究するイェールは、イーヴリンもまた自然についての個別の知識の出典を差し控えていたと記述している。"Marginalia," 199.

58. 読書史はとても研究が充実し進んでいる分野だ。先駆けの研究として Roger Chartier, The Order of Books: Readers, Authors, and Libraries in Europe between the 14th and 18th Centuries (Stanford, CA: Stanford University Press, 1994); and Robert Darnton, "First Steps toward a History of Reading," Australian Journal of French Studies 23, no. 1 (1986): 5-30. 評論集として Kevin Sharpe and Steven Zwicker, eds., Reading, Society and Politics in Early Modern England (Cambridge: Cambridge University Press: 2003); James Raven, Helen Small, and Naomi Tadmor, eds., The Practice and Representation of Reading in England (Cambridge: Cambridge University Press, 1996); Jennifer Andersen and Elizabeth Sauer, eds., Books and Readers in Early Modern England: Material Studies (Philadelphia: University of Pennsylvania Press, 2002); そしてより最近のものに Jennifer Richards and Fred Schurink, "The Textuality and Materiality of Reading in Early Modern England," Huntington Library Quarterly, special issue, 73, no. 3 (2010):345-61.

59. Lisa Jardine and Anthony Grafton, "Studied for Action': How Gabriel Harvey Read His Livy," Past and Present 129, no. 1 (1990): 30-78; Kevin M. Sharpe, Reading Revolutions: The Politics of Reading in Early Modern England (New Haven, CT: Yale University Press, 2000); William Howard Sherman, John Dee: The Politics of Reading and Writing in the English Renaissance (Amherst: University of Massachusetts Press, 1995).

60. Lisa Jardine and William Sherman, "Pragmatic Readers: Knowledge Transactions and Scholarly Services in Late Elizabethan England," in Religion, Culture and Society in Early Modern Britain, ed. Anthony Fletcher and Peter Roberts (Cambridge: Cambridge University Press 1994), 102–24.

61. "倹しい"読者たちとその読書については Margaret Spufford, "First Steps in Literacy: The Reading and Writing Experiences of the Humblest Seventeenth-Century Autobiographers," Social History 4 (1979) 407-35; and Spufford, Small Books and Pleasant Histories: Popular Fiction and Its Readership in Seventeenth-Century England (Cambridge: Cambridge University Press, 1981).

62. Brayman Hackel, Reading Material in Early Modern England: Print, Gender, and Literacy (Cambridge: Cambridge University Press, 2005); Lori Humphrey Newcomb, Reading Popular Romance in Early Modern England (New York: Columbia University Press, 2002).

63. Harkness, Jewel House; Kassell," Secrets Revealed"; Renée Raphael, Reading Galileo: Scribal Technologies and the Two New Sciences (Baltimore: Johns Hopkins University Press, 2017); Yale, Sociable Knowledge.

64. レシピの読み方についての論考は Ezell, "Domestic Papers"; Theophano, Eat

My Words, chap. 5; Wendy Wall, "Literacy and the Domestic Arts," Huntington Library Quarterly 73, no. 3 (2010): 383-412; and Wall, Recipes for Thought, chap.1.

65. Grafton and Jardine, "Studied for Action"; Sherman, Used Books.

66. 読者の注記についての文献は多岐にわたる。同分野の先駆的論文は Jardine and Grafton, "Studied for Action"に見られる。近代初期における英国の読者の注記についての概説は Sherman, Used Books, and William H. Sherman, "What Did Renaissance Readers Write in Their Books?," in Books and Readers in Early Modern England: Material Studies, ed. Jennifer Andersen and Elizabeth Sauer (Philadelphia: University of Pennsylvania Press, 2002), 119-37.

67. Bodleian, Vet. A3 f.1872. 身元を特定できていないミルンなる人物は何度も署名を試みていたようだ。巻頭の白紙頁の表裏と sigs. A1r, A2v, A5v, and 194に書きかけの記名が見てとれる。ラットレルの注記が残されている『洗練された淑女のお気に入り(The Accomplish'd Ladies Delight)』は Bodleian, Douce P 412にある。1つの書物に複数回にわたり署名しようとした試みについては Hackel, Reading Material, 160.

68. この本は 1666年に出版されたもので、ミルンは 1743年に注記を入れている。

69. Bodleian, Douce R 66 and Douce C 25 (1).

70. Folger, 138-469q, 170 と巻末白紙頁の裏。

71. Bodleian, Tanner 880, 標題紙と巻頭白紙頁。

72. Folger, STC 296 copy 2, STC 305 copy 2, and STC 301 copy 2, part 3, fols. 36v, 57v, 60v, 62v.

73. Bodleian, Locke 7.411.

74. Folger, 151-446q, 巻頭白紙頁表と巻末白紙頁表。

75. Huntington, HN Rare Book 389398.

76. 同書 115, 109.

77. Folger, 11798 copy 3; 129v-130v and 224vに事例が見られる。

78. Bodleian, Vet. A2. f.1, 61, 161.

79. Bodleian, Vet. Ai e.102, 27, 248.

80. Bodleian, 20 d.6,85.

81. Bodleian, Tanner 212; Jones, "Formula and Formulation."

82. Bodleian, 20 d.6,85.

83. Bodleian, Vet. A3 f.1788, 205,5 (of The Compleate Cook).

84. これはエリザベス・グレイの『選りすぐり処方集(A Choice Manual)』の初版(1653)の1冊。ほかには何も付記されていない。Bodleian, 8° C 571 Linc, 102-4. 同時代の薬物の手引きによれば、Lapis contrayerva とは "コントラジェルバの根、真珠、珊瑚、琥珀、ザリガニの胃石、その他いくつかの材料から成る石で、丸薬にすると根の強烈な臭いがする"。John Jacob Berlu, The Treasure of Drugs Unlock'd (London: John Harris and Tho. Howkins, 1690), 65. OED(オックスフォード英語辞典オンライン版)では、contrayerva(コントラジェルバ)は "熱帯アメリカ産のドルステーニア属(D. contrayerva and D. braziliensis)イラクサ科の根茎と鱗茎の通称名で、刺激剤、強壮剤、かつては蛇に咬まれた際の解毒剤として使われた。ジャマイカではウマノスズクサ属 (Aristolochia odoratissima)の呼称に使われ、解毒薬としてなお名高い" と定義されている。

85. Bodleian, Tanner 212 (2), fol. 33v.

86.一例として、Bodleian RR Z. 179 (a copy of Jean Goeurot's The Regiment of Life [1560]) のある読者は標題紙に "肝臓の冷え"の治療法のレシピを書き入れている。 Bodleian G. Pamph.2156 (1) A Hospitall for the Diseasedには最終頁にい

くつかのレシピが書き加えられている(いまは薄れている)。活字のレシピの余白に同じ病気のレシピが読者により書き入れられている事例は Bodleian Vet. A1 e.4, Peter Levenの A Right and Profitable Booke for All Diseases, Called the Pathway to Healthの 1596年版や、BL, 1038.1.35 (7)/1038.k.47 (3), 1610年付で Matthew Wattes の所有者署名のある A Rich Storehouseに見られる。後者には Wattesにより大量の注記があり、そのなかには同時代の手稿と見られる “Tho Eaton's book” から抜粋したレシピが数多い。

87. Huntington, Rare Book 53930. この本には読者により巻頭と巻末に 16頁が綴じ込まれ、50に及ぶレシピが書き入れられていた。巻末には薬草の薬効の項目も設けられている。

88. Huntington, Rare Book 124144 and Rare Book 59539(書籍からの書き込み).

89. 学識豊かな人々の要約筆記についての文献は膨大だ。優れた概説に Blair, Too Much to know.

90. マーガレット・ボスコーエンの医療書の読書習慣について詳細な論考は Leong, “Herbals She Peruseth.”

91. Devon Record Office 1262 M/FC/6. この手稿は丁付けされていない。該当部分は手稿の半ば辺りに見られる。

92. エリザベス・フレークの家庭での医療と読書の詳細な考察は Leong, “Herbals She Peruseth”, and Leong, “Making Medicines.” 近代初期の女性たちによる草本書の読書全般の研究は Laroche, Medical Authority.

93. Wellcome, MS Western 2630.

94. NLM, MS b 261 and Folger MS v.a. 452. グリーンウェイの読書録についての詳しい考察は Leong, “Medical Recipe Collections,” chap. 4. リヴィエールのイングランドでの Praxis Medica と Observationesの物語については Leong, “Printing Vernacular Medicine in Early Modern England: The Case of Lazare Rivière's The Practice of Physick,” in Civic Medicine: Physician, Polity and Pen in Early Modern Europe, ed. J. Andrew Mendelsohn, Annemarie Kinzelbach, and Ruth Schilling (London: Routledge, 2018) で詳述している。その他にイングランドで Praxis Medicaの翻訳とともに流通したリヴィエールの Observationes から参照または抜き書きしている手稿のレシピ帳は CUL, MS Dd 2 45 (ラザール・リヴィエールその他からの翻訳と注記のあるドゥル・バートンの筆記帳)に見られる。Glasgow, MS Hunter 485 and MS Hunter 487.

95. 備忘録については Ann Moss, Printed Commonplace-Books and the Structuring of Renaissance Thought (Oxford: Clarendon Press, 1996); Stolberg, “Medizinische Loci Communes”; and Blair, Too Much to know.

96. Gervase Markham, The English Huswife (London: Roger Jackson, 1615), sig. Q1v. 標題紙にはそのように明記されているが、この版は Country Contentments (London, 1615)の一部として発行された。

97. W. M., The Queens Closet Opened (London: Nathaniel Brooks, 1655), sigs. A3v-A4r.

98. Grey, Choice Manual, 102. lapis contrayervaまたは yerbaについては上述の原注 84参照。この本の詳しい考察は Hunter, "Women and Domestic Medicine"; and Spiller, "Introduction."

99. Greengrass, Leslie, and Hannon, Hartlib Papers, 2017年8月19日開設 https://www.hrionline.ac.uk/hartlib, 29/4/19A.

100. BL, MS Additional 45196, fol. 76v.

101. Wellcome, MS Western 4338, fols. 138r, 141r; BL, MS Additional 56248, fol. 104v; Folger, v.a. 215, 111. このレシピ

はレシピ史料群の数多くのレシピ集で仲介者によって頻繁に様々な形式で伝えられたことが見てとれる。その例として RCP, MS 497m fol. 40v; Wellcome, MS Western 2990, fol. 109v; Folger, MS v.a. 361, fol. 169v; and BL, MS Additional 30164, fol. 37v.

102. BL, MS Stowe 1077, fol. 11v.

103. The Queens Closet Opened (London, 1655), 150-52.

104. 同書 153.

105. Wellcome, MS Western 160, 121; MS Western 3082, fol. 165r; MS Western 3712, fols. 76v-77r; MS 4338, fol. 207r-v. ほかにもこのレシピが様々に収録されている手書きのレシピ帳は Wellcome, MS Western 774, 31, and MS Western 3712, fols. 76r-77v; Palmer, Recipe Book, 85; and Folger MS v.a. 430, 59.

106. パッケについては Folger, MS v.a. 215, 109; and A Choice Manual (London, R. Norton, 1653), 100-101.

107. Wellcome, MS Western 7301, 71; MS Western 4338, fols. 138r, 141r.

108. NYAM, "[a] collection of choice receipts," 130, 134. シンジョン家についてはさらに Frank T. Smallwood, "The Will of Dame Johanna St. John," Notes and Queries 16, no.9 (1969): 346.

109. NLM, MS f 98, fol. 1r-v.

110. 同書 fol. 2r-v.

111. 同書 fol. 3v.

112. レシピ集の書籍に共通する3部構成についての考察は Hunter, "Women and Domestic Medicine."

113. その例として A Choice Manual (1653); The Queens Closet Opened (1655); Salvator Winter and Francisco Dickinson, A Pretious Treasury, or A New Dispensatory (1649); and Brugis, Marrow of Physick (1640).

114. エリザベス・イェールは博物学者たちがいかに異なる観点から出版物と手稿を捉えていたかについて幅広く記述している。自然史の手書きの文書が新たな知識に応じてつねに拡充されうるものであるのに対して、印刷物は "終結を定められているかのようだ "。Sociable Knowledge, 9.

115. 本主題についての名高い研究に Love, Culture and Commerce of Texts; and Marotti, Manuscript, Print, and the English Renaissance Lyric. この問題について科学史に焦点を当てた最近の研究に Yale, Sociable Knowledge.

116. 参考文献として Herbert, Female Alliances, chap.3; and Wall, Recipes for Thought, chap. I.

117. Harkness, Jewel House; Kassell, Medicine and Magic; Yale, Sociable Knowledge.

おわりに　邸宅を飛びだしたレシピ

1. Carne, Some St. John Family Papers, 47.

2. 商業史プログラムについては Michael Hunter, Science and Society in Restoration England (Cambridge: Cambridge University Press, 1981), chap. 4; Walter E. Houghton, "The History of Trades :Its Relation to Seventeenth-Century Thought; as seen in Bacon, Petty, Evelyn, and Boyle, Journal of the History of Ideas 2, no. I (1941): 33-60, and Kathleen H. Ochs, "The Royal Society of London's History of Trades Programme: An Early Episode in Applied Science," Notes and Records of the Royal Society of London 39, no. 2 (1985): 129-58. フランス科学アカデミーの鉱物温泉水の研究と試験については Michael Bycroft, "Iatrochemistry and the Evaluation of Mineral Waters in France, 1600-1750," Bulletin of the History of Medicine 91, no. 2 (2017): 303-30.

3. 問題意識と好奇心に関する例とし

て Lorraine Daston and Katharine Park, Wonders and the Order of Nature, 1150-1750 (Cambridge, MA: Zone Books, 2001); Robert John Weston Evans and Alexander Marr, Curiosity and Wonder from the Renaissance to the Enlightenment (Aldershot, UK: Ashgate, 2006).